高技术服务业
进口对制造业效率影响研究

Research on High Technology Service
Import affects on Manufacturing Efficiency

华广敏 著

经济管理出版社
ECONOMY & MANAGEMENT PUBLISHING HOUSE

图书在版编目（CIP）数据

高技术服务业进口对制造业效率影响研究 / 华广敏著. —北京：经济管理出版社，2017.12
ISBN 978-7-5096-5369-2

Ⅰ.①高… Ⅱ.①华… Ⅲ.①高技术产业—服务业—技术引进—影响—制造工业—
生产效率—研究 Ⅳ.①F407.406.2

中国版本图书馆 CIP 数据核字（2017）第 236521 号

组稿编辑：宋　娜
责任编辑：张巧梅　侯娅楠
责任印制：黄章平
责任校对：董杉珊

出版发行：经济管理出版社
　　　　　（北京市海淀区北蜂窝 8 号中雅大厦 A 座 11 层　　100038）
网　　址：www. E-mp. com. cn
电　　话：（010）51915602
印　　刷：玉田县昊达印刷有限公司
经　　销：新华书店
开　　本：720mm×1000mm/16
印　　张：14.25
字　　数：229 千字
版　　次：2017 年 12 月第 1 版　　2017 年 12 月第 1 次印刷
书　　号：ISBN 978-7-5096-5369-2
定　　价：78.00 元

第六批《中国社会科学博士后文库》
编委会及编辑部成员名单

（一）编委会

主　任：王京清

副主任：马　援　张冠梓　俞家栋　夏文峰

秘书长：邱春雷　姚枝仲　刘连军

成　员（按姓氏笔划排序）：

卜宪群　邓纯东　王建朗　方　勇　史　丹　刘丹青　刘跃进

孙壮志　孙海泉　张车伟　张宇燕　张顺洪　张星星　张　翼

李　平　李永全　李向阳　李　林　李国强　杨世伟　吴白乙

杨　光　陈众议　陈星灿　何德旭　房　宁　郑秉文　卓新平

赵天晓　赵剑英　胡　滨　高　洪　高培勇　黄　平　朝戈金

谢寿光　潘家华　冀祥德　魏后凯

（二）编辑部 （按姓氏笔划排序）

主　任：高京斋

副主任：刘丹华　曲建君　李晓琳　陈　颖　薛万里

成　员：王　芳　王　琪　刘　杰　孙大伟　宋　娜　陈　效

苑淑娅　姚冬梅　郝　丽　梅　枚

　　本书获国家社科基金青年项目"高技术服务业与制造业互动的内生机制研究"（项目编号：13CGJ028）、中国博士后科学基金项目"高技术服务业进口技术溢出效应对制造业效率影响研究"（项目编号：2014M550934）资助。

序　言

博士后制度在我国落地生根已逾30年，已经成为国家人才体系建设中的重要一环。30多年来，博士后制度对推动我国人事人才体制机制改革、促进科技创新和经济社会发展发挥了重要的作用，也培养了一批国家急需的高层次创新型人才。

自1986年1月开始招收第一名博士后研究人员起，截至目前，国家已累计招收14万余名博士后研究人员，已经出站的博士后大多成为各领域的科研骨干和学术带头人。其中，已有50余位博士后当选两院院士；众多博士后入选各类人才计划，其中，国家百千万人才工程年入选率达34.36%，国家杰出青年科学基金入选率平均达21.04%，教育部"长江学者"入选率平均达10%左右。

2015年底，国务院办公厅出台《关于改革完善博士后制度的意见》，要求各地各部门各设站单位按照党中央、国务院决策部署，牢固树立并切实贯彻创新、协调、绿色、开放、共享的发展理念，深入实施创新驱动发展战略和人才优先发展战略，完善体制机制，健全服务体系，推动博士后事业科学发展。这为我国博士后事业的进一步发展指明了方向，也为哲学社会科学领域博士后工作提出了新的研究方向。

习近平总书记在2016年5月17日全国哲学社会科学工作座谈会上发表重要讲话指出：一个国家的发展水平，既取决于自然科学发展水平，也取决于哲学社会科学发展水平。一个没有发达的自然科学的国家不可能走在世界前列，一个没有繁荣的哲学社会科学的国家也不可能走在世界前列。坚持和发展中国特色社会主义，需要不断在实践中和理论上进行探索、用发展着的理论指导发展着的实践。在这个过程中，哲学社会科学具有不可替代的重要地位，哲学社会科学工作者具有不可替代的重要作用。这是党和国家领导人对包括哲学社会科学博士后在内的所有哲学社会科学领域的研究者、工作者提出的殷切希望！

中国社会科学院是中央直属的国家哲学社会科学研究机构，在哲学社会科学博士后工作领域处于领军地位。为充分调动哲学社会科学博士后研究人员科研创新的积极性，展示哲学社会科学领域博士后的优秀成果，提高我国哲学社会科学发展的整体水平，中国社会科学院和全国博士后管理委员会于 2012 年联合推出了《中国社会科学博士后文库》（以下简称《文库》），每年在全国范围内择优出版博士后成果。经过多年的发展，《文库》已经成为集中、系统、全面反映我国哲学社会科学博士后优秀成果的高端学术平台，学术影响力和社会影响力逐年提高。

下一步，做好哲学社会科学博士后工作，做好《文库》工作，要认真学习领会习近平总书记系列重要讲话精神，自觉肩负起新的时代使命，锐意创新、发奋进取。为此，需做到：

第一，始终坚持马克思主义的指导地位。哲学社会科学研究离不开正确的世界观、方法论的指导。习近平总书记深刻指出：坚持以马克思主义为指导，是当代中国哲学社会科学区别于其他哲学社会科学的根本标志，必须旗帜鲜明加以坚持。马克思主义揭示了事物的本质、内在联系及发展规律，是"伟大的认识工具"，是人们观察世界、分析问题的有力思想武器。马克思主义尽管诞生在一个半多世纪之前，但在当今时代，马克思主义与新的时代实践结合起来，越来越显示出更加强大的生命力。哲学社会科学博士后研究人员应该更加自觉地坚持马克思主义在科研工作中的指导地位，继续推进马克思主义中国化、时代化、大众化，继续发展 21 世纪马克思主义、当代中国马克思主义。要继续把《文库》建设成为马克思主义中国化最新理论成果宣传、展示、交流的平台，为中国特色社会主义建设提供强有力的理论支撑。

第二，逐步树立智库意识和品牌意识。哲学社会科学肩负着回答时代命题、规划未来道路的使命。当前中央对哲学社会科学愈加重视，尤其是提出要发挥哲学社会科学在治国理政、提高改革决策水平、推进国家治理体系和治理能力现代化中的作用。从 2015 年开始，中央已启动了国家高端智库的建设，这对哲学社会科学博士后工作提出了更高的针对性要求，也为哲学社会科学博士后研究提供了更为广阔的应用空间。《文库》依托中国社会科学院，面向全国哲学社会科学领域博士后科研流动站、工作站的博士后征集优秀成果，入选出版的著作也代表了哲学社会科学博士后最高的学术研究水平。因此，要善于把中国社会科学院服务党和国家决策的大智库功能与《文库》的小智库功能结合起来，进而以智库意识推动品牌意识建设，最终树立《文库》的智库意识和品牌意识。

第三，积极推动中国特色哲学社会科学学术体系和话语体系建设。改革开放 30 多年来，我国在经济建设、政治建设、文化建设、社会建设、生态文明建设和党的建设各个领域都取得了举世瞩目的成就，比历史上任何时期都更接近中华民族伟大复兴的目标。但正如习近平总书记所指出的那样：在解读中国实践、构建中国理论上，我们应该最有发言权，但实际上我国哲学社会科学在国际上的声音还比较小，还处于"有理说不出、说了传不开"的境地。这里问题的实质，就是中国特色、中国特质的哲学社会科学学术体系和话语体系的缺失和建设问题。具有中国特色、中国特质的学术体系和话语体系必然是由具有中国特色、中国特质的概念、范畴和学科等组成。这一切不是凭空想象得来的，而是在中国化的马克思主义指导下，在参考我们民族特质、历史智慧的基础上再创造出来的。在这一过程中，积极吸纳儒、释、道、墨、名、法、农、杂、兵等各家学说的精髓，无疑是保持中国特色、中国特质的重要保证。换言之，不能站在历史、文化虚无主义立场搞研究。要通过《文库》积极引导哲学社会科学博士后研究人员：一方面，要积极吸收古今中外各种学术资源，坚持古为今用、洋为中用。另一方面，要以中国自己的实践为研究定位，围绕中国自己的问题，坚持问题导向，努力探索具备中国特色、中国特质的概念、范畴与理论体系，在体现继承性和民族性、体现原创性和时代性、体现系统性和专业性方面，不断加强和深化中国特色学术体系和话语体系建设。

新形势下，我国哲学社会科学地位更加重要、任务更加繁重。衷心希望广大哲学社会科学博士后工作者和博士后们，以《文库》系列著作的出版为契机，以习近平总书记在全国哲学社会科学座谈会上的讲话为根本遵循，将自身的研究工作与时代的需求结合起来，将自身的研究工作与国家和人民的召唤结合起来，以深厚的学识修养赢得尊重，以高尚的人格魅力引领风气，在为祖国、为人民立德立功立言中，在实现中华民族伟大复兴中国梦的征程中，成就自我、实现价值。

是为序。

中国社会科学院副院长

中国社会科学院博士后管理委员会主任

2016 年 12 月 1 日

摘　要

经济全球化的加速和高技术的发展日益改变世界经济和产业发展模式，高技术服务业越来越成为决定一国竞争力的重要因素。"十三五"时期，中国经济转型面临着"中国制造"由生产型制造业为主向服务型制造业为主转型，从产业互动和融合高度内生提高产业发展水平，发展高技术服务业并发挥高技术服务业进口溢出效应，对于促进下游制造业的技术效率提高，推动工业4.0发展战略，加快产业升级具有重要意义。

本书主要内容包括：首先，基于D-S框架，借鉴新增长理论的时间跨期溢出效应，探讨高技术服务业进口技术溢出效应内生提高制造业效率的机理。其次，运用随机前沿生产函数方法（SFA），将高技术服务业进口因素引入技术无效方程中，测算各样本国家的制造业技术效率，在此基础上，计算出不同发展水平国家的制造业技术效率并加以比较分析。再次，采用行业面板数据，从总体与分部门分别实证分析高技术服务业进口技术溢出效应对制造业效率的影响。又次，采用跨国面板数据，选取高技术服务业进口额、劳动就业人数等变量对制造业效率的影响因素进行实证分析。最后，通过理论和实证分析，本书提出完善服务贸易政策与机制、加强高技术服务业进口与自主创新相结合、促进制造业和高技术服务业融合、加快服务贸易专业人才培养等措施。

本书主要研究价值如下：

（1）理论方面，目前关于服务贸易自由化的研究往往处于静态层面研究，关于服务贸易技术溢出的研究非常少见，本书在D-S框架下，借鉴新增长理论内生提高机理，分析高技术服务业进口技术溢出效应对制造业效率影响的理论机理。本书从动态角度拓展了内生理论研究视角，深化了服务业的研究内容。

（2）实证方面，传统的生产函数法假设生产长期处于完全效率状态，将未被要素投入增长的部分都归为全要素生产率，不能更深入地研究生产率的相对变化，本书运用 SFA 模型测度各个样本国家高技术服务业进口溢出效应对制造业技术效率的影响，能够更细致、深入地研究各样本国家生产率的变化；同时，现有文献关于服务贸易与制造业效率关系的研究较少，且一般采用省际和跨国面板数据进行研究，关于细分行业视角下服务贸易对制造业效率的影响研究很少，本书从细分行业角度深入分析服务业各行业对制造业效率的影响，细化了服务业研究的内容，弥补了产业关联机制研究的不足。

（3）研究视角方面，关于技术溢出的探讨一般局限于货物贸易领域，服务贸易技术溢出的研究很少，本书提出高技术服务业进口技术溢出效应提升制造业技术效率的研究，从服务业与制造业互动融合高度促进产业协调发展，进而内生提高产业发展水平，对于促进我国产业结构升级，提高经济效率具有重要的战略意义。

关键词：高技术服务业进口；制造业效率；技术溢出；内生增长；随机前沿模型；产业融合

Abstract

With the acceleration of Economic Globalization and the development of high and new technology, the world economy and industrial development pattern is changing. High technology service industry becomes important factors in determining a country's international competitiveness. In "the 13th Five-Yea planning" period, China's economic is facing the transition from manufacturing-oriented to service-oriented. We should raise the level of industrial development through industrial interaction and integration, develope high-tech service industry and exert the significant technological spillover effect of High-tech service import. Thus it is conducive to improve the technical efficiency and competitiveness of downstream manufacturing industry, promote the development strategy of industry 4.0, accelerate industrial upgradation.

The main content of this book: firstly, on D-S framework, with the Intertemporal spillover effects mechanism from New Growth Theory, this book analyses the endogenous mechanism that the technology spillover of High-tech service import improves the manufacturing efficiency. Secondly, With Stochastic Frontier Approach, this book introduces High-tech service import to Technical Ineffective Equation and measures the technical efficiency of manufacturing industries in sample countries. On this basis, It compares the different impact of High-tech service import on manufacturing efficiency in the different development levels of country. Thirdly, with industrial panel data, this book empirically analyzes the effect of technology spillover of High-Tech Service

Import on manufacturing efficiency from the whole and sub‐sector level.Fourthly, with the multinational panel data, this book empirically analyzes the factors affecting on manufacturing efficiency. The affecting factors includes High‐tech service import, employment number, and so on. Finally, through theoretical and empirical analysis, this book proposes to improve government policies and systems, strengthen the combination of high‐tech service imports and independent innovation, promote the integration of manufacturing and high‐tech service industry, and accelerate professional talent cultivation in service trade, and so on.

The main research value as follows:

(1) In theoretical aspect, the current research on service trade liberalization is often studied by static method, While the research on technology spillovers from service trade is very rare. Under D‐S framework, referring to endogenous growth theory, this book analyzes the theory mechanism that the technology spillovers of High‐tech service import affects on manufacturing efficiency. From the dynamic perspective, it expands the research perspective of endogenous theory and deepens the research content of service industry.

(2) In empirical aspect, the traditional production function method assumes that production is in full efficiency in the long‐term, while the part that is not input into growth is classified as total factor productivity, and can not study the relative change of productivity more deeply. With Stochastic Frontier Approach, this book measures the impact of the spillover effect of High‐tech service import on the technical efficiency of manufacturing industry. Thus we can deeply study the changes of productivity in sample country. At the same time, the existing research literature about the relationship between service trade and the manufacturing efficiency is rare, which is generally studied with provincial panel data and multinational panel data. From the sub‐industry perspective, this book analyzes deeply the impact of service sub‐industry on manufacturing efficiency,

which elaborates the research content of service industry and makes up the research deficiency of industry association mechanism.

（3）In research aspect, the research on technology spillover is limited to the research on the technology spillover in goods trade, while the research on the technology spillover in service trade is rare. Therefore, this book will puts forward the issue that the technology spillovers of High −tech service import impacts on manufacturing efficiency, which promotes industrial endogenous development by industry interaction and integration. It has important strategic significance to cultivate industrial dynamic comparative advantage, promote industrial upgrading in China.

Key Words: High−Tech Service Import; Manufacturing Efficiency; Technology Spillover; Endogenous Growth; Stochastic Frontier Model; Industry Integration

目　录

Contents

第1章 导　论

1.1　研究背景

随着高新技术的发展和产业模式的不断创新，服务贸易对世界经济和产业发展的影响越来越深远。具体表现为：

1.1.1　各国政府相继放松对服务业的管制

长期以来，服务业一直被世界各国进行较为严格的限制和垄断，世界各国对研发、电信、运输、金融等产业进行诸多控制和限制。近年来，随着信息技术的广泛应用，世界经济和产业模式发生了深刻改变，数字经济带来商业模式变革，政府对经济和产业的管制越来越阻碍经济和产业发展，服务业全球化成为不可逆转的发展趋势。各国纷纷取消贸易壁垒，贸易往来越来越自由化，服务业日益促进各国产业的融合和互动，全球性服务贸易更加广泛。

1.1.2　服务贸易越来越占据国际贸易主导地位

20 世纪 80 年代以前，制造业在贸易往来中占有重要比重。进入 90 年代，随着电信、金融等服务部门受各国政府限制越来越少，服务业迅速向全球转移，服务贸易越来越占据贸易主导地位。根据联合国贸易和发展会议数据库统计，2000 年以来，全球进口贸易中服务业一直占据首位，2007年以前服务业在三次产业进口中所占比重基本保持在 60% 左右，随着经济危机的出现，金融业、电信业等服务业进口总额出现了降低现象，2008年开始服务业进口贸易出现了波动①，但到 2011 年为止，世界服务业进口仍居首位，服务业进口贸易仍是进口贸易的主要行业领域，服务贸易占据贸易主导地位。

1.1.3　服务贸易由传统服务业向高端服务业转移

从国际贸易发展规律来看，国际服务贸易从传统服务业向现代服务业进口趋势发展。服务业进口涉及软件、电讯、金融服务等服务业进口所占比重将会越来越高。根据联合国贸易和发展会议数据库统计，世界高技术服务业②进口量不断增长，从 2000 年的 6587.00 亿美元增长到 2013 年的22035.90 亿美元，年均增长 18.04%。从不同发展水平国家进口贸易变化趋势来看，发达国家高技术服务业进口量从 2000 年的 4738.60 亿美元增长到 2013 年的 14310.80 亿美元，年均增长 15.54%；发展中国家高技术服务业进口量从 2000 年的 1738.60 亿美元增长到 2013 年的 6899.90 亿美元，年均增长 22.84%；转型国家高技术服务业进口量从 2000 年的 109.80 亿美元增长到 2013 年的 825.30 亿美元，年均增长 50.13%。随着高新技术发展和全球化进程的加快，以创新为核心要素且提供高附加值、高层次的现代服务业，将成为国际服务贸易的新热点。

1.1.4　服务贸易由发达国家向发展中国家转移

当前，服务业已成为世界产业结构升级和国际贸易的重要内容，服务贸易开始由发达国家向发展中国家转移。目前服务贸易主体和支配力量是发达国家的跨国公司，服务贸易仍集中在发达国家之间。不过，随着成本的上升以及分散风险的考虑，欧美和日本近年来将软件和信息等服务业进行跨国转移，并将大量的编程和售后服务工作转移给生产成本较低的发展

---

① 数据来源：UNCTAD，cross-border M&A database。
② UNCTAD 数据库中将服务业只分为运输、旅游、其他服务业，而其他服务业包括通信、建筑、金融、保险、计算机与信息业、版税与许可费支付和其他商业服务、文化娱乐与政府服务等，由于缺少其他服务业的细分行业数据，而其他服务业中大部分是高技术服务业，因此本书将其他服务业称为高技术等现代服务业。

中国家，发展中国家服务业进口所占的比重有所上升[1]。

　　根据联合国贸易和发展会议数据库统计，目前发达国家服务业进口比重仍为最高，但发达国家服务业进口比重不断减少，发展中国家和转型国家服务业进口比重不断增加，发达国家服务业进口占世界服务业进口总量的比重从 2000 年的 70.84% 减少到 2013 年的 58.14%，减少了 12.70 个百分点；发展中国家服务业进口量占世界服务业进口总量的比重从 2000 年的 27.41% 增长到 2013 年的 37.71%，增长了 10.30 个百分点；转型国家服务业进口量占世界服务业进口总量的比重从 2000 年的 1.75% 增长到 2013 年的 4.15%，增长了 2.40 个百分点。上述情况表明，发达国家服务业进口比重不断减少，发展中国家和转型国家服务业进口比重不断增加，说明服务业进口国家重心正由发达国家转向发展中国家和转型国家。

　　服务业进口尤其是高技术服务进口，对于一国吸收服务业技术溢出效应，内生提高服务业发展水平，培育产业动态比较优势有着显著的促进作用，具体表现为：

1.1.4.1　服务业进口具有较强溢出效应

　　在全球服务业转移的过程中，服务业进口溢出效应大多高于货物进口溢出效应，这主要由于服务活动的生产与消费过程往往是同步进行的。服务活动的生产与消费不能分开，使技术控制的难度很大。信息、专业技术等高技术服务业务往往通过服务提供者对客户的服务来进行，对技术进行控制很难，因而其服务提供过程具有较强的示范效应。此外，出口国公司与海外子公司的技术水平相当，很难像制造业那样，将"技术水平高"的业务留在母公司，在海外子公司进行服务活动的过程中，高技术服务业进口产生较强的示范效应，为本土公司的学习提供了更好的机会。

1.1.4.2　服务业与制造业之间形成良好的互动机制

　　现代产业发展的特点就是产业融合，且产业间的关联越来越紧密。大量服务投入到制造业中，使制造业和服务业之间的依赖程度越来越高。在信息技术革命背景下，由于信息技术本身具有较高的渗透性、融合性，制造业服务化促使产业间的界限越来越模糊，这实质上是制造业生产方式不断"软化"的过程。同时，制造企业把内部的领域扩展到服务领域，把内

---

[1] Huaguangmin：《高技术服务业 FDI 对东道国制造业效率影响的研究》，学术论文联合比对库，2014 年 3 月。

部的活动从以制造为中心转到以服务为中心。例如，IBM 公司在 20 世纪 90 年代由制造型企业成功转为服务型企业；GE 通过为客户提供贷款，为客户提供金融服务，促进了产品的销售；HP 公司通过与服务性企业的兼并，为客户提供全方位的服务，这都有力地说明了现代服务业与制造业之间日益融合并相互促进的关系，先进制造业和现代服务业是互为依托和相互促进的关系①，这使资源配置更加合理，产业结构也日趋高度化。

1.1.4.3　高技术服务业发展促进制造业效率的提高

高技术服务业具有广泛的产业关联性，在产业链中对上下游产业产生较大的影响力、辐射力，是我国吸收国际技术溢出促进技术进步的重要途径，也是我国提高下游制造业技术效率和竞争力的客观要求。高技术服务业通过高技术产业服务化，促使不同产业的生产要素以新的方式广泛渗透和应用到其他产业，其发展不仅影响服务业本身，而且还能推动制造业等传统产业的产业升级②。因此，我国将高技术服务业视为战略性新兴产业，不仅是原有产业通过产业链延伸发展形成新的产业，而且更深层次的是产业之间通过有组织的服务关联，在产业融合中通过技术创新和服务创新，促进相关产业特别是制造业效率的提高③。

1.1.4.4　高技术服务业有助于带动产业结构优化与升级

我国已进入工业化中期阶段，但服务业相对滞后导致我国产业调整受阻，同时也限制和阻碍了工业化的进程。发展高技术服务业有利于提升和优化工业，特别是制造业结构，提高制造业的集约化和精致化程度，有利于形成第一、第二、第三产业之间的合理分工和有效互动。扩大高技术服务业进口，促进高技术服务业发展，有助于我国从发展产业互动融合的高度来内生提高产业发展水平，促进产业相互支撑和协调发展，培育产业发展比较优势，对于提高我国经济效率，促进产业调整和升级具有重要的战略意义④。

随着国际贸易的重点转向服务贸易，服务贸易与制造业的相互作用日益加深。服务贸易尤其是高技术服务进口带来的显著技术溢出效应，对于我国从发展产业互动融合高度来内生提高产业发展水平具有重要意义。基于此，本书提出高技术服务业进口溢出效应对制造业效率的影响研究。

①③④ Huaguangmin：《高技术服务业 FDI 对东道国制造业效率影响的研究》，学术论文联合比对库，2014 年 3 月。

② 姚正海：《高技术企业融资策略选择研究》，《湖北社会科学》2010 年第 7 期。

1.2 研究意义、研究方法与本书结构

1.2.1 研究意义

本书将提出高技术服务业进口对制造业效率的影响研究，其主要意义为：

1.2.1.1 现实意义

（1）从国际贸易发展趋势来看，国际竞争将由以货物贸易为核心的竞争向以服务贸易为核心的竞争转化，我国积极参与服务全球化、吸收服务贸易，尤其是高技术服务贸易带来的显著技术溢出效应，是我国利用后发优势实现产业跨越式升级，提升服务业竞争能力的重要途径，也是我国为相关产业提供服务和技术支持，促进国内产业效率提升的客观要求。因此，我国扩大高技术服务业进口贸易，对于促进国内服务业发展，提高制造业效率，加快产业结构调整和升级具有重要的现实意义。

（2）从我国产业发展趋势来看，我国服务业相对滞后，不仅导致我国产业结构滞后，也限制和阻碍了工业化的进展。当前，我国经济正处于产业转型升级的关键时期，为弥补我国服务业发展滞后而造成高级要素投入的缺乏，有必要从国外进口先进的服务（张宝友等，2012）[①]。我国从发展现代服务业的高度来推进制造业结构的调整和升级，不是要去除制造业的自身优势，而是将服务业与制造业间良性互动的内生性力量作为产业结构升级的重要因素。因此，我国在制定产业政策时，应该充分考虑产业间互动的动态比较优势培养，更多的政策应该立足于对产业关联程度的维护和巩固，促进产业互动与融合，加快产业结构调整与升级。

（3）高技术服务业领域的研究历史较短，一些方面还存在空白，而高技术服务业是现代服务业与高新技术产业相互融合发展的产物，具有广泛的产业关联性，在产业链中对上下游产业产生较大的影响力、辐射力，推

---

① 张宝友、肖文和孟丽君：《我国服务贸易进口与制造业出口竞争力关系研究》，《经济地理》2012 年第 1 期。

动高技术服务业与制造业互动融合，有利于内生提高产业发展水平（华广敏，2013）[1]，促进动态比较优势的形成，加快产业结构调整和升级。本书关于高技术服务业进口技术溢出效应对制造业效率影响的研究，对于提高我国服务业发展水平，吸收服务业产业间溢出效应促进制造业效率提高，改善产业结构具有重要的战略意义。

1.2.1.2 理论意义

（1）理论方面：现有文献大多关于货物贸易研究，而服务贸易研究较少，关于高技术服务贸易技术溢出效应的研究则更是少见。本书对高技术服务业进口技术溢出效应提升制造业效率内生机理进行研究，深化了服务业研究的理论体系，拓展了新增长理论的研究范畴，为服务业行业间溢出效应研究提供较为全面的理论和框架，因此本书具有重要的理论价值。

（2）实证方面：①现有文献关于服务业自由化与经济增长的研究较多，而关于服务贸易与制造业效率关系的研究较少，且一般采用省际和跨国面板数据进行研究，而关于细分行业视角下服务贸易对制造业效率影响的研究很少。本书从细分行业角度出发，深入分析服务业内部细分行业对不同要素密集型制造业效率的影响，深化了服务业研究的内容，弥补了产业关联机制研究的不足。②传统的生产函数法将产出增长中未被要素投入增长所解释的部分都归为全要素生产率，而 SFA 则将全要素生产率进一步分解为技术前沿和技术效率两部分，能够更深入地研究生产率的相对变化；同时，克服了 DEA 没有考虑随机误差对个体影响的不足。本书运用SFA 测度各个样本国家高技术服务业进口溢出效应对制造业技术效率的影响，能够更细致深入地研究各样本国家生产率的变化。

1.2.2 研究方法

（1）理论和实证分析相结合。经济全球化背景下利用服务业进口促进制造业效率提高问题研究是一个理论性和应用性都非常强的课题，本书的研究强调以理论研究为基础，借助新经济地理理论、内生增长理论、服务业理论的相关理论，有针对性地吸收这些理论中的相关成果，建立高技术

---

① 华广敏：《高技术服务业 FDI 对东道国制造业效率影响的研究》，天津财经大学博士学位论文，2013 年 5 月。

服务业进口通过技术资本存量的跨期溢出效应降低制造业的创造成本，从而促进进口国制造业效率提升的内生机理。然后，运用随机前沿生产函数方法，测算高技术服务业进口技术溢出影响下各样本国家制造业的技术效率。接着，采用行业面板数据，从总体与分部门层面实证分析高技术服务业进口技术溢出效应对制造业效率的影响。继而，采用跨国面板数据，基于理论模型得出的影响因素，选取高技术服务业进口等变量对制造业效率的影响因素进行实证分析，从而验证理论机理，有效地将理论机理和实证分析相结合。

（2）定性与定量分析相结合。本书研究高技术服务业进口技术溢出促进制造业效率提高的内生机理，与目前的产业升级联系非常紧密，在定性分析的基础上，本书强调定量研究，文中配有大量的统计图表，力求详尽地说明高技术服务业国际转移提高制造业效率的实际经验来验证相关理论观点，并使其更有说服力。

1.2.3 本书结构

1.2.3.1 研究目标

（1）从理论上探讨高技术服务业进口技术溢出效应内生提高制造业效率的机理：在 D-S 框架下，借鉴内生增长理论，探讨高技术服务业技术资本存量的跨期溢出效应降低制造业创造成本，实现制造业内生增长机理；运用托宾的资产重置理论设立两国服务业区位均衡机制，求解制造业内生增长的变量和影响因素，为我国高技术服务贸易政策的制定及制造业发展政策提供理论支撑。

（2）测算样本国家制造业技术效率：运用随机前沿生产函数方法（SFA），将高技术服务业进口因素引入技术无效方程中，测算各样本国家的制造业技术效率。在此基础上，计算出不同发展水平国家的制造业技术效率并加以比较分析。

（3）从总体与分部门层面关于高技术服务业进口技术溢出效应对制造业效率影响的实证分析：①总体上，高技术服务业进口技术溢出效应对制造业效率的影响；②不同部门高技术服务进口技术溢出效应对制造业效率的影响是否具有差异性。

（4）关于制造业效率影响因素的实证检验：基于理论机理得出的影响

因素，选取高技术服务业进口额、劳动就业人数等变量对制造业效率的影响因素进行实证检验，从而验证理论机理。

（5）政策措施：本书提出逐步放开服务业管制，加快服务业法律法规与国际接轨，鼓励服务领域的技术创新和技术引进，有效地发挥高技术服务业对相关产业的支持作用等政策建议。

1.2.3.2　研究内容

本书共分为六章，主要内容如下：

第1章是导论，主要介绍本书研究问题的背景、研究意义，并阐述本书的研究方法、内容结构、研究价值及重点和难点。

第2章是相关概念与文献综述，先介绍服务贸易理论机理研究，然后关于服务贸易发展趋势研究，接着重点关于服务业开放影响研究，对服务业开放对经济增长影响和服务业开放对制造业效率影响的研究展开层层综述，最后介绍了进口溢出效应研究。

第3章是服务业及高技术服务业进口特征分析，首先，分析世界进口发展趋势，具体分析世界服务业及高技术服务业进口的发展状况、行业分布、国家分布、外商直接投资及世界服务业及高技术服务贸易的发展原因；其次，分析美国服务业及高技术服务业进口的行业特征、国家分布和美国服务贸易发展原因；最后，分析中国服务业及高技术服务业进口行业特征、国家分布和中国服务业存在的问题。

第4章是高技术服务业进口技术溢出效应对制造业效率影响的理论机理，基于D-S框架，拓展知识溢出双增长模型，借鉴新增长理论的时间跨期溢出效应，把物质资本看作是高技术服务业技术资本的物化物，通过高技术服务业进口构成的总技术资本存量的跨期溢出效应降低制造业成本，实现制造业内生增长，提高制造业生产效率的机理。

第5章是高技术服务业进口对制造业影响的实证研究：首先，本章运用随机前沿生产函数方法（SFA），将高技术服务业进口因素引入技术无效方程中，测算各样本国家制造业技术效率。在此基础上，计算出不同发展水平国家的制造业技术效率并加以比较分析。然后，从总体与分部门层面实证分析高技术服务业进口技术溢出效应对制造业效率的影响。最后，采用跨国面板数据，选取高技术服务业进口额、劳动就业人数等变量对制造业效率的影响因素进行实证分析。

第6章我国高技术服务业进口促进制造业效率提升的对策：本书提出

完善服务贸易政策与机制、完善服务贸易的立法、发挥服务贸易行业协会的作用、加强高技术服务业进口与自主创新相结合、促进制造业和高技术服务业融合，并提高制造业效率、提升服务业整体竞争力、加快服务贸易专业人才培养等措施。

本书研究思路为：第一，建立理论模型探讨高技术服务业进口技术溢出效应内生提高制造业效率的机理。第二，运用随机前沿生产函数方法，测算高技术服务业进口技术溢出影响下各样本国家制造业的技术效率，并计算出不同发展水平国家的制造业技术效率加以比较分析。第三，采用行业面板数据，从总体与分部门层面实证分析高技术服务业进口技术溢出效应对不同要素密集型制造业效率的影响。第四，基于理论机理，采用跨国面板数据，对制造业效率的影响因素进行实证分析。第五，通过理论和实证分析，为我国高技术服务业贸易提出政策建议。

1.3 研究价值

本书主要研究价值如下：

（1）理论方面，目前关于服务贸易自由化的研究往往处于静态层面研究，尚未考虑其动态性；而技术溢出机理研究大多关于货物贸易的技术溢出研究，服务贸易技术溢出的研究非常少见。本书在 D-S 框架下，借鉴新增长理论内生提高机理，建立高技术服务业进口技术溢出效应促进制造业效率提高的内生机制，从动态角度分析高技术服务业进口技术溢出效应对制造业效率影响的理论机理，深化了服务业理论的研究内容，拓展了内生增长理论的研究视角。

（2）实证方面，现有文献往往集中于服务业自由化与经济增长的研究，关于服务贸易与制造业效率关系的研究较少，且一般采用省际和跨国面板数据进行研究，关于细分行业视角下服务贸易对制造业效率的影响研究很少。本书主要从细分行业角度出发，深入分析服务业内部细分行业对制造业效率的影响，深化了服务业研究的内容，弥补了产业关联机制研究的不足。

（3）研究视角方面，关于技术溢出的研究一般局限于货物贸易领域，

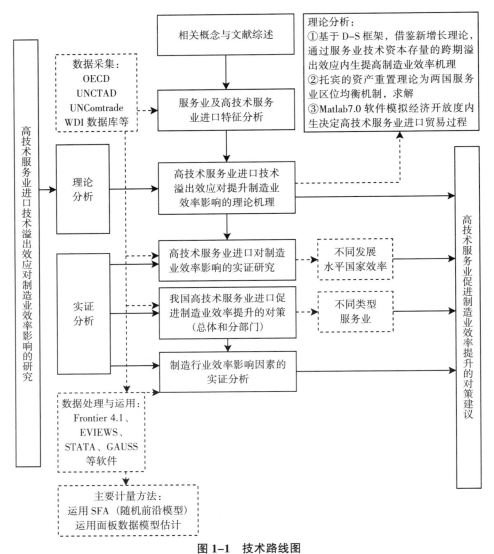

图 1-1　技术路线图

服务贸易技术溢出的研究很少，而服务业产业间技术溢出的研究则更少，本书提出高技术服务业进口技术溢出提升制造业技术效率的研究，从发展产业互动融合的高度来内生提高产业发展水平，这样有利于我国培育产业动态比较优势，实现产业之间相互支撑和协调发展，对于推进我国产业升级，提高经济效益有着重要的参考价值。

（4）研究方法方面，传统的生产函数法假设生产长期处于完全效率状态，将产出增长中未被要素投入增长的部分都归为全要素生产率，而 SFA 则将全要素生产率进一步分解为技术前沿和技术效率两部分，并能更深入地研究生产率的相对变化；同时，克服了 DEA 没有考虑随机误差对个体影响的不足之处。本书运用 SFA 测度各个样本国家高技术服务业进口溢出效应对制造业技术效率的影响，能够更细致深入地研究各样本国家生产率的变化。

（5）数据方面，由于世界及各国服务业统计手段和方法尚待完善，各国统计口径也不尽相同，对于高技术服务业分类和统计标准各个国家分歧较大，而在我国高技术服务业统计的研究则刚刚起步，因此数据的收集和整理会相当困难。

1.4　本书研究的重点和难点

1.4.1　重点

（1）从理论上探讨高技术服务业进口技术溢出效应内生提高制造业效率的机理：在 D–S 框架下，借鉴内生增长理论，探讨高技术服务业技术资本存量的跨期溢出效应并降低制造业创造成本，实现制造业内生增长机理；运用托宾的资产重置理论设立两国服务业区位均衡机制，求解制造业内生增长的变量和影响因素，为我国高技术服务贸易政策的制定及制造业发展政策提供理论支撑。

（2）测算样本国家制造业技术效率：运用随机前沿生产函数方法（SFA），将高技术服务业进口因素引入技术无效方程中，测算各样本国家的制造业技术效率。在此基础上，计算出不同发展水平国家的制造业技术效率并加以比较分析。

（3）从总体与分部门层面关于高技术服务业进口技术溢出效应对制造业效率影响的实证分析：①总体上，高技术服务业进口技术溢出效应对制造业效率有影响；②不同部门高技术服务进口技术溢出效应对制造业效率的影响是否具有差异性。

（4）关于制造业效率影响因素的实证检验：基于理论机理得出的影响因素，选取高技术服务业进口额、劳动就业人数等变量对制造业效率的影响因素进行实证检验，从而验证理论机理。

1.4.2 难点

服务业技术溢出研究处于起步阶段，可供借鉴和参考的资料很少，需将新经济地理理论和内生增长理论综合运用，来建立高技术服务业进口技术溢出与制造业效率提高的内生机制，这需要对现有理论模型有所突破，但会增强理论模型的实际应用价值。另外，由于世界及各国服务业统计手段和方法尚待完善，各国统计口径也不尽相同，而我国高技术服务业的研究刚刚起步，学术界和产业界对于高技术服务业这一概念目前尚未有明确、完整和统一的界定，服务业进口特征分析和实证研究数据搜集非常困难。

第2章 相关概念与文献综述

2.1 关于服务贸易理论机理研究

随着世界服务贸易的快速发展及其在世界贸易中的比重日益增加，世界各国纷纷加强了服务贸易的研究。从20世纪70年代开始，学者们开始集中对服务贸易进行研究，服务贸易研究基本上伴随整个服务贸易的发展过程，学者们关于服务贸易的研究也取得了一定进展，有关服务贸易的研究主要从以下几个方面展开：

2.1.1 从一般均衡角度的研究

一些学者从一般均衡角度探讨了服务业自由化对进口国技术进步和经济福利的影响，基本上都认为服务业自由化有利于促进进口国的技术进步和经济增长。

Robinson、Wang和Martin（2002）[1] 在不考虑贸易模式差异的前提下，建立CGE模型，并对服务贸易自由化的收益和影响进行了估算，结果发现服务贸易提高了进口国的全要素生产率。Konan和Maskus（2006）[2] 与

---

[1] Robinson, Sherman, Zhi Wang and Will Martin, "Capturing the Implications of Services Trade Liberalization", *Economic Systems Research*, Vol.14, No.1, 2002, pp.3–33.

[2] Konan, D., and K. Maskus, "Quantifying the Impact of Services Liberalization in A Developing Country", *Journal of Development Economics*, Vol.81, 2006, pp.142–162.

Jensen 等（2007）[1] 基于 CGE 模型，对突尼斯和俄罗斯进行研究，结果表明，相对于货物贸易自由化，服务市场开放能够增加一个国家的福利，包括 FDI 在内的商业服务自由化更能够促进一国经济的增长。Rutherford、Tarr 和 Shepotylo（2005）[2] 运用一般均衡模型对俄罗斯的"入世"效应进行研究，结果表明服务市场开放可以增加一个国家的福利。George Verikios 等（2001）[3] 利用 CGE 模型对 19 个国家和地区之间的电讯和金融服务贸易自由化的经济效应进行分析，结果表明，电讯和金融服务贸易自由化促进全球经济增长。此后，有学者对不同部门服务贸易与经济增长间关系进行研究，基本上认为，服务业部门的开放或者生产率的提高能够促进经济增长[4]。Benjamin 和 Diao（2000）[5] 利用一个全球多国和多部门的 CGE 模型对 APEC 国家服务贸易自由化进行研究，结果显示，APEC 中的发达国家从服务贸易自由化中获得的福利最大。Dee 和 Hanslow（2001）[6] 利用 CGE 模型研究 19 个地区和 3 个产业的总体服务贸易自由化的影响，结果表明，服务贸易完全自由化将促进世界 GNP 增长。综上所述，上述学者从一般均衡角度对服务业自由化研究表明，服务贸易自由化对进口国经济增长和福利基本上具有促进作用。

2.1.2 从分工和专业化角度的研究

一些学者从分工和专业化角度探讨了服务业自由化对一国经济和相关产业的影响，基本上都认为服务业自由化有利于促进当地经济和相关产业

---

① Jensen, J., Rutherford, T., and Tarr D., "The Impact of Liberalizing Barriers to Foreign Direct Investment in Services: The Case of Russian Accession to the World Trade Organization", *Review of Development Economics*, Vol.11, 2007, pp.482-506.

② Rutherford Tarr and Shepotylo, "Poverty Effects of Russia's WTO Accession: Modeling 'Real' Households and Endogenous Productivity Effects", University of Bristol, 2005-01-01.

③ George Verikios and Xiao-Guang, "Global Gains from Liberalising Trade in Telecommunications and Financial Services", *Ssrn Electronic Journal*, Vol.10, No.24, 2001, p.78.

④ Robinson, S., Zhi, W., Martin, W. "Capturing the Implications of Services Trade Liberalization", *Economic Systems Research*, Vol.14, 2002, pp.3-33.

⑤ Benjamin, N., and Diao, X-S., "Liberalizing Services Trade in APEC: A General Equilibrium Analysis with Imperfect Competition", *Pacific Economic Review*, Vol.5, No.1, 2000, pp.49-75.

⑥ Dee, Philippa and Kevin Hanslow, "Multilateral Liberalization of Services Trade", in Robert M. Stern, (ed), *Services in the International Economy*, University of Michigan Press, Ann Arbor, 2001.

发展。Francois（1990）[①] 运用理论模型，分析生产者服务与专业化分工及规模经济之间的关系，认为通过直接贸易或通过跨国公司获得的生产者服务可能会促进发展中国家的专业化分工，有助于形成国内规模经济效应。Rivera-Batiz FL 和 Rivera-Batiz LA[②]（1991）从分工和专业化的角度构建 CGE 模型进行分析，认为商务服务业部门的 FDI 有助于促进东道国分工和专业化的发展，进而有利于提升本地以商务服务部门作为中间投入的下游产业，尤其是制造业的劳动生产率[③]。结果表明，服务贸易自由化基本上可促进一国经济和相关产业效率提高。

2.1.3　从比较优势角度的研究

国际贸易理论从古典贸易理论、新古典贸易理论到新贸易理论，其假设前提是基本一致的，分析逻辑和政策主张也是一脉相承的，在解释国际间贸易动因与基础时，立论的着眼点都是一致的。

2.1.3.1　从比较优势角度研究服务贸易

传统的比较优势学说从国际分工与交换的角度对市场竞争力的来源进行了解释，其构成市场性竞争力优势理论的基础。Deardorff（2001）[④] 以交通运输、金融和保险服务业作为分析对象，对生产者服务贸易自由化降低贸易成本、促进货物贸易发展进行了研究。研究认为，生产者服务在国际贸易中扮演着"催化剂"角色，生产者服务使商品贸易的开展更便捷，生产者服务贸易开放，有利于降低贸易成本，而贸易成本的降低直接促进了商品贸易的发展[⑤]。李盾、刘从军（2006）[⑥] 在福利经济学和李嘉图模型基础上构建了理论模型，研究表明，服务市场开放对进口国的影响取决于该

① Francois, J. F., "Producer Services, Services, and the Division of Labor", *Oxford Economic Papers*, *New Series*, Vol.42, No.4, 1990, p.10.

② Rivera-Batiz and Rivera-Batiz, "Economic Integration and Endogenous Growth", *The Quarterly of Economics*, Vol.5, No.2, 1991, pp.531-555.

③ 刘艳：《中国服务业 FDI 的技术溢出研究》，暨南大学博士学位论文，2010 年。

④ Deardorff, A., "International Provisionof Tradeservices, Trade, and Fragmentation", *Review of International Economics*, Vol.9, 2001, pp.233-248.

⑤ Deardorff A., "Comparative Advantage and International Trade and Investment in Services", *Canada/US Perspectives*, 1985, pp.39-71.

⑥ 李盾、刘从军：《服务业贸易自由化对开放国的福利影响》，《国际贸易问题》2006 年第 8 期，第 111-114 页。

开放部门的特定生产要素与其他部门中特定生产要素之间是替代关系还是互补关系。

此外，Marrewijk 等（1997）[1] 将要素禀赋理论和 S-D-S 垄断竞争模型相结合，建立 CGE 模型，研究表明服务贸易自由化可产生净福利收益，服务贸易保护政策使福利受损。Sapir 和 Lutz[2]（1981）、Falvery 和 Gemmell[3]（1996）等都是通过 H-O 模型研究了服务贸易对信息传统贸易理论的使用，并证明了服务贸易的发展能促进出口国福利增加。综上所述，上述学者从比较优势角度对服务业自由化研究表明，服务贸易自由化有利于降低成本，以及促进一国经济和福利增长。

2.1.3.2　比较优势理论对服务贸易的适用性

比较优势学说是建立在商品（货物）贸易基础之上的，其对服务贸易的适用性，大体上形成了以下三种观点：

第一种观点认为，比较优势理论完全不适用于服务贸易，服务不同商品，比较优势不能适用于服务贸易（R. Dick & H. Dicke[4]，1979；H. Daly[5]，1981；van Holst[6]，1981；G. Sampon[7]，1985；S. R. Snape[8]，1985）。此外，R. Dick 和 H. Dick[9]（1979）运用显性比较优势法，对 18 个 OECD 国家进行了跨部门的回归分析，未发现基于比较优势的服务贸易模式。Sampson 和

① Marrewijk V., Produce Services, "Comparative Advantage and International Trade Patterns", *Journal of International Economics*, No.42, 1997, pp.195–220.

② Sapir A. and Lutz E., "Trade in Services: Economic Determinants and Development Related Issuses", *World Bank Working Paper*, No.480, 1981.

③ Falvery and Gemmell, "On-Ramp Prospects for The Information Superhighway Dream: Will The Goal of A Single, Universally Available Network Carrying A Wide Variety of Data Types Ever Be Achieved?", *Communications of the Acm*, Vol.39, No.7, 1996, pp.55–61.

④⑨ Dick R. and Dicke H., Patterns of Trade in Knowledge, in H. Giersch（ed.）, *International Economic Development and Resource Transfer*, Tubingen: J. C. B. Mohr, 1979.

⑤ Daly. H., "Profile of Kenya Domestic Tourism Market", *Publication of Aiest International Association of Scientific Experts in Tourism*, 1981.

⑥ van Holst, "Arabinogalactan Protein from a Crude Cell Organelle Fraction of Phaseolus Vulgaris L", *Plant Physiology*, Vol.68, No.4, 1981, p.910.

⑦ Sampon G., "The Logic of Natural Language: By Fred Sommers, Oxford: Clarendon Press, 1982", *Journal of Social & Biological Structures*, Vol.8, No.2, 1985, pp.203–205.

⑧ Snape S. R., "Shape in Archaeological Artefacts: Two Case Studies Using a New Analytical Method", *Oxfors Journal of Archaeology*, Vol.4, No.1, 1985, pp.19–30.

Snape（1985）[1]认为由于传统贸易理论基本假定之一是没有要素的国际流动，即使成立，也只能适用于要素不能流动的国际服务贸易。

第二种观点认为，比较优势理论完全适用于服务贸易，比较优势论是普遍有效的。在此观点下，国家间要素禀赋的差异也是服务贸易竞争力的来源，比较优势完全适用于服务贸易（R. N. Cooper，1987[2]；A. Sapir & E. Lutz，1981[3]；I. Kravis & J. Bhagwati，1986[4]；R. Falvey & N. Gemmell，1991[5]；D. R. Davis & D. E. Weinstein，2002[6]）。

第三种观点认为，比较优势理论在一定程度上适用于服务贸易，但同时也存在局限性（K. Tucker & M. Sundberg，1988）[7]。比较优势理论在一定程度上适用于服务贸易，但服务贸易比较优势的形成不同于商品贸易，比较优势理论会有一些缺陷，因此必须加以修正。这种折中观点的代表性观点有：Deardorff（1985）[8]首次对标准的 H-O 模型分析，通过改变其中的个别约束条件，成功地为服务贸易是如何遵循比较优势原则作了解释；在 H-O 模型中，Sampson 和 Snape（1985）[9]假设两国之间的生产要素不能移动，在这种前提下传统贸易理论是能够解释服务贸易的。D. Burgess（1990）[10]认为，对标准的 H-O-S 模型做简单修正，得到了可以解释服务

① Snape S. R. et al.，"Shape in Archaeological Artefacts: Two Case Studies Using a New Analytical Method"，*Oxfors Journal of Archaeology*，Vol.4，No.1，1985，pp.19–30.

② Cooper R. N.，"Industrial Policy and Trade Distortion: A Policy Perspective"，*Palgrave Macmillan UK*，1987，pp.37–69.

③ Sapir A. and Lutz E.，"Trade in Services: Economic Determinants and Development Related Issuses"，*World Bank Working Paper*，No.480，1981.

④ Kravis I. and Bhagwati J.，"Essays in International Economic Theory，Volume 1: The Theory of Commercial Policy"，*Mit Press Books*，No.1，1986.

⑤ Falvey R. and Gemmell N.，"Explaining Service–Price Differences in International Comparisons"，*American Economic Review*，Vol.81，No.5，1991，pp.1295–1309.

⑥ Davis D. R. and Weinstein D. E.，"Do Factor Endowments Matter for North–North Trade?"，*Frontiers of Economics & Globalization*，Vol.4，No.8，2002，pp.570–572.

⑦ Tucher and Sundberg，"An Estimate of Oxygen Consumption and Denitrification in Coastal Waters of The Swedish West Coast，Using Indirect Methods"，*Estuarine Coastal & Shelf Science*，Vol.26，No.3，1988，pp.269–284.

⑧ Deardorff A.，"Comparative Advantage and International Trade and Investment in Services"，*Canada/US Perspectives*，1985，pp.39–71.

⑨ Snape S. R.，"Shape in Archaeological Artefacts: Two Case Studies Using a New Analytical Method"，*Oxfors Journal of Archaeology*，Vol.4，No.1，1985，pp.19–30.

⑩ Burgess，David. "Services as Intermediate Goods: The Issue of Trade Liberalization"，In R. Jones and A. Kruger eds，*The political economy of international trade*，1990.

贸易的一般模型，并从中发掘服务的技术差别是如何形成各国的比较优势和商品贸易模式的。Tucher 和 Sundberg（1988）[1] 主张运用传统贸易理论来分析服务贸易，提出相关的市场结构和需求特性能够解释服务贸易发生的原因，并拓展传统的比较优势理论。[2] 江小涓（2008）[3] 也论证了比较优势理论和要素禀赋理论对服务贸易的适用性，提出"将商品和服务还原为一组要素集合，而商品和服务贸易都是要素集合的贸易"的观点，从而使立足于要素禀赋差异的分工理论对商品和服务贸易都适用。[4]

总体来说，第三种观点得到了学术界的普遍认同，即传统比较优势学说在一定程度上适用于服务贸易。

2.1.4　从垄断竞争角度的研究

20 世纪 70 年代，以克鲁格曼（P. Krugman）为代表的新贸易理论学派认为，在不完全竞争和产业内贸易条件下，企业国际竞争力可来源于规模经济。但是，规模经济是否也存在于服务贸易领域，还需要进一步探讨。

Markusen（1989）[5] 则在 Ethier（1982）的研究成果基础上，把生产者服务当作中间产品引入理论模型，分析了生产者服务业促进制造业发展与经济增长的内在机理，并阐述生产者服务贸易的作用。Markusen（1990）[6] 基本上是论证了服务自由化对东道国经济的益处。Markusen 等（2005）[7] 将生产者服务业作为中间产品引入理论模型，从微观的角度，分析了生产者服务业促进一国制造业发展和经济增长的内在机制，结果表明，生产者服务贸易和外商直接投资的自由化让东道国最终产品的生产商获得

① Tucher and Sundberg, "An Estimate of Oxygen Consumption And Denitrification in Coastal Waters of The Swedish West Coast, Using Indirect Methods", *Estuarine Coastal & Shelf Science*, Vol.26, No.3, 1988, pp.269–284.

② 陈蕾：《我国知识密集型服务贸易发展及其经济效应研究》，武汉理工大学博士学位论文，2012 年。

③ 江小涓：《服务全球化与服务外包：现状、趋势及理论分析》，人民出版社 2008 年版。

④ 罗立彬：《服务业 FDI 与东道国制造业效率》，中国社会科学院研究生院博士学位论文，2010 年。

⑤ Markusen J. R., "Trade in Producer Services and in Other Specialized Intermediate Inputs", *The American Economic Review*, No.79, 1989, pp.85–95.

⑥ Markusen J. R., "Explaining the Volume of North–South Trade", *The Economic Journal*, Vol.100, No. 403, 1990, pp.1206–1215.

⑦ Markusen J. and Rutherford T. F. Tan D., "Trade and Direct Investment. in Producer Services and the Domestic Market for Expertise", *Canadian Journal of Economics/Revue*, No.3, 2005, pp.758–777.

了更多的专业知识从而提高生产效率。江静、刘志彪和于明超（2007）[①]使用 D-S 模型，对生产性服务业提升制造业效率的内在机理进行研究，从地区层面和行业层面实证分析生产性服务业对制造业效率的促进作用，结果表明生产性服务业的扩张有助于制造业效率的提升。综上所述，上述学者从垄断竞争角度对服务业自由化进行研究，大体上认为服务贸易自由化对一国经济增长和产业效率提高具有较强的促进作用。

2.1.5 从竞争优势论角度的研究

20 世纪 90 年代，波特（Porter）提出了国家竞争优势理论，认为从国家的层面衡量，国家竞争力的唯一意义就是国家生产力。他提出国家竞争力由生产因素、需求条件、相关和支持产业、企业战略结构和行业竞争四类基本要素和发展机遇、政府两类辅助要素综合作用而形成，系统地展示了各项竞争力因素的关系，这些因素构成了一个钻石体系。他指出，服务贸易的竞争力尤其体现在服务要素的创造和提升上；需求条件对服务业的国家竞争优势而言，是当今最有影响力的一个决定性因素，并为许多传统服务业缔造了可观的国家优势；企业战略与企业结构的同业竞争是必要的，应增强协调性竞争优势；对相关与支持产业的提升效应，与信息科技相关的产业就是许多服务业中最重要的一组支持性产业；服务业与产业群的形成内生了国际竞争优势的来源，是创造国家竞争优势的核心。因此，服务贸易自由化对一国竞争力提升具有重要的促进作用。

2.1.6 从生产区段和服务链理论角度的研究

一些学者从生产区段和服务链理论角度探讨了服务贸易对一国经济的影响，基本上都认为服务业贸易有利于促进经济增长和效率提高。Jones 等（1990）[②] 研究了生产者服务业，基于制造业生产分割现象的涌现提出

---

① 江静、刘志彪、于明超：《生产者服务业发展与制造业效率提升：基于地区和行业面板数据的经验分析》，《世界经济》2007 年第 8 期，第 52—62 页。

② Jones, R. W. and Kierzkowski H., "The Role of Services in Production and International Trade: a Theoretical Framework", R. Jones and a. Krueger. *The Political Economy of International Trade: Festschrift in honor of Robert Baldwin*, Basil Blackwell, Oxford, 1990, pp.31-48.

了生产区段和生产者服务链接作用的理论。随着生产规模的扩大，生产过程逐渐分散到不同国家的区段进行合作生产，并利用各国不同的成本优势，促进国际服务贸易发展。这与生产者服务贸易理论（Markusen，1989[①]）有所不同，生产区段和服务链理论强调生产者服务对各生产区段的链接作用，而生产者服务贸易理论强调生产者服务可作为中间产品实现自由贸易。Long（2005）[②]在李嘉图比较优势理论的基础上，对生产者服务贸易与生产分割的关系进行了进一步研究，当生产者服务不可贸易时，该国会把生产者服务密集型的生产环节留在国内生产，而将劳动密集型的环节外包给外国生产；而如果有完全的生产者服务贸易，则该发达国家会将其产品零部件完全外包到国外生产。[③]上述学者从生产区段和服务链理论角度对服务业自由化研究表明，生产过程分散到不同国家的区段进行合作生产，生产者服务对各生产区段进行链接，利用各国不同的成本优势可提高生产效率，促进经济增长。

2.2　关于服务贸易发展趋势研究

随着全球化进程加快和高新技术发展，以及服务贸易的迅速发展，国际市场的竞争将由以货物贸易为核心转向以服务贸易为核心。目前，国内外对服务贸易的探讨主要集中在服务贸易结构、服务贸易竞争力和服务贸易自由化等问题上。

2.2.1　服务贸易结构演变趋势

由于各国经济发展特征和收入水平等不同，其服务业结构变动趋势也不尽相同。

---

① Markusen J. R., "Trade in Producer Services and in Other Specialized Intermediate Inputs", *The American Economic Review*, No.79, 1989, pp.85–95.

② Ngo van Long, Raymond Riezman, Antoine Soubeyran, "Fragmentation and Services," *North American Journal of Economics and Finance*, 2005, pp.137–152.

③ 杨勇：《生产者服务贸易国外研究进展与述评》，《技术经济与管理研究》2011年第7期。

2.2.1.1 发达国家服务业结构变动趋势分析

关于发达国家服务业结构研究，学者们从不同角度进行了研究。首先，基于服务功能，有学者对美国 1870~1970 年生产者服务业、流通服务业、个人服务业和社会服务业就业结构进行研究，研究发现生产者服务业和社会服务业的就业比重上升，生产者服务业尤其是银行业和商务服务业发展迅速；社会服务业各部门尤其是教育的就业比重迅速增加（Browning & Singlemann，1978[①]）；也有学者将服务业进行同样分类，对 OECD 国家 1984~1998 年服务业结构进行研究，研究同样发现生产者服务业和社会服务业的就业比重在上升（OECD，2001[②]）。还有学者对英国、法国、德国、意大利服务业结构进行研究，研究发现中间生产服务业的产出和就业比重上升，而最终市场化服务业就业比重下降（Gershuny & Miles，1983[③]）。其次，基于服务业需求主体，有学者对加拿大 1961~1986 年服务业结构进行研究，研究发现消费者服务在国内生产总值中所占份额基本保持不变，政府服务所占份额上升了约 3%，而生产者服务所占份额则大幅度提高了20%（Grubel & Walker，1989[④]）。最后，基于投入产出表的中间需求率，有学者对美国服务业结构的研究发现，生产性服务业就业比重上升较快，而消费性服务业就业增长绝对数较大（Goodman & Steadman，2002[⑤]）。根据不同分类，发达国家中间服务业所占比重较高，最终服务业所占比重较低；生产者服务业所占比重较高，消费性服务业所占比重各异。

2.2.1.2 发展中国家服务业结构变动趋势分析

有学者将发展中国家服务业结构与发达国家进行了对比，研究发现金融保险等新兴服务业在发达国家发展迅速，而在发展中国家变化不大，商业、交通运输等传统服务业在发达国家有所下降，而在发展中国家所占比

① Browning H. L., Singlemann J., "The transformation of the' U.S. Labor Force: the Interaction of Industry and Occupation", *Politics and Society*, Vol.8, 1978, pp.481–509.

② OECD, *The Characteristics and Quality of Service Sector Jobs*. OECD Employment Outlook, 2001, pp.89–128.

③ Gershuny, Miles, "The New Service Economy: the Transformation of Employment in Industrial Societies", Praeger Publishers, 1983, pp.269–277.

④ Grubel H. and Walker M., *Service Industry Growth: Causes and Effects*, Vancouver: The Fraser Institute, 1989.

⑤ Goodman B. and Steadman R., "Services: Business Demand Rivals Consumer Demand In Driving Job Growth", *Monthly Labor Review*, Vol.125, No.4, 2002, pp.3–16.

重较高（黄少军，2000[①]）。也有学者对 1970~1996 年服务业产出结构进行研究，研究发现具有大国相同特点的发展中国家与发达国家服务业产出结构变动趋势相似，诸如商业、旅馆和饭店业、运输、仓储和邮电业等服务业的比重均变动不大；而在就业结构方面，商业和运输通信业在发展中国家趋于稳定，在发达国家有所下降，社会和个人服务业在发展中国家稳中有降，而在发达国家有所上升（郭克莎，2000[②]）。还有学者研究发现，美国 1950~2005 年服务业结构和西方七国 1980~2002 年服务业结构变动趋于高级化，传统服务业如流通服务业比重有所下降，而新兴服务业如金融保险、房地产和商务服务等服务业比重有所增加；而发展中国家1970 年以来结构变动趋势不尽相同，金融保险、不动产和商务服务业比重上升趋势不明显，运输、仓储和邮电业占据着重要地位（陈凯，2008[③]）。[④]

此外，有学者将发展中国家服务业结构与发达国家进行对比，研究发现金融保险、房地产、商务服务业在中高收入的发展中国家所占比重较大，而商业和旅店业在中低收入国家的所占比重较大（邓于君[⑤]，2004）。总体上来说，传统服务业在发展中国家所占比重较高；新兴服务业在发展中国家所占比重较低；与发达国家进行对比，情况则相反。

2.2.1.3　中国服务业结构变动趋势分析

近年来，中国服务业结构不断优化升级，但与发达国家相比，中国服务业结构总体上还不尽合理，技术密集型和高附加值的新兴服务业发展相对滞后；信息、计算机和软件服务，研发和技术服务业等现代服务业性服务业发展水平不高；农村消费性服务业发展相对滞后（郭世英等，2010[⑥]）。关于中国各省市服务业结构，有学者通过一系列指标分析上海服务业结构（程大中，2003[⑦]；叶耀明、刘红，2007[⑧]），也有学者分析河南省第三产业

① 黄少军：《服务业与经济增长》，经济科学出版社 2000 年版，第 280-287 页。
② 郭克莎：《第三产业的结构优化与高效发展》，《财贸经济》2000 年第 10 期，第 51-56 页。
③ 陈凯：《服务业结构升级与就业之间相关关系研究》，《城市问题》2008 年第 7 期，第 62-66 页。
④ 张阳：《技术进步与中国服务业结构优化：理论与实证》，湖南大学博士学位论文，2011 年。
⑤ 邓于君：《服务业结构演进：内在机理与实证研究》，科学出版社 2004 年版，第 14-18 页。
⑥ 郭世英、王庆、李素兰：《中国服务业结构优化升级问题分析》，《河北大学学报：哲学社会科学版》2010 年第 3 期，第 115-118 页。
⑦ 程大中：《中国服务业增长的地区与部门特征》，《财贸经济》2003 年第 8 期，第 68-75 页。
⑧ 叶耀明、刘红：《上海服务业内部结构特征分析》，《上海经济研究》2007 年第 1 期，第 51-57 页。

结构（陈非，2006①），还有学者分析长三角地区的上海市和浙江省服务业结构（杨向阳、陈超，2006②）以及有学者分析南京传统服务业结构（陈月梅，2007③），各地服务业结构不尽相同，服务业发展也各异。关于服务业发展的影响因素，诸多学者认为城市化水平、服务业开放水平、收入水平和人力资本状况对服务业内部结构变动产生了重要影响（李勇坚，2004④；陈凯，2006⑤；庄丽娟、陈翠兰，2008⑥）。

关于服务贸易结构，有学者从要素禀赋的角度，分析高级服务要素贫乏、技术水平是我国服务贸易竞争优势落后的重要原因（李怀政，2002⑦），也有学者研究发现我国服务贸易结构滞后，主要是传统服务贸易部门占比偏大，新兴服务贸易部门处于明显的比较劣势地位（王煌等，2007⑧；张碧琼，2006⑨）。有学者从发展服务贸易重要性角度，指出提高服务贸易对产业结构以及经济发展的重要性（曲凤杰，2006⑩），有学者通过指数测度，研究发现我国服务贸易出口结构优化幅度很小（程南洋、杨红强和聂影，2006⑪）。有学者对 1997~2005 年中国货物贸易对服务贸易结构变动的影响、逆向相关性以及贸易不平衡的成因进行研究，指出货物贸易进出口一方面与运输服务、计算机和信息服务、咨询服务等部门的进出口存在正

① 陈非：《河南省第三产业结构发展趋势预测与灰关联分析》，《经济经纬》2006 年第 6 期，第 30–31 页。
② 杨向阳、陈超：《江苏服务业结构效益与竞争力分析——兼评偏离份额分析法的应用》，《长江流域资源与环境》2006 年第 4 期，第 415–420 页。
③ 陈月梅：《基于偏离—份额法的南京服务业结构和竞争力分析》，《华东经济管理》2007 年第 2 期，第 113–116 页。
④ 李勇坚：《中国服务业内部各个行业发展的影响因素分析》，《财贸经济》2004 年第 7 期，第 16–24 页。
⑤ 陈凯：《服务业结构与服务业发展实证研究》，《现代经济探讨》2006 年第 6 期，第 54–56 页。
⑥ 庄丽娟、陈翠兰：《FDI 对广州服务业结构效应的实证分析》，《国际经贸探索》2008 年第 3 期，第 24–28 页。
⑦ 李怀政：《中国服务贸易结构与竞争力的国际比较研究》，《商业经济与管理》（月刊）2002 年第 12 期，第 17–20 页。
⑧ 王煌、唐清泉：《中国结构性存量流动性过剩问题》，《求索》（月刊）2007 年第 8 期，第 6–8 页。
⑨ 张碧琼：《开放条件下我国服务贸易结构性失衡与对策》，《国际金融研究》（月刊）2006 年第 11 期，第 69–73 页。
⑩ 曲凤杰：《优化结构与协调发展——发展服务贸易与转变我国外贸增长方式的战略措施》，《国际贸易》（月刊）2006 年第 1 期，第 28–32 页。
⑪ 程南洋、杨红强、聂影：《中国服务贸易出口结构变动的实证分析》，《国际贸易问题》2006 年第 8 期。

相关，另一方面加剧了我国处于不利地位的现代服务部门的逆差（程南洋和余金花，2007①）。总之，中国服务业发展较快，但服务业总体水平不高，服务业结构也有待优化。

综上所述，发达国家服务业结构由低级趋向高级转化，而发展中国家传统服务业所占比重较大，服务业结构不合理。中国服务业发展较快，但总体水平不高，竞争力不强，服务业结构有待优化。

2.2.2　关于服务贸易竞争力研究

服务市场的开放可以获取先进的技术和管理经验，提高全要素生产率。正如 Hoekman 等（2006②）认为，在开放经济系统下，高质量的服务进口或 FDI 可以提高服务质量，也可以提升企业竞争力。

2.2.2.1　关于服务贸易竞争力研究

（1）基于国别视角下服务贸易的竞争力。有学者基于国别角度对服务贸易竞争力进行研究，如 W. Ochel（2002③）对德国服务业的国际竞争力进行了考察，认为服务是提升一国国际竞争力的重要途径。A. Meyer（1999④）等比较了德国、英国和美国的金融服务、商务服务、专业服务和宾馆服务的国际竞争力，研究发现一国服务部门的活力和本质决定了该国服务业国际竞争力。Rajagopal（2004⑤）认为拉美地区经济特别是金融服务部门竞争力增强的重要原因在于政府干预程度较少。P. Storm（2005⑥）研究结果表明，日本的服务业竞争力较低，服务业对于 GDP 的贡献率以

① 程南洋、余金花：《中国货物贸易与服务贸易结构变动的相关性检验：1997~2005》，《亚太经济》（双月刊）2007 年第 1 期，第 94~97 页。

② Hoekman, B. Ernard, *Trade in Services, Trade Agreements and Economic Development：A Survey of the Literature*, CEPR Discussion Paper, 2006.

③ Ochel W., "The International Competitiveness of Business Service Firms：The Case of Germany", *Service Industries Journal*, Vol.22, No.2, 2002, pp.1–16.

④ Meyer A. A., "Percutaneous Drainage of Pancreatic Pseudocysts is Associated With A Higher Failure Rate Than Surgical Treatment In Unselected Patients", *Annals of Surgery*, Vol.229, No.6, 1999, pp. 787–9.

⑤ Rajagopal S., "Quantitative Real Option Intelligent Completion Valuation System and Method", US, No.8, 2004.

⑥ Storm P., "Late Pleistocene Homo Sapiens in A Tropical Rainforest Fauna in East Java", *Journal of Human Evolution*, Vol.49, No.4, 2005, pp.536–545.

及就业比重比其他发达国家低。黄满盈、邓晓虹（2010）[1] 通过与多国比较，发现我国商业存在模式的金融服务贸易已具备一定竞争力。

此外，关于中国、日本、韩国服务贸易竞争力的比较研究有：H. Ahn 和 S. Lee（2007）[2] 研究了中国、日本与韩国的服务业现状，研究结果表明加强竞争和加大开放可提高东北亚国家服务业效率和竞争力。王诏怡（2012）[3] 认为中韩两国在运输、旅游和通信等部门的产业内贸易水平较高，但在其他商业服务等部门则以产业间贸易为主。蒋文（2011）[4] 分析了中国、日本、韩国服务贸易的竞争优势，发现三国整体竞争力偏低。马镇、曾凡银（2007）[5] 认为中国与日本、韩国运输服务贸易差距较大。在具体服务贸易领域，欧阳洋（2011）[6] 认为中国比日本和韩国旅游服务贸易的竞争力稍高。聂聆、李三妹（2014）[7] 通过贸易结合度指数、RCA 指数、贸易互补性指数及出口相似度指数研究中国与日本、中国与韩国服务贸易各部门的关系。

关于中国和美国服务贸易竞争力的比较研究有：陈虹和林留利（2009）[8] 研究中国和美国的服务贸易竞争力，研究表明中国服务贸易竞争力尽管有一定程度提高，但普遍不高。王志伟（2010）[9] 通过指数测算了中美两国的金融服务贸易竞争力，发现我国竞争力低且波动较大；而美国竞争力强且稳定。张碉等（2010）[10] 研究发现美国电信服务业具有比较优

[1] 黄满盈、邓晓虹：《中国金融服务贸易国际竞争力分析——基于 BOP 和 FATS 统计的分析》，《世界经济研究》2010 年第 5 期。

[2] Ahn H. and Lee S., " Biomedical Applications of Superparamagnetic Iron Oxide Nanoparticles Encapsulated Within Chitosan", *Journal of Alloys & Compounds*, Vol.434, 2007, pp.633–636.

[3] 王诏怡：《中韩服务业产业内贸易实证研究》，《西部论坛》2012 年第 9 期，第 71–78 页。

[4] 蒋文：《中日韩服务贸易竞争力分析及对我国的启示》，《特区经济》2011 年第 6 期，第 73–76 页。

[5] 马镇、曾凡银：《中日韩三国运输业服务贸易国际竞争力之比较研究》，《国际商务——对外经济贸易大学学报》2007 年第 5 期，第 56–61 页。

[6] 欧阳洋：《中日韩旅游服务贸易国际竞争力比较分析》，《经济研究导刊》2011 年第 7 期，第 185–187 页。

[7] 聂聆、李三妹：《中日、中韩服务贸易关系——基于互补性与竞争性的研究》，《延边大学学报》（社会科学版）2014 年第 1 期。

[8] 陈虹、林留利：《中美服务贸易竞争力的实证与比较分析》，《国际贸易问题》2009 年第 12 期，第 75–80 页。

[9] 王志伟：《中美金融服务贸易竞争力比较》，《商业时代》2010 年第 17 期，第 33–34 页。

[10] 张碉、李震：《中美电信服务贸易发展比较分析》，《黑龙江对外经贸》2010 年第 2 期，第 61–71 页。

势，而我国处于比较劣势。车文立（2009）[1] 比较了中国、美国、印度和新加坡竞争力指标，发现中国劳动密集型服务业或资源密集型服务业国际竞争力较强，而技术密集型和知识密集型服务业国际竞争力较弱。李晓峰、漆美峰（2013）[2] 比较了中国、美国两国的服务业出口竞争力，发现中国在技术密集型服务业竞争力较强。传统服务贸易竞争力在下降。

关于印度服务贸易竞争力的研究有：黄庐进和王晶晶（2010）[3] 研究发现印度计算机和信息服务业发展速度更快，服务贸易竞争力比中国高。N. Srivastav（2006）[4] 认为印度服务业竞争力源于劳动力成本较低。陈燕清（2008）[5] 通过指数测算研究中国、印度两国的服务贸易，发现我国服务贸易出口结构优化水平低而印度服务贸易"质"的方面具有优势。

总体上讲，基于国别角度服务贸易竞争力研究，发达国家服务业竞争力较强，发展中国家服务业竞争力较弱。

（2）基于服务业部门视角下服务贸易的竞争力。有学者认为比较优势适用于服务贸易，A. Sapir（1981）[6] 通过运输等服务部门的实证检验证明了比较优势对服务贸易的适用性。S. Lall（1986）[7] 实证研究海运和技术服务的国际贸易，发现比较优势原理同样适用于服务贸易。

基于服务业部门视角，学者们对服务贸易的竞争力进行了研究，如 P. W. Daniels（2000）[8] 研究保险和运输服务业，认为生产性服务等具有可贸易性，由此增强了服务的国际影响力。J. Francois 和 I. Wooton（2000）[9] 实证研究 OECD 国家的交通运输业国际竞争力，认为市场开放是提升国际竞

[1] 车文立：《中国服务贸易竞争力的国际比较》，《财经问题研究》2009 年第 7 期，第 56–63 页。

[2] 李晓峰、漆美峰：《中国和美国服务业出口竞争力比较分析》，《国际商务研究》2013 年第 5 期。

[3] 黄庐进、王晶晶：《中国和印度服务贸易国际竞争力的比较研究》，《财贸经济》2010 年第 1 期。

[4] Srivastav N., "Dynamics of Inter-Industrial Linkages in the Economy of Uttar-Pradesh", *Iup Journal of Managerial Economics*, No.2, 2006, pp.7–13.

[5] 陈燕清：《中印两国服务贸易出口结构变动的比较及启示》，《对外经贸》（月刊）2008 年第 9 期，第 45–47 页。

[6] Sapir A., "Trade Benefits Under The EEC Generalized System of Preferences", *European Economic Review*, Vol.15, No.3, 1981, pp.339–355.

[7] Lall S., "The Third World and Comparative Advantage in Trade Services", *Palgrave Macmillan* UK, 1986, pp.122–138.

[8] Daniels P. W., "Export of Services or Servicing Exports? Geografiska Annaler: Series B", *Human Geography*, Vol.82, No.1, 2000, pp.1–15.

[9] Francois J. and Wooton I., "Market Structure, Trade Liberalization and the GATS", *European Journal of Political Economy*, Vol.17, No.2, 2000, pp.389–402.

争力的重要手段，贸易量以及本国服务业市场结构是影响国际竞争力的因素。王煜（2007）[1]研究发现我国服务贸易仍以传统服务贸易如运输和旅游服务为主，尽快转变服务贸易结构和加快转型升级步伐以避免陷入比较优势陷阱。黄满盈、邓晓虹（2010）[2]通过多国比较，认为我国金融服务贸易在全球市场上已经具备一定的竞争力。康承东（2001）[3]认为，中国资本、技术实力较弱，而远洋集装箱运输服务向资本、技术密集型服务转变，中国运输服务贸易劣势逐步显现。董小麟等（2007）[4]研究认为中国旅游服务贸易有一定的竞争力，但仍落后于欧美发达国家。陆菊春、汤雷（2011）[5]从多个层次分析，认为建筑服务业的发展程度、市场开放度和技术创新能力对我国建筑服务贸易国际竞争力有着积极的促进作用。周升起和兰珍先（2012）[6]认为中国创意服务业等国际竞争力仍处于较低水平，但趋于上升趋势。任会利等（2010）[7]认为通信服务进口不能促进制造业竞争力的提高，金融、咨询、计算机和信息、专有权利使用和特许、广告和宣传服务进口可积极促进制造业竞争力提高。

综上所述，关于不同服务业部门的竞争力研究，基本上证明服务业的可贸易性，服务业开放有利于增强服务业竞争力。

（3）基于中国视角下服务贸易的竞争力。关于中国服务贸易竞争力的研究，多数学者认为中国服务贸易竞争力处于较低水平。谭小芬（2003）[8]、董小麟和董苑玫（2006）[9]、陈虹和章国荣（2010）[10]、余道先和

① 王煜：《我国服务贸易结构国际比较及优化》，《财贸研究》（双月刊）2007 年 10 月第 5 期，第 46–50 页。
② 黄满盈、邓晓虹：《中国金融服务贸易国际竞争力分析——基于 BOP 和 FATS 统计的分析》，《世界经济研究》2010 年第 5 期，第 7–13 页。
③ 康承东：《我国服务贸易国际竞争力分析》，《国际贸易问题》（月刊）2001 年第 5 期，第 46–51 页。
④ 董小麟等：《我国旅游服务贸易竞争力的国际比较》，《国际贸易问题》（月刊）2007 年第 2 期，第 78–83 页。
⑤ 陆菊春、汤雷：《我国建筑服务贸易国际竞争力影响因素的实证分析》，《技术经济》2011 年第 2 期，第 102–105 页。
⑥ 周升起、兰珍先：《中国创意服务贸易及国际竞争力演进分析》，《财贸经济》2012 年第 1 期。
⑦ 任会利、刘辉煌：《生产性服务贸易对制造业国际竞争力的影响研究——基于中国的实证分析：1982–2008》，《技术与创新管理》2010 年第 3 期。
⑧ 谭小芬：《中国服务贸易竞争力的国际比较》，《经济评论》2003 年第 2 期。
⑨ 董小麟、董苑玫：《中国服务贸易竞争力及服务业结构缺陷分析》，《国际经贸探索》2006 年第 11 期。
⑩ 陈虹、章国荣：《中国服务贸易国际竞争力的实证研究》，《管理世界》2010 年第 10 期。

刘海云（2010）[①]等均认为中国服务贸易整体竞争力较低，进出口结构不合理。杨青（2008）[②]从进出口贸易额和国际竞争力角度研究认为我国服务贸易结构总体上知识技术含量低，服务贸易发展主要依赖于自然禀赋和劳动密集型服务业。从地区分析我国服务业国际竞争力，如郑吉昌等（2004b）[③]认为浙江服务贸易国际市场占有率低，服务贸易总体处于劣势。范纯增等（2005）[④]通过国际比较，认为上海服务贸易规模小，整体竞争力较差。赵书华等（2006）[⑤]认为北京市服务贸易较国内其他城市具有微弱的比较优势，特别是北京市金融服务、计算机和信息服务、咨询服务国际竞争力增强。杨玲（2014）[⑥]在测度复杂度及上海科技企业技术水平的基础上，通过实证分析发现多数服务业细分行业进口贸易对技术水平影响呈负向效应。

关于中国服务贸易竞争力的实证研究主要为服务贸易竞争力指数的测算，主要是利用竞争力指数（TC）、显示性比较优势指数（RCA）等指标对中国服务贸易的竞争力进行测度。余道先、刘海云（2008）[⑦]测算服务贸易各部门的贸易竞争力指数和 Michaely 竞争优势指数，认为我国服务贸易进出口结构不合理，总体竞争力差。杜志敏（2009）[⑧]测算我国服务贸易 TC 指数和 RCA 指数，均反映国际竞争力呈上升趋势，但仍远远落后于美国、欧盟等国家。焦百强、郭沛（2013）[⑨]实证研究服务贸易集中度对中国服务贸易竞争力的影响。

① 余道先、刘海云：《中国生产性服务贸易结构与贸易竞争力分析》，《世界经济研究》2010 年第 2 期，第 49–56 页。
② 杨青：《对我国服务贸易结构的思考》，《现代商贸工业》2008 年第 11 期。
③ 郑吉昌、夏晴：《浙江服务贸易国际竞争力与政策措施研究》（b），《商业经济与管理》2004 年第 5 期，第 37–41 页。
④ 范纯增、于光：《服务贸易国际竞争力发展研究——兼论上海服务贸易国际竞争力发展战略》，《国际贸易问题》2005 年第 2 期，第 48–53 页。
⑤ 赵书华、宋征：《北京市服务贸易国际竞争力分析》，《经济问题探索》2006 年第 2 期，第 26–30 页。
⑥ 杨玲：《生产性服务贸易进口复杂度对上海科技企业技术水平的异质性影响效用研究》，《中央财经大学学报》2014 年第 9 期。
⑦ 余道先、刘海云：《我国服务贸易结构与贸易竞争力的实证分析》，《国际贸易问题》2008 年第 10 期，第 73–79 页。
⑧ 杜志敏：《我国服务贸易国际竞争力现状分析及对策》，《中国商界》（下半月）2009 年第 10 期，第 97–98 页。
⑨ 焦百强、郭沛：《中国服务贸易商品集中度与竞争力的互动机制——基于中国服务贸易数据的研究》，《国际经贸探索》2013 年第 8 期。

综上所述，大多学者认为中国服务贸易竞争力总体上比较薄弱，服务业开放有助于增强服务业竞争力。

2.2.2.2 服务贸易竞争力影响因素

关于服务贸易竞争力影响因素，学者们从不同角度进行了研究。蔡茂森和谭荣（2005）[①]、贺卫和伍星等（2003）[②]、Worz（2008）[③]、詹海辉（2009）[④]、陈宪等（2009）[⑤]、黄健青和张娇兰（2012）[⑥]、姚海棠和方晓丽（2013）[⑦]及殷凤、裴长洪、杨志远（2012）[⑧]等认为服务贸易的开放度、外商直接投资的规模、人力资本、服务业增加值等是服务贸易竞争力重要的影响因素。郑吉昌等（2004a）[⑨]和宋瑛（2005）[⑩]等从波特理论出发，建立了服务贸易竞争力模型，并分析了服务贸易竞争力影响因素。Paolo和 Valentina（2005）[⑪]使用 OECD 国家数据进行实证分析，发现信息和通信技术对一国的生产性服务业竞争力有着积极的促进作用。张岩（2004）[⑫]和伍再华（2006）[⑬]分析了影响中国服务贸易竞争力较弱的因素，认为制度因素的制约、高等要素相对贫乏、服务贸易法律法规不健全是影响中国

① 蔡茂森、谭荣：《我国服务贸易竞争力分析》，《国际贸易问题》2005 年第 2 期，第 38–42 页。

② 贺卫、伍星：《制度经济学》，机械工业出版社 2003 年版。

③ Worz J., *Austria's Competitiveness in Trade in Services*. FIW Research Report, No.3, 2008, 6.

④ 詹海辉：《我国服务贸易开放水平与竞争力关系究》，厦门大学硕士学位论文，2009 年。

⑤ 殷凤、陈宪：《国际服务贸易影响因素研究与我国服务贸易国际竞争力研究》，《国际贸易问题》2009 年第 2 期，第 61–69 页。

⑥ 黄健青、张娇兰：《京津沪渝服务贸易竞争力及其影响因素的实证研究》，《国际贸易问题》2012 年第 5 期。

⑦ 姚海棠、方晓丽：《金砖五国服务部分竞争力及影响因素实证分析》，《国际贸易问题》2013 年第 2 期，第 100–110 页。

⑧ 殷凤、裴长洪、杨志远：《2000 年以来服务贸易与服务业增长速度的比较分析》，《财贸经济》2012 年第 11 期，第 5–13 页。

⑨ 郑吉昌、夏晴：《服务贸易国际竞争力的相关因素探讨》（a），《国际贸易问题》2004 年第 12 期，第 15–18 页。

⑩ 宋瑛：《竞争优势理论及其对我国服务贸易的启示》，《国际贸易问题》2005 年第 1 期，第 40–44 页。

⑪ Paolo Guerrieri, Valentina Meliciani, "Technology and International Competitiveness: The Interdependence between Manufacturing and Producer Services", *Structural Change and Economic Dynamics*, No.16, 2005, pp.489–502.

⑫ 张岩：《服务贸易国际竞争力的理论分析与对策》，《求索》（月刊）2004 年第 3 期，第 12–14 页。

⑬ 伍再华：《基于竞争力视角下的中国服务贸易发展研究》，《经济与管理》（双月刊）2006 年第 11 期，第 14–18 页。

服务贸易竞争力较弱的原因。范纯增、于光（2005）[1]对服务贸易竞争力不同阶段进行分析，并认为要素驱动阶段、投资驱动阶段、创新驱动阶段服务贸易竞争力影响因素不同。

关于服务贸易竞争力影响因素研究，学者们进行了较为详尽的论证，但基本上认为服务业开放有助于提高服务贸易竞争力。

2.3　关于服务业开放影响研究

2.3.1　服务业开放对经济增长影响的研究

自1986年乌拉圭回合谈判后，各国越来越注重服务贸易的自由化问题，越来越多的学者开始进行服务业开放理论与政策研究。

2.3.1.1　国外服务业开放对经济增长影响的研究

随着服务贸易开放的不断加深，国外学者对服务贸易与经济增长的关系进行了较充分的研究。Edwards（1992）[2]采用贸易开放度的测度方法，研究发现贸易开放度与经济增长存在正向促进作用。Lee（1993）[3]以其构造的自由贸易开放度为基础，发现贸易开放度对经济增长具有负向效应。Ramkishen（2002）[4]采用误差修正模型，对中国、印度尼西亚、韩国、马来西亚和泰国进行实证分析，研究结果表明有序地开放金融和电信服务市场，有利于促进经济增长、福利水平提高和经济结构调整。徐康宁、邵军

① 范纯增、于光：《服务贸易国际竞争力发展研究——兼论上海服务贸易国际竞争力发展战略》，《国际贸易问题》2005年第2期，第48—53页。

② Edwards S., "Trade Orientation, Distortion and Growth in Developing Countries", *Journal of Development Economol*, Vol.39, No.1, 1992, pp.31–57.

③ Lee J. W., "International Trade, Distortion And Long-Run Economic Growth." Staff Papers, Vol.40, No.2, 1993, pp.299–328.

④ Ramkishen, Rajan. Rahul, Sen. and Reza, Y. Siregar. "Hong Kong, Singapore and the East Asian Crisis: HowImportant were Trade Spillovers?", *Social Science Electronic Publishing*, Vol.25, No.4, 2002, pp.503–537.

和李大升（2002）[①]通过江苏省外贸依存度与经济增长的相关性进行分析，研究结果表明江苏的外贸依存度对 GDP 增长具有重要作用。Sherman Robinson 等（2002）[②]采用 10 个国家和地区、11 个部门的截面数据，研究结果表明服务贸易不仅促进服务部门的本身发展，对经济其他部门也具有重要影响，还对发展中国家全要素生产率具有重要促进作用。Whalley（2003）[③]采用了复杂的数量模型进行估计，结果表明服务业开放所带来的储蓄和投资促进了经济增长，服务贸易本身并不促进经济增长。Hoekman（2006）[④]认为服务业促进了经济增长，一国通过引进电信、金融、运输等服务来提高国内企业竞争力，从而提高该国的经济绩效。OECD（2006）[⑤]研究结果表明，服务市场开放对技术转移和扩散具有积极影响，可促进国内经济部门生产率的提高，以此来促进经济增长。此外，关于贸易自由化与经济增长关系的研究，Eschenbach 和 Hoekman（2006）[⑥]，Mattoo、Eschenbach 和 Hoekman（2006）[⑦]，Aslesen 和 Isaksen（2007）[⑧]等学者基本认为服务贸易自由化与经济增长存在着显著的正向关系，服务自由化促进了经济发展。

关于服务业各部门与经济增长关系的研究，Rathindran 和 Subramanian（2006）[⑨]运用跨国回归分析，发现基础电信和金融服务等服务部门的自由化有利于一国长期的经济增长。Khoury 和 Savvides（2006）[⑩]使用门槛回归模型（TR）进行实证分析，研究发现电信服务业开放促进了低收入国家的

① 徐康宁、邵军、李大升：《江苏经济增长与外贸依存相关性研究》，《现代经济探讨》2002 年第 4 期。

② Robinson, S., Zhi, W., Martin, W., "Capturing the Implications of Services Trade Liberalization", *Economic Systems Research*, Vol.14, 2002, pp.3–33.

③ Whalley, J. "Assessing the Benefits to Developing Countries of Liberalization in Services Trade", *National Bereau of Economic Working Paper*, No.100181, 2003, 12.

④ Hoekman, B. Ernard, *Trade in Services*, *Trade Agreements and Economic Development*: A Survey of the Literature, CEPR Discussion Paper, 2006.

⑤ OECD, "Economic Policy Reforms: Going for Growth-OECD", *International Organisations Research Journal*, Vol.1, No.2, 2006, pp.36–40.

⑥ Eschenbach, Felix and Hoekman, Bernard, "Services Policy Reform and Economic Growth in Transition Economies", *Review of World Economics*, Vol.142, No.4, 2006, pp.746–764.

⑦⑨ Mattoo, A., Rathindran, R. and A. Subramanian., "Measuring Services Trade Liberalization and Its Impact on Economic Growth: An Illustration". *Journal of Economic Integration*, No.21, 2006, pp.64–98.

⑧ Aslesen and Isaksen, "Knowledge Intensive Business Services and Urban Industrial Development", *Service Industries Journal*, No.27, 2007, pp.321–338.

⑩ Khoury A. C. E., Savvides A. "Openness in Services Trade and Economic Growth", *Economics Letters*, Vol.92, 2006, pp.277–283.

经济增长，对高收入国家没有显著影响；对金融服务业部门来说，金融服务业开放促进了高收入国家的经济增长，而对低收入国家无显著作用。

关于服务自由化对经济的高速增长的影响，国外大多数学者认为服务自由化有利于经济的增长。

2.3.1.2 国内服务业开放对经济增长影响的研究

同国外相比，我国服务贸易发展较晚。到 20 世纪 90 年代以后，我国参与服务贸易增多，对服务贸易研究逐步增加。随着服务贸易对经济影响的增强，越来越多的学者对其进行深入研究，主要包括定性分析和定量分析两个方面。

一是定性研究。在定性分析方面，一些学者阐述了服务贸易自由化对发展中国家带来的影响。程大中（2004）[①]认为，服务业和服务贸易已成为经济增长和效率提高的助推器、经济竞争力提升的牵引力、经济变革与经济全球化的催化剂。熊春兰（2000）[②]认为，尽管从实际上看，发展中国家在自由化过程中受到诸多因素制约，但从理论上来看，服务贸易自由化对发展中国家经济效益的影响是利大于弊的。龚锋（2003）[③]认为，国际服务贸易有助于我国提高经济运行效率，促进技术进步，且对我国经济具有重要作用。刘慧（2006）[④]从供给和需求的角度分析了服务贸易通过促进国内外消费需求、提高劳动生产效率等方面拉动经济增长。苗秀杰（2005）[⑤]研究认为，实行服务贸易自由化是经济发展的必然趋势，但发展中国家仅凭低廉的劳动力成本很难扩大服务贸易量和改善服务结构。

从定性分析来看，国内学者们基本上认为服务贸易自由化对经济发展具有积极的促进作用，且有助于提高经济运行效率。

二是定量研究。在定量研究方面，学者们运用不同计量方法实证研究服务贸易自由化对经济增长的影响。潘爱民（2006）[⑥]采用误差修正模型

① 程大中：《论服务业在国民经济中的"黏合剂"作用》，《财贸经济》2004 年第 2 期，第 68-73 页。
② 熊春兰：《服务贸易自由化对发展中国家经济的影响》，《河南师范大学学报》（哲学社会科学版）2000 年第 5 期，第 48-52 页。
③ 龚锋：《国际服务贸易：我国经济持续高速增长的重要支撑》，《改革与战略》2003 年第 2 期，第 61-63 页。
④ 刘慧：《中国服务贸易促进经济增长的实证研究》，广东外语外贸大学硕士学位论文，2006 年。
⑤ 苗秀杰：《服务贸易自由化对我国的正负效应分析》，《理论前沿》2005 年第 11 期，第 20-21 页。
⑥ 潘爱民：《中国服务贸易开放与经济增长的长期均衡与短期波动研究》，《国际贸易问题》2006 年第 2 期，第 54-58 页。

进行实证研究；吴振球、王振和张传杰（2013）[①] 从采用 VAR 模型进行实证分析，实证结果表明服务贸易自由化对经济增长具有显著的促进作用。江静等（2007）[②] 使用 D-S 垄断竞争框架建立理论模型，并采用相关数据进行实证分析，发现生产性服务业有助于制造业效率的提升，对经济增长具有积极的促进作用。

此外，有学者从服务业 FDI 对经济增长关系角度进行研究，如庄丽娟和贺梅英（2005）[③] 利用我国 1984~2003 年的数据对我国服务业利用外商直接投资与经济增长的关系进行实证研究，陈景华（2009）[④] 通过建立一个简明的实证模型，对中国利用服务业外商直接投资与经济增长的关系进行了协整检验以及格兰杰因果分析；陈景华（2010）[⑤] 从理论上，通过对修正的 C-D 生产函数逐步分解，对服务业跨国转移对承接国所产生的效应进行研究；魏作磊（2007）[⑥] 通过对服务业 FDI 对印度经济增长进行影响研究；施永（2011）[⑦] 等学者实证分析中国服务业利用外资与经济增长关系；张亚非（2012）[⑧] 运用 1998~2010 年安徽省数据，利用回归协整和 GRANGER 因果计量方法实证分析了安徽省 FDI 和 GDP 之间的关系；姚战琪（2012）[⑨] 将我国服务业外商直接投资与服务业增加值、国内生产总值作为一个系统中相互决定和相互依存的内生变量构建动态模型，分析变量间的互动关系和内在影响机制，上述学者基本认为服务业 FDI 与经济增长存在着显著的正相关关系。此外，刘艳（2010[⑩]，2012[⑪]）利用向量误差修正模型和面板数据计量回归方法，认为服务业存在显著的行业内溢出效应

① 吴振球、王振、张传杰：《我国国际服务贸易与经济增长关系的实证研究——基于 VAR 模型的分析》，《宏观经济研究》2013 年第 4 期。

② 江静、刘志彪、于明超：《生产者服务业发展与制造业效率提升：基于地区和行业面板数据的经验分析》，《世界经济》2007 年第 8 期，第 52–62 页。

③ 庄丽娟、贺梅英：《服务业利用外商直接投资对中国经济增长作用机理的实证研究》，《世界经济研究》2005 年第 8 期。

④ 陈景华：《服务业国际转移的经济增长效应》，《国际贸易问题》2009 年第 4 期。

⑤ 陈景华：《承接服务业跨国转移的效应分析——理论与实证》，《世界经济研究》2010 年第 1 期。

⑥ 魏作磊：《服务业将成为新一轮中国经济增长的发动机——印度的经验对中国的启示》，《华南理工大学学报》2007 年第 2 期。

⑦ 施永：《浙江企业与美国企业在知识技术密集产业合作空间分析》，《特区经济》2011 年第 9 期。

⑧ 张亚非：《安徽省服务业 FDI 绩效研究——基于就业和经济增长》，《当代经济》2012 年第 12 期。

⑨ 姚战琪：《服务业外商直接投资与经济增长》，《财贸经济》2012 年第 6 期。

⑩ 刘艳：《中国服务业 FDI 的技术溢出研究》，暨南大学博士学位论文，2010 年。

⑪ 刘艳：《服务业 FDI 的技术溢出与中国服务业生产率增长》，《国际商务研究》2012 年第 1 期。

和行业间溢出效应，并对中国总体经济的技术进步具有促进作用。

从定量分析看，国内大多数学者们认为服务贸易对经济增长的影响具有正的促进作用，通过服务业开放，有助于改善服务业结构，促进经济增长。

综上所述，国内外学者研究基本上认为服务业开放对经济增长的影响具有积极的促进作用，也有学者认为服务业开放与经济增长存在互动作用。通过服务业进口，使进口国获得高质量的生产者服务，有助于提高经济运行效率。通过吸引服务外商直接投资或者增加服务进口，技术外溢提高本国的技术水平，有助于改善服务业结构，促进经济增长。

2.3.2 服务业开放对制造业效率影响的研究

关于服务业开放与制造业效率关系的研究较少，近年来才逐渐进行深入研究。

2.3.2.1 产业和宏观层面的研究

近年来，多数学者从产业层面研究发现，服务业的开放（包括更多的服务进口和服务业 FDI 的进入）具有正向溢出效应，能显著促进一国服务业和下游制造业的技术进步和生产率的提高。

（1）国外研究。大多数学者认为服务业自由化对东道国制造业效率具有促进作用，Markusen 等（1989）[①]认为服务贸易可以使下游产业使用的中间投入品在种类上增加，以及在质量上提高，并获取规模效应，从而推动制造业全要素生产率的提高。Karaomerlioglu 和 Carlsson（1999）[②]研究证实，服务业尤其是生产性服务业的发展，是制造业生产率得以提高的前提和基础。Segerstorm 等（2000）[③]认为，一旦所进口的服务与当地生产要素发生关联，更容易促进当地制造业全要素生产率的提升。Antras 和 Helpman（2004）[④]

① Markusen, James R., *Service Trade by the Multinational Enterprise*, in Peter Enderwick, *Multinational Service Firms*, Routledge: London and New York, 1989.
② Karaomerlioglu B.C., Carlsson B. "Manufacturing in Decline? A Matter of Definition", *Economy, Innovation, New Technology*, No.8, 1999, pp.175–196.
③ Segerstorm and Paul S., "The Long-Run Growth Effects of R&D Subsidies", *Journal of Economic Growth*, Vol.5, No.3, 2000: 277–305.
④ Antras, Pol. and Helpman Elhanan, "Global Sourcing", *CEPR Discussion*, No.4170, 2004.

认为服务贸易促进服务业与制造业在空间分布上形成联动效应，从而提高下游制造业的劳动生产率。Francois 和 Woerz（2008）[1] 采用 1994~2004 年 OECD 国家货物与服务贸易的面板数据对进口服务与制造业生产率之间关系及进口服务与出口之间关系进行实证研究，研究结果表明，服务业进口会促进一国制造业部门尤其是技能和技术密集型产业的竞争力提高。Grubel 和 Walker（1989）[2] 研究结果表明，生产者服务能够提高商品和服务在生产过程中的运营效率、经营规模，从而提高行业的要素生产率。Raff 等（2001）[3] 的研究表明，生产者服务的多样性降低了东道国制造业成本。Ramkishen 等（2002）[4] 的研究认为，服务业的开放对东道国的技术进步和经济结构调整具有重要意义。

Robinson、Wang 和 Martin（2002）[5] 采用 CGE 模型，利用 10 个地区、11 个部门的数据，研究新信息和高级技术的服务进口对世界经济增长的影响。Sherman 等（2002）[6] 进行实证研究，结果表明发展中国家进口服务产品同时也获取了先进的技术和信息，有效地提高全要素生产率。Amiti 和 Konings（2007）[7] 证实了中间投入品贸易对下游制造业企业生产率的影响，发现两者呈显著正相关关系。

Kim（2000）[8] 对韩国服务贸易进行研究，结果表明 20 世纪 90 年代韩国较早开放的分销服务部门的全要素生产率增长较快，同时基于投入产出

① Francois, J.and Woerz, J., "Producer Services, Manufacturing Linkages, and Trade", *Journal of Industry, Competition and Trade*, Vol.8, No.4, December 2008, pp.199-229.

② Grubel H. and Walker M., *Service Industry Growth: Causes and Effects*, Vancouver: The Fraser Institute, 1989.

③ Horse Raff and Mac Vonder Ruhr, *Foreign Direct Investment In Produce Service: Theory and Empirical Evidence*, Cesior Work-Ing Paper, No.598, 2001.

④ Ramkishen, Rajan. Rahul, Sen.and Reza, Y. Siregar. Hong Kong, Singapore and the East Asian Crisis: *HowImportant were Trade Spillovers?*, *Social Science Electronic Publishing*, Vol.25, No.4, 2002, pp.503-537.

⑤ Robinson, S., Zhi, W., Martin, W., "Capturing the Implications of Services Trade Liberalization", *Economic Systems Research*, No.14, 2002, pp.3-33.

⑥ Robinson, Sherman, Zhi Wang, and Will Martin, *Capturing The Implications of Services Trade Liberalization*, Economic Systems Research, Vol.14, No.1, 2002, pp.3-33.

⑦ Amiti M., Konings J., "Trade Liberalization, Intermediate Inputs and Productivity", *American Economic Review*, Vol.97, No.5, 2007, pp.1611-1638.

⑧ Kim, Jong-II and June-Dong Kim, "Impact of Services Liberalization on Productivity: The Case of Korea", *The Korea Institute for International Economic Policy*, 2000.

数据研究发现，以该部门服务作为中间服务投入的相关制造业部门的全要素生产率也增长很快。Raa 和 Wolff（2001）[1]对美国制造业的服务外包进行了实证研究，发现通过服务外包可以提高制造业的全要素生产率。OECD（2006）[2]研究了服务市场开放对技术转移或扩散的积极影响，认为进口服务不仅是提高技术进步水平的重要途径，而且节约了技术进步的成本。

上述研究基本上认为服务业自由化对制造业效率具有正向的影响，服务业自由化可以促进制造业效率的提升。

（2）国内研究。从产业和宏观层面，关于服务业自由化对制造业效率影响的研究，国内学者较多地采用协整方法进行研究。刘志彪（2006）[3]分析指出，随着进口贸易结构的改善，本国与进口服务品相关的产业，脱离制造业母体的现代生产者服务业，能降低服务业的投入成本、提高服务投入品质，有助于制造业生产效率的提高。顾乃华等（2006）[4]研究表明在我国经济转型期发展生产性服务业有利于提升制造业的竞争力，高技术服务业自由化有利于促进东道国下游制造业部门的生产率增长。潘菁和刘辉煌（2008）[5]通过建立模型，研究表明知识型服务贸易促进贸易国经济高速稳定的增长。庄丽娟、陈翠兰（2009）[6]运用脉冲响应函数与方差分解法进行实证研究，认为现代生产者服务贸易对制成品贸易的促进作用较大，而传统生产者服务贸易对制成品贸易的促进作用较小。尚涛、陶蕴芳（2009）[7]运用基于 VAR 模型的脉冲响应函数与方差分解法研究，认为生产性服务贸易的开放度和制造业国际竞争力的提高具有相互促进作用。熊

[1] Raa and Wolff，"Out Sourcing of Servies And The Productivity Recovery In U.S. Manufacturing In The 1980s And 1990s"，*Journal of Productivity Analysis*，Vol.16，No.2，2001，pp.149–165.

[2] OECD. "The Linkages between Open Service Market and Technology Transfer"，*OECD Trade Policy Working Papers*，No.29，OECD Publishing，2006.

[3] 刘志彪：《发展现代生产者服务业与调整优化制造业结构》，《南京大学学报》2006 年第 5 期，第 36–44 页。

[4] 顾乃华、毕斗斗、任旺兵：《中国转型期生产服务业发展与制造业竞争力关系研究——基于面板数据的实证分析》，《中国工业经济》2006 年第 9 期，第 14–21 页。

[5] 潘菁、刘辉煌：《我国知识型服务贸易竞争力的国际比较研究》，《山西财经大学学报》（月刊）2008 年第 11 期，第 41–45 页。

[6] 庄丽娟、陈翠兰：《我国服务贸易与货物贸易的动态相关性研究——基于脉冲响应函数方法的实证分析》，《国际贸易问题》2009 年第 2 期，第 54–60 页。

[7] 尚涛、陶蕴芳：《中国生产性服务贸易开放与制造业国际竞争力关系研究》，《世界经济研究》2009 年第 5 期，第 52–58 页。

凤琴（2010）[①]通过协整分析和脉冲响应分析，发现我国生产者服务进口与制成品出口之间存在长期稳定的均衡关系，应扩大生产者服务贸易的开放程度。朱福林（2010）[②]通过对 TFP 的分解建立计量模型，证实服务贸易对 TFP 有所贡献。张如庆（2012）[③]运用跨国面板数据进行协整分析，研究结果表明生产者服务进口与制成品出口技术结构间存在长期均衡关系。陈雯和胡际（2012）[④]构建一个开放视角下生产者服务业和制造业行业间的互动网络，并通过实证研究，发现低层次生产者服务业和低端制造业的互动关系与高层次生产者服务业和高端制造业的互动关系存在显著的不同。熊凤琴（2014）[⑤]运用 1998~2008 年数据进行实证研究，结果表明我国生产者服务进口贸易对我国大中型工业企业的全要素生产率具有显著促进作用，并且发现运输服务进口比新兴的生产者服务进口更能促进工业企业全要素生产率的增长。杨玲（2014）[⑥]运用包络数据方法测度 Malmquist 指数，并采用 VAR 模型研究上海生产性服务进口贸易技术溢出效应，结果表明生产性服务进口贸易可以促进纯技术效率的提升。

　　基于细分行业视角下，目前较少关于服务贸易对制造业影响研究：蒙英华、黄宁（2010）[⑦]的实证研究表明，中国从美国的服务进口（BOP）比美国在中国的 FATS 对制造业效率的促进效应更为明显；中国从美国进口的教育服务、商业、专业与技术服务、港口服务提升了中国制造业的效率，而中国从美国进口的版权和专利对中国资本密集型和劳动密集型制造业效率产生负面影响。蒙英华、尹翔硕（2010）[⑧]研究结果表明生产性服

① 熊凤琴：《生产者服务贸易自由化对我国商品出口的影响分析》，《南京财经大学学报》2010 年第 4 期，第 26-31 页。
② 朱福林：《中国服务贸易与全要素生产率的实证关系研究》，《上海商学院学报》（双月刊）2010 年第 4 期，第 13-17 页。
③ 张如庆：《生产者服务进口对制成品出口技术结构的影响》，《产业经济研究》2012 年第 5 期（总第 60 期）。
④ 陈雯、胡际：《全球服务业转移背景下生产者服务对制造业转型升级的影响分析》，《科技与经济》2012 年第 3 期。
⑤ 熊凤琴：《生产者服务进口对我国制造业全要素生产率的影响分析》，《生产力研究》2014 年第 3 期。
⑥ 杨玲：《上海生产性服务进口贸易技术溢出效应研究》，《国际经贸探索》2014 年第 2 期。
⑦ 蒙英华、黄宁：《中美服务贸易与制造业效率——基于行业面板数据的考察》，《财贸经济》2010 年第 12 期。
⑧ 蒙英华、尹翔硕：《生产者服务贸易与中国制造业效率提升——基于行业面板数据的考察》，《世界经济研究》2010 年第 7 期。

务的进口提高了进口国的专业化分工，从而提升了制造业的整体劳动生产率。且其主要的作用机制是资本溢出效应。樊秀峰、韩亚峰（2012）[①] 分部门实证分析服务贸易部门对制造业生产效率的影响，实证研究表明，不同生产性服务贸易部门对不同要素密集度制造业生产效率的促进作用和作用路径并不一致。戴翔、金碚（2013）[②] 分部门实证研究服务贸易进口技术含量对我国工业经济发展方式的促进作用，基本上认为服务业贸易对制造业效率有积极作用，但不同服务贸易部门对不同要素密集型制造业的促进作用不一致。

综上所述，已有研究主要关注服务贸易进口与制造业效率间的关系，基本上认为服务业及制造业效率产生正向影响，促进制造业效率提高，但从细分行业角度关于服务贸易进口对一国制造业效率的影响研究很少。

此外，关于服务业 FDI 对制造业效率影响的研究：关于服务业 FDI 对制造业效率影响的研究取得较大进展，刘兵权、王耀中（2010）[③] 通过构建一个高端制造业发展的数理模型，通过实证检验，结果显示现代生产性服务业吸引 FDI 与储蓄额能较好地促进高端制造业发展，而且高端制造业发展与现代生产性服务业吸引 FDI 互为因果关系。罗立彬（2010）[④] 从理论层面分析服务业 FDI 促进东道国制造业效率的直接效应和间接效应，并采用行业面板数据分别从总量和分行业两个层面对两者关系进行计量分析，认为服务业 FDI 有助于制造业效率的提升。夏晴（2011）[⑤] 认为中国服务业 FDI 的流入能够促进制造业生产率的提高。其次，从实证角度分析服务业 FDI 对制造业效率影响的研究：韩德超（2012）[⑥] 采用动态面板分析方法，利用 2004~2009 年数据，分行业估算了各生产性服务业外商直接

① 樊秀峰、韩亚峰：《生产性服务贸易对制造业生产效率影响的实证研究——基于价值链视角》，《国际经贸探索》2012 年第 5 期，第 4–14 页。
② 戴翔、金碚：《服务贸易进口技术含量与中国工业经济发展方式转变》，《管理世界》2013 年第 9 期。
③ 刘兵权、王耀中：《分工、现代生产性服务业与高端制造业发展》，《山西财经大学学报》2010 年第 11 期。
④ 罗立彬：《服务业 FDI 与东道国制造业效率》，中国社会科学院研究生院博士学位论文，2010 年。
⑤ 夏晴：《服务业 FDI 流入与制造业生产率：基于中国的经验研究》，《浙江树人大学学报》2011 年第 1 期，第 34–40 页。
⑥ 韩德超：《生产性服务业 FDI 对工业效率影响的实证研究》，《科技进步与对策》2012 年第 5 期。

投资对工业生产效率的影响。魏作磊、佘颖（2013）[1]采用中国 25 个省市 1999~2010 年的面板数据，运用动态 GMM 估计方法，对生产服务业 FDI 对中国制造业竞争力的影响进行检验。大多数研究认为服务业 FDI 投入对制造业效率产生积极的影响。

上述研究基本上认为服务贸易对进口国制造业效率具有促进作用，但多数学者从省际层面或从行业整体角度采用协整方法研究服务贸易与制造业效率的关系，关于细分行业视角下服务贸易与制造业效率影响的研究还很少。因此，本书从细分行业角度出发，更为深入地分析服务业进口内部细分行业对进口国不同要素密集型制造业效率的影响。

2.3.2.2 微观企业层面的研究

从微观层面分析服务贸易对制造业效率影响的研究的文献较少。Arnold、Javorcik 和 Mattoo（2006）[2]利用捷克 1998~2003 年 10000 个制造企业层面的数据，研究了服务业开放与制造业效率的关系，发现服务部门的自由化与制造企业全要素生产率呈显著的正相关关系。Blind 和 Jungmittag（2004）[3]运用德国企业数据分析服务业 FDI 和进口竞争对服务企业创新活动的影响，发现服务业 FDI 和进口对于服务业企业的产品和程序两个方面的创新活动都具备显著的正向作用。Javorcik 和 Li（2008）[4]发现罗马尼亚零售商中的 FDI 对该部门制造业提供者的全要素生产率具有显著的促进作用。Fernandes 和 Paunov（2008）[5]利用智利企业数据进行实证分析，发现服务业 FDI 对制造业企业劳动生产率具有积极的促进作用。Fernandes 和 Paunov（2008）[6]也认为服务业 FDI 能够促进制造业生产率的提高。尽管从微观层面研究服务贸易对制造业效率影响的文献较少，但基本上证明了服务业开放对制造业效率提高的促进作用。此外，还有学者研究服务业集聚

---

① 魏作磊、佘颖：《生产服务业 FDI 对中国制造业竞争力的影响研究》，《国际经贸探索》2013 年第 1 期。

② Arnold, J., Javorcik, B. and A. Mattoo, "Does Services Liberalization Benefit Manufacturing Firms? Evidence from the Czech Republic", World Bank Policy Research Working Paper, No.109, 2006.

③ Blind, K. and Jungmittag, "A. Foreign Direct Investment, Imports and Innovations in the Service Industry", *Review of Industrial Organization*, No.25, 2004.

④ Javorcik, B. and Yue Li, *Do The Biggest Aisles Serve Brighter Future? Implications of Global Retail Chains' Presence For Romania*, World Bank Policy Research Working Paper, No.4650, 2008.

⑤⑥ Fernandes, A. M. and Paunov, C., Service FDI and Mnufacturing Productivity Growth: There is a Link, *Working Paper*, *World Bank*, 2008.

与劳动生产率的关系，如范剑勇（2006）[①]利用中国区域数据，研究认为中国非农产业劳动生产率对非农就业密度的弹性高于欧美国家。程大中和陈福炯（2005）[②]研究认为中国服务业及其分部门的相对密集度对其劳动生产率具有积极的促进作用。胡霞（2009）[③]同样研究认为资本—劳动比率对服务业生产率的弹性系数在提高，服务业集聚度对服务业生产率的作用在降低。[④]

综上，国内外对服务业自由化与制造业效率关系的研究已取得一定进展，基本上认为服务业自由化有利于进口国相关产业部门尤其是下游制造业部门的生产率增长，但多数研究往往采用省际层面或从行业整体层面进行研究，而从细分行业角度研究服务贸易对制造业效率影响非常少见。本书从细分行业角度分析高技术服务业进口技术溢出效应对不同要素密集型制造业效率的影响，深化了服务业研究的内容，细化了产业关联研究的视角。

2.4 关于进口溢出研究

20世纪80年代末，随着经济增长理论的发展，诸多学者在内生经济增长理论的框架下讨论技术溢出对经济增长的影响及作用机制，以罗默（Romer）、卢卡斯（Lucas）等人为代表的新增长理论逐渐发展成为直接投资与经济增长的理论基础。

2.4.1 内生增长理论

20世纪80年代后期，随着经济增长理论的发展，以罗默（Romer）、卢卡斯（Lucas）等人为代表的新增长理论逐渐发展成为服务业自由化与经济增长的理论基础。随后众多学者开始在内生经济增长理论的框架下讨

[①] 范剑勇：《产业集聚与地区间劳动生产率差异》，《经济研究》2006年第11期。
[②] 程大中、陈福炯：《中国服务业相对密集度及对其劳动生产率的影响》，《管理世界》2005年第2期。
[③] 胡霞：《中国城市服务业集聚效应实证分析》，《财贸经济》2009年第8期。
[④] 陈国亮：《新经济地理学视角下的生产性服务业集聚研究》，浙江大学博士学位论文，2010年。

论服务业开放对经济增长的影响及作用机制，多数研究是以内生经济增长理论为基础，再把服务业开放作为解释变量纳入经济增长模型。

内生增长理论是以新古典主义为工具解释生产函数中的技术变量如何由外生到内生。在内生增长理论中，技术的一部分为私人产品，另一部分为公共产品（Grossman & Helpman，1991[①]；Romer，1990[②]），创新由申请专利的公司拥有垄断权。但其他公司可以自由得到创新产生的新知识。这将会使接受新知识的公司能在自己的生产和创新过程中使用它，而且再一次创造的新知识又能溢出到其他公司。由于知识互惠和累积的过程，知识再一次应用到创新中使得收益非递减或对于整个经济来说甚至是逐渐递增。内生增长理论推断需要考虑技术扩散和转移的过程，而技术扩散是缩小落后差距的驱动力（Fagerberg，1994[③]）。[④]

新动态增长理论认为知识溢出是报酬递增的关键要素，但只是在一定时间和一定地理范围内。随着时间的推移，区域经济可能会沿着不同的增长轨道向前发展，新增长理论的分析没有明确地考虑发生经济联系的空间问题，也没有研究区域动态增长的空间模式及集聚过程。

2.4.2　关于货物贸易溢出研究

早期学者研究指出，在开放经济系统下，一国的技术进步不仅取决于自身研究与创新，同时也来源于国外的技术转移与扩散。

2.4.2.1　关于国外 R&D 溢出效应的测度

Coe 和 Helpman（1995[⑤]）创立了 CH 模型，实证研究了 OECD 等国进口贸易的国外 R&D 溢出效应，促进了全要素生产率提高。Lichtenberg 和

① Grossman, G. and Helpman E., *Innovation and Growth in The Global Economy*. MIT. Press, Cambridge, 1991.
② Romer Paul M., "Endogenous Technological Change", *Journal of Political Economy*, Vol.98, No.10, 1990, pp.71–102.
③ Fagerberg J., "Technology and International Differences in Growth Rates", Journal of Economic Literature, Vol.32, No.3, 1994, pp.1147–1175.
④ 张玉明：《知识溢出，空间依赖与中国省际区域经济增长问题研究》，东北大学博士学位论文，2008年5月。
⑤ Coe, D.T. and Helpman, E., "International & D Sillovers. European", *Economic Review*, Vol.39, 1995, pp.859–887.

van Pottelsberghe[1]（即 LP 方法，1998）认为一国的贸易伙伴国合并后的 R&D 溢出量大于合并前的 R&D 溢出量，于是给出了修正后的计算国外 R&D 溢出量的方法（LP 模型）。高凌云、王永中[2]（2008）进一步对 LP 模型中存在的国内、国外 R&D 资本存量重复计算问题进行了修正。

2.4.2.2 拓展进口贸易之外的全要素生产率影响因素

在 CH 模型研究基础上，有学者进一步扩展全要素生产率的影响因素，Xu 和 Wang（1999）[3]将人力资本纳入到 CH 模型中，认为其有助于产生国外 R&D 溢出效应。Madsen（2007）[4]认为技术进口有助于提高全要素生产率；Zhu 和 Jeon（2007）[5]研究了进口贸易、FDI 和信息技术进口的国外 R&D 溢出效应。Coe 等（2008）[6]认为法律和产权制度有助于进口贸易的国外 R&D 溢出。Gumbau 和 Maudos（2009）[7]将两个贸易国的空间距离引入 CH 模型中，研究了西班牙进口贸易的国外 R&D 溢出效应。国内学者高凌云和王永中（2008）[8]在 CH 模型中引入了以技术贸易为指标的非物化型 R&D 溢出渠道，吴延兵（2008）[9]研究了国外技术引进对生产率的影响，谢建国和周露昭（2009）[10]基于人力资本的视角研究了中国不同地区的进口贸易技术溢出效应。上述学者均对进口贸易之外的全要素生产率影响因素进行了拓展研究。

———————

[1] Lichtenberg F. R. and van Pottelsberghe De La Potterie B., "International R&D Spillovers: A Comment", *European Economic Review*, 42（8），1998：1483–1491.

[2][8] 高凌云、王永中：《R&D 溢出渠道、异质性反应与生产率：基于 178 个国家面板数据的经验研究》，《世界经济》2008 年第 2 期。

[3] Xu.B. and Wang J., "Capital Goods Trade and R&D Spillovers in the OECD", *Canadian Journal of Economics*, Vol.32, No.5, 1999, pp.1258–1274.

[4] Madsen, J. B., "Technology Spillover through Trade and tfp Convergence: 135 Years of Evidence of or the OECD Countries", *Journal of International Economics*, Vol.72, No.2, 2007, pp.464–480.

[5] Lei Zhu and Bang Nam Jeon, "International R&D Spillovers: Trade, FDI, and Information Technology as Spillover Channels", *Review of International Economics*, Vol.15, No.5, 2007, pp.955–9761.

[6] Coe, D. T. and Helpman, E., "International R&D Spillovers and Institutions", *European Economic Review*, Vol.53, No.7, 2008, pp.723–741.

[7] Gumbau Albert, M. and Maudos J., "Patents, Technological Inputs And Spillovers among Regions", *Appliedeconomics*, Vol.41, No.12, 2009, pp.1473–1486.

[9] 吴延兵：《自主研发、技术引进与生产率——基于中国地区工业的实证研究》，《经济研究》2008 年第 8 期。

[10] 谢建国、周露昭：《进口贸易、吸收能力与国际 R&D 技术溢出：中国省区面板数据的研究》，《世界经济》2009 年第 9 期。

2.4.2.3　运用中观和微观数据研究国外 R&D 溢出效应

有学者运用中观数据或微观数据研究进口贸易的国外 R&D 溢出效应，如 Hakura 和 Jaumotte（1999）[1] 利用产业层面数据研究了国外 R&D 的溢出，认为产业内的国外 R&D 溢出强度大于产业间的溢出强度。Schiff 等（2002）[2] 运用发展中国家行业层面数据，研究发现北—南贸易和南—南贸易的国外 R&D 溢出对全要素生产率具有显著的促进作用。也有学者利用微观数据研究进口贸易的国外 R&D 溢出效应，如 Kasahara 和 Rodrigue（2008）[3] 采用智利的 2066 家制造业企业数据研究了中间投入品进口的国外 R&D 溢出效应。Parameswaran（2009）[4] 采用印度制造业企业调查数据进行研究，认为进口贸易有利于制造业企业的生产率提升。[5]

2.4.2.4　运用不同的计量方法估计国外 R&D 溢出效应

有学者运用不同的计量方法估计进口贸易的国外 R&D 溢出效应。Kao 等（1999）[6] 运用了动态最小二乘法（DOLS）研究国外 R&D 资本存量对生产率的影响。李小平和朱钟棣（2006）[7] 采用 6 种计算外国 R&D 资本的方法和国外 R&D 溢出回归方法，研究了国外 R&D 溢出对中国工业行业的技术进步增长、技术效率增长和全要素生产率增长的影响。Zhu 和 Jeon（2007）[8] 以及 Coe 等（2008）[9] 等运用了面板协整技术来估计进口贸易的国

① Hakura，D. and Jaumotte F.，"The Role of Inter-industry and Intra-industry in Trade Intechnology Diffusion"，IMF Working Paper，1999.

② Schiff M.，Wang YL and Olarreaga M.，"Trade Related Technology Diffusionand the Dynamics of north-south and south-south international"，*Policy Research Working Paper*，Vol.23，No.7，2002，pp.80–86.

③ Kasahara H. and Rodrigue J.，"Does the Use of Imported Intermediates Increase Productivity？ Plant-level Evidence"，*Journal of Development Economics*，Vol.87，No.1，2008，pp.106–118.

④ Parameswaran，M.，"International Trade，R&d Spillovers and Productivity：Evidence Fromindian Manufacturing Industry"，*Journal of Development Studies*，Vol.45，No.8，2009，pp.1249–1266.

⑤ 唐保庆、陈志和、杨继军：《服务贸易进口是否带来国外 R&D 溢出效应》，《数量经济技术经济研究》2011 年第 5 期。

⑥ Kao C.，Chiang M. And Chen B.，"International R&D Spillovers：An Application of Estimation and Inference in Panel Cointegration"，*Oxford Bulletin of Economics and Statistics*，Vol.61，1999，pp.691–709.

⑦ 李小平、朱钟棣：《国际贸易、R&D 溢出和生产率增长》，《经济研究》2006 年第 2 期。

⑧ Lei Zhu and Bang Nam Jeon，"International R&D Spillovers：Trade，FDI，and Information Technology as Spillover Channels"，*Review of International Economics*，Vol.15，No.5，2007，pp.955–9761.

⑨ Coe，D. T. and Helpman，E.，"International R&D Spillovers and Institutions"，*European Economic Review*，Vol.53，No.7，2008，pp.723–741.

外 R&D 溢出效应。Cabrer-Borras 和 Serrano-Domingo（2007）[1] 运用空间计量方法研究了西班牙的进口贸易所产生的国外 R&D 溢出效应。[2] Higon（2007）[3] 运用动态面板估计法（GMM）研究了英国的进口贸易对制造业企业全要素生产率的影响。[4] Lee（2009）[5] 运用完全修正最小二乘法（FMOLS）研究了信息技术品进口的国外 R&D 溢出效应。

目前国内外学者从不同角度对货物贸易的技术溢出进行了较充分的研究，基本上认为货物贸易的技术溢出既有利于技术进步，又有利于全要素生产率的提升。

2.4.3　关于服务贸易溢出研究

关于服务贸易技术外溢效应的研究很少，伍华佳、张莹颖（2009）[6] 认为，服务贸易可通过物质资本积累效应、人力资本效应、制度变迁效应等途径影响一国的技术进步。唐保庆、陈志和杨继军（2011）[7] 研究了不同要素密集型的服务贸易进口产生的国外 R&D 溢出效应，结果表明进口技术密集型服务对技术进步具有积极的正向作用。刘艳（2010）[8]、方慧（2009）[9] 通过实证分析认为服务业 FDI 具有显著的溢出效应。顾乃华（2010）[10] 利用城市面板数据和随机前沿函数模型，对生产性服务业对工业发挥外溢效应的渠道进行了检验。本书借鉴该方法，对高技术服务业

① Cabrer-Borras, B. and Serrano-Domingo, G., "Innovationand R&D Spillover Effects in Spanish Regions: a Spatial Approach", *Research Policy*, Vol.36, No.9, 2007, pp.1357–13711.

② 唐保庆、陈志和、杨继军：《服务贸易进口是否带来国外 R&D 溢出效应》，《数量经济技术经济研究》2011 年第 5 期。

③ Higon, D. A., "The Impact of R&D Spillovers on UK Manufacturing Tfp: A Dynamicpanel Approach", *Research Policy*, Vol.36, No.7, 2007, pp.964–979.

④⑦ 唐保庆、陈志和、杨继军：《服务贸易进口是否带来国外 R&D 溢出效应》，《数量经济技术经济研究》2011 年第 5 期。

⑤ Lee G., "International Knowledge Spillovers Through The Import of Inf Ormation Technology Commodities", *Applied Economics*, Vol.41, No.24, 2009, pp.3161–31691.

⑥ 伍华佳、张莹颖：《中国服务贸易对产业结构升级中介效应的实证检验》，《上海经济研究》（月刊）2009 年第 3 期，第 20–27 页。

⑧ 刘艳：《中国服务业 FDI 的技术溢出研究》，暨南大学博士学位论文，2010 年。

⑨ 方慧：《服务贸易技术溢出的实证研究——基于中国 1991~2006 年数据》，《世界经济研究》2009 年第 3 期，第 49–52 页。

⑩ 顾乃华：《生产性服务业对工业获利能力的影响和渠道——基于城市面板数据和 SFA 模型的实证研究》，《中国工业经济》2010 年第 5 期。

进口技术溢出效应影响制造业效率进行测度分析。金俐、陈群锋[①]（2012）基于 VAR 模型的脉冲响应函数法与方差分解法，研究我国服务贸易进口与技术进步之间的关系。结果表明，我国技术进步和服务贸易进口之间存在双向的因果关系，同时两者还存在长期协整关系。

2.5　本章小结

现有文献为今后的研究打下了基础，也为以后研究提供了新的方向，但也存在有待提高之处，主要表现在以下几个方面：

首先，理论方面，目前关于服务贸易自由化的研究往往处于静态层面研究，尚未考虑其动态性；而技术溢出机理研究往往集中于货物贸易的技术溢出研究，服务贸易技术溢出的研究非常少见。本章在 D–S 框架下，借鉴新增长理论内生提高机理，建立高技术服务业进口技术溢出效应促进制造业效率提高的内生机制，从动态角度分析高技术服务业进口技术溢出效应对制造业效率影响的理论机理，深化了服务业理论的研究内容，拓展了内生增长理论的研究视角。

其次，实证方面，①关于服务贸易影响研究。现有文献往往集中于服务业自由化与经济增长的研究，关于服务贸易与制造业效率关系的研究较少，且一般采用省际和跨国面板数据进行研究，关于细分行业视角下服务贸易对制造业效率的影响研究很少。本章主要从细分行业角度出发，深入分析服务业内部细分行业对不同要素密集型制造业效率的影响，深化了服务业研究的内容，弥补了产业关联机制研究的不足。②关于技术溢出研究。关于技术溢出的研究一般局限于货物贸易技术溢出的研究，服务贸易技术溢出的研究很少，而服务业产业间溢出效应的研究则更少，本章提出高技术服务业进口技术溢出效应提升制造业技术效率的研究，从发展产业互动融合的高度来内生提高产业发展水平，这样有利于我国培育产业动态比较优势，实现产业之间相互支撑和协调发展，对于推进我国产业的结构调整和升级，实现经济增长方式的转变具有重要战略意义。

[①] 金俐、陈群锋：《中国服务贸易进口的技术溢出效应——基于 VAR 模型的实证分析》，《江苏商论》2012 年第 8 期。

第3章 服务业及高技术服务业进口特征分析

本章分别对世界、美国及中国服务业和高技术服务业进口现状进行分析，为后面章节的研究提供现实基础。

3.1 世界服务业及高技术服务业进口特征分析

本部分首先分析世界进口发展趋势，具体分析世界服务业及高技术服务业进口的发展状况、世界服务业及高技术服务业进口的行业分布、世界服务业及高技术服务业进口的国家分布，世界外商直接投资分析及世界服务业及高技术服务贸易发展原因。

3.1.1 世界进口贸易发展趋势分析

本部分先分析三次产业进口贸易在世界进口贸易中的变化趋势，然后分析不同发展水平国家进口贸易在世界进口贸易中以及在本国经济发展中的变化趋势。

3.1.1.1 三次产业进口贸易在世界进口贸易中的变化趋势

从世界三次产业进口比重看，服务业进口所占比重最高，其次为制造业，初级产业进口所占比重最低。从进口贸易趋势看，服务业进口一直占据首位，2007年以前所占比重保持在60%左右，随着经济危机的出现，金融业、贸易等产业投资出现了下滑，2008年开始服务业进口贸易出现了波动；制造业进口在2005~2011年所占比重基本为30%以上，处于较平稳态势；初级产业进口所占比重从2005年的3.71%上升到2011年的

23.67%（见表3-1），主要受煤炭、石油投资增加的影响。到2011年为止，世界服务业进口仍居首位，服务业进口贸易依旧是进口贸易的主要行业领域。

表3-1 2005~2011年世界各行业进口量比重

单位：%

年份	2005	2006	2007	2008	2009	2010	2011
初级产业	3.71	6.89	7.24	12.77	19.26	22.23	23.67
制造业	31.91	34.06	32.91	46.16	30.46	38.32	38.06
服务业	64.38	59.05	59.85	41.08	50.28	39.45	38.27

资料来源：UNCTAD，cross-border M&A database（www.unctad.org/fdistatistics）。

3.1.1.2 不同发展水平国家进口贸易发展趋势

从世界进口贸易发展趋势看，世界货物和服务进口量不断增长，从1990年的42594.47亿美元增长到2013年的226061.59亿美元，年均增长18.73%。自WTO成立后，世界货物和服务进口量开始快速增长，从2000年的77188.63亿美元增长到2013年的226061.59亿美元，尽管2009年经济危机，世界进口量出现减少，但经过各国经济调整，2011年后世界进口量继续呈现上升趋势。从不同发展水平国家进口贸易发展趋势看，发达国家进口量从2000年的55408.83亿美元增长到2013年的125074.43亿美元，年均增长10.48%；发展中国家进口量从2000年的22859.11亿美元增长到2013年的92777.65亿美元，年均增长25.49%；转型国家进口量从2000年的1221.10亿美元增长到2013年的8209.52亿美元，年均增长47.69%（见图3-1）。上述情况表明，发达国家进口量最高，转型国家进口量最低，但转型国家进口增速最快，说明目前世界范围内发达国家仍是进口贸易的重点地区，转型国家进口量增速不断上升，全球化趋势不断增强。

3.1.1.3 不同发展水平国家进口在本国经济发展中的变化趋势

从各国经济发展来看，发达国家和发展中国家进口量占GDP的比重总体呈上升趋势，2009年由于经济危机出现下降后继续保持平稳上升趋势，发展中国家进口量占GDP的比重较高，2000~2013年所占比重为31.16%~37.42%，而发达国家进口量占GDP的比重较低，2000~2013年所

（百万美元）

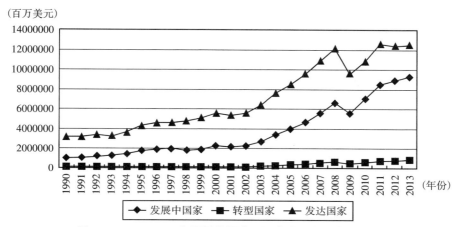

图 3-1　1990~2013 年不同发展水平国家进口贸易变化趋势

资料来源：根据 UNCTAD 数据整理。

占比重为 21.04%~28.94%，转型国家进口量占 GDP 的比重波动较大，2000~2013 年所占比重为 27.39%~32.60%（见图 3-2）。发展中国家进口量在整个国家经济中所占地位比较重要，可能由于加工贸易的原因，发达国家进口量在整个国家经济中所占地位不及发展中国家重要。

（%）

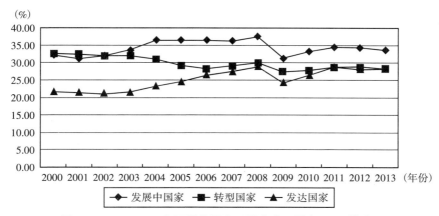

图 3-2　2000~2013 年不同发展水平国家进口量占 GDP 的比重

资料来源：根据 UNCTAD 数据整理。

3.1.2 世界服务业及高技术服务业进口发展趋势分析

3.1.2.1 不同发展水平国家服务业进口在世界服务业总进口中的变化趋势

从世界服务业进口贸易量看，世界服务业进口不断增长，从 1990 年的 8446.11 亿美元增长到 2013 年的 44991.86 亿美元，年均增长 16.05%。WTO 成立后，世界服务业进口开始快速增长，从 2000 年的 15193.88 亿美元增长到 2013 年的 44991.86 亿美元。从各国经济发展来看，不同发展水平国家服务业进口有所不同，如图 3-3 所示，发达国家进口量从 2000 年的 10763.33 亿美元增长到 2013 年的 26158.31 亿美元，年均增长 11.92%；发展中国家进口量从 2000 年的 4164.89 亿美元增长到 2013 年的 16967.46 亿美元，年均增长 25.62%；转型国家进口量从 2000 年的 26566 亿美元增长到 2013 年的 1866.08 亿美元，年均增长 50.20%（见图 3-3）。上述情况表明，发达国家服务业进口最高，转型国家服务业进口最低，但转型国家服务业进口增速最快，说明目前世界范围内发达国家仍是服务业进口贸易的重点地区，转型国家服务业进口增速不断上升，全球化趋势不断增强。

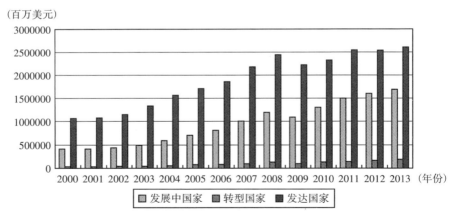

图 3-3　2000~2013 年不同发展水平国家服务业进口量变化趋势

资料来源：根据 UNCTAD 数据整理。

从世界服务业进口比重看，不同发展水平国家服务业进口占世界服务业进口总量的比重发展有所不同，发达国家服务业进口占世界服务业进口总量的比重从 2000 年的 70.84%减少到 2013 年的 58.14%，减少了 12.70 个百分点；发展中国家服务业进口占世界服务业进口总量的比重从 2000 年的 27.41%增长到 2013 年的 37.71%，增长了 10.30 个百分点；转型国家服务业进口占世界服务业进口总量的比重从 2000 年的 1.75%增长到 2013 年的 4.15%，增长了 2.40 个百分点（见图 3-4）。上述情况表明，发达国家服务业进口比重不断减少，发展中国家和转型国家服务业进口比重不断增加，说明服务业进口国家重心正由发达国家转向发展中国家和转型国家。

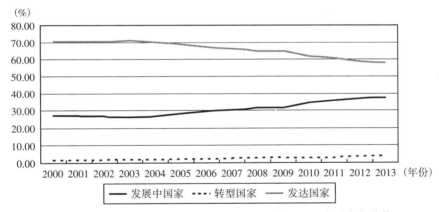

图 3-4　2000~2013 年不同发展水平国家服务业进口比重变化趋势

资料来源：根据 UNCTAD 数据整理。

3.1.2.2　不同发展水平国家服务业进口在本国经济发展中的变化趋势

从各国经济发展来看，不同发展水平国家服务业进口在本国 GDP 中所占比重不同。2000~2013 年发展中国家服务业进口占 GDP 比重为 5.87%~6.66%，而发达国家服务业进口占 GDP 比重为 4.24%~5.77%，转型国家服务业进口占 GDP 的比重波动较大，2000~2013 年所占比重为 5.43%~7.49%（见图 3-5）。可能由于传统服务业进口在发展中国家占有较高比重，发展中国家服务业进口在整个国家经济中所占比重高于发达国家。

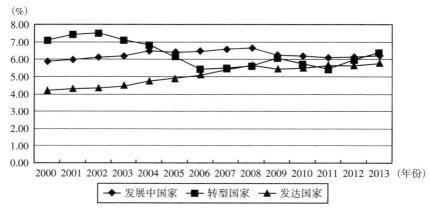

图 3-5　2000~2013 年不同发展水平国家服务业进口量占 GDP 的比重

资料来源：根据 UNCTAD 数据整理。

3.1.3　世界服务业及高技术服务业进口行业特征分析

3.1.3.1　世界旅游业进口分析

从世界旅游业进口贸易趋势看，世界旅游业进口量不断增长，从 2000 年的 4411.70 亿美元增长到 2013 年的 10716.00 亿美元，年均增长 10.99%。从不同发展水平国家进口贸易变化趋势看，发达国家旅游业进口量从 2000 年的 3263.10 亿美元增长到 2013 年的 5780.60 亿美元，年均增长 5.93%；发展中国家旅游业进口量从 2000 年的 1037.90 亿美元增长到 2013 年的 4225.80 亿美元，年均增长 23.63%；转型国家旅游业进口量从 2000 年的 110.80 亿美元增长到 2013 年的 709.50 亿美元，年均增长 41.56%（见图 3-6）。发达国家旅游业进口量一直占据高位，但发展中国家和转型国家旅游业进口增速最快，有助于旅游服务业发展。

从世界旅游服务业进口比重看，不同发展水平国家旅游业进口量占世界旅游业进口总量的比重变化有所不同，发达国家旅游业进口量占世界旅游业进口总量的比重从 2000 年的 73.96% 减少到 2013 年的 53.94%，减少了 20.02 个百分点；发展中国家旅游业进口量占 GDP 的比重从 2000 年的 23.52% 增长到 2013 年的 39.43%，增加了 15.91 个百分点；转型国家旅游业进口量占 GDP 的比重从 2000 年的 2.51% 增长到 2013 年的 6.62%，增加了 4.11 个百分点（见图 3-7）。上述情况表明，发达国家旅游业进口比重

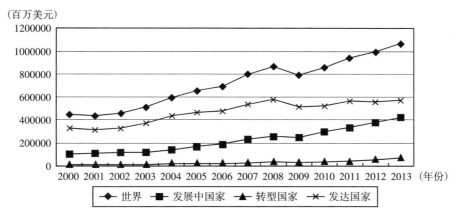

图 3-6　2000~2013 年不同发展水平国家旅游业进口量变化趋势

资料来源：根据 UNCTAD 数据整理。

不断减少，发展中国家和转型国家旅游业进口比重不断增加，说明旅游服务业进口国家重心正由发达国家转向发展中国家和转型国家。

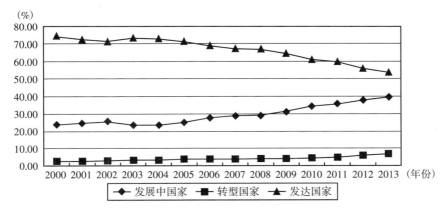

图 3-7　2000~2013 年不同发展水平国家旅游业进口比重变化趋势

资料来源：根据 UNCTAD 数据整理。

3.1.3.2　世界运输业进口分析

从世界运输业进口贸易变化趋势看，世界运输业进口量不断增长，从 2000 年的 4192.20 亿美元增长到 2013 年的 11653.30 亿美元，年均增长 13.69%。尽管 2009 年由于经济危机，世界运输业进口量出现波动，但总体上一直处于上升趋势。从不同发展水平国家运输业进口贸易变化趋势看，发达国家运输业进口量从 2000 年的 2760.70 亿美元增长到 2013 年的 5547.70 亿美元，年均增长 7.77%；发展中国家运输业进口量从 2000 年的 1386.40 亿美元增长到 2013 年的 5774.40 亿美元，年均增长 24.35%；转型国家运输业进口量从 2000 年的 45.10 亿美元增长到 2013 年的 331.20 亿美元，年均增长 48.80%（见图 3-8）。2000~2012 年发达国家运输业进口量均高于发展中国家，从 2012 年后发展中国家运输业进口量超过发达国家，说明世界范围内运输服务业进口国家重心正由发达国家转向发展中国家和转型国家。

（百万美元）

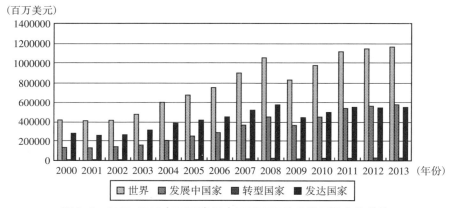

图 3-8 2000~2013 年不同发展水平国家运输业进口量变化趋势
资料来源：根据 UNCTAD 数据整理。

从世界运输服务业进口比重看，不同发展水平国家运输业进口量占世界运输业进口总量的比重变化有所不同，发达国家运输业进口量占世界运输业进口总量的比重从 2000 年的 65.85%减少到 2013 年的 47.61%，减少了 18.24 个百分点；发展中国家运输业进口量占 GDP 的比重从 2000 年的 33.07%增长到 2013 年的 49.55%，增加了 16.48 个百分点；转型国家运输业进口量占 GDP 的比重从 2000 年的 1.08%增长到 2013 年的 2.84%，增加了 1.76 个百分点（见图 3-9）。发达国家运输业进口量所占比重呈下降趋势，发展中国家运输业进口量所占比重呈上升趋势，2012 年后发展中国家运输业进口量所占比重超过发达国家。

综上，从发达国家服务业各行业进口量所占比重变化趋势看，2000~2013 年发达国家服务业进口所占世界比重下降了 12.70 个百分点，旅游业

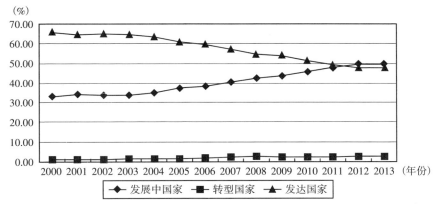

图 3-9 2000~2013 年不同发展水平国家运输业比重变化趋势

资料来源：根据 UNCTAD 数据整理。

进口量所占世界比重减少了 20.02 个百分点，运输业进口量所占世界比重减少了 18.24 个百分点（见图 3-4、图 3-7、图 3-9）；从发展中国家服务业各行业进口量所占比重变化趋势看，2000~2013 年发展中国家服务业进口所占世界比重增加了 10.30 个百分点，旅游业进口量所占世界比重增加了 15.91 个百分点，运输业进口量所占世界比重增加了 16.48 个百分点（见图 3-4、图 3-7、图 3-9）；从转型国家服务业各行业进口量所占比重变化趋势看，2000~2013 年转型国家服务业进口所占世界比重增加了 2.40 个百分点，旅游业进口量所占世界比重增加了 4.11 个百分点，运输业进口量所占世界比重增加了 1.76 个百分点（见图 3-4、图 3-7、图 3-9）。由此可见，发达国家旅游业、运输业等传统服务业进口所占世界比重下降幅度大于服务业进口所占世界比重，发达国家传统服务业所占世界比重在大幅度减少；发展中国家旅游业、运输业等传统服务业进口所占世界比重增长幅度大于服务业进口所占世界比重增长幅度，发展中国家传统服务业所占世界比重在大幅度增加。

3.1.3.3 世界高技术服务业进口分析

从世界高技术服务业进口贸易变化趋势看，一直处于不增长趋势，从 2000 年的 6587.00 亿美元增长到 2013 年的 22035.90 亿美元，年均增长 18.04%。从不同发展水平国家进口贸易变化趋势看，发达国家高技术服务业进口量从 2000 年的 4738.60 亿美元增长到 2013 年的 14310.80 亿美元，年均增长 15.54%；发展中国家高技术服务业进口量从 2000 年的 1738.60

亿美元增长到 2013 年的 6899.90 亿美元，年均增长 22.84%；转型国家高技术服务业进口量从 2000 年的 109.80 亿美元增长到 2013 年的 825.30 亿美元，年均增长 50.13%（见图 3-10）。发达国家旅游业进口量一直占据高位，但发展中国家和转型国家旅游业进口增速最快，有助于旅游业服务业发展。尽管发展中国家和转型国家高技术服务业进口增速较快，但发达国家高技术服务业进口量仍然最高，发达国家仍是高技术服务业进口贸易的重点地区。

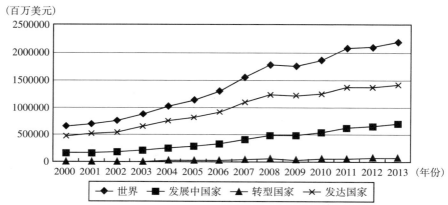

图 3-10　2000~2013 年不同发展水平国家高技术服务业进口量变化趋势
资料来源：根据 UNCTAD 数据整理。

　　从世界高技术服务业进口①所占比重看，不同发展水平国家高技术服务业进口量占世界高技术服务业进口总量的比重变化有所不同，发达国家高技术服务业进口所占比重从 2000 年的 71.94% 减少到 2013 年的 64.94%，减少了 7.00 个百分点；发展中国家高技术服务业进口量所占比重从 2000 年的 26.39% 增长到 2013 年的 31.31%，增加了 4.92 个百分点；转型国家高技术服务业进口量所占比重从 2000 年的 1.67% 增长到 2013 年的 3.75%，增加了 2.08 个百分点（见图 3-11）。而相较 2000~2013 年服务业进口所占世界比重增长而言，2000~2013 年发达国家服务业进口所占比重降低 12.7%，发展中国家服务业进口所占比重降低 10.3%，转型国家服务业进

---

① 这里指最终需求地的增加值进口。

口所占比重降低 2.4%，由此可见，发达国家高技术服务业进口所占比重降幅没有服务业进口所占比重降幅大，发展中国家和转型国家高技术服务业进口所占比重增幅没有服务业进口增幅高，高技术服务业进口仍然倾向于发达国家。

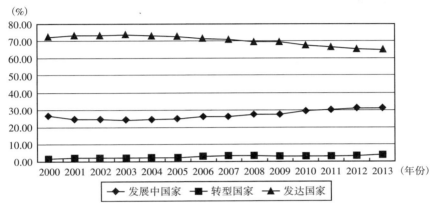

图 3-11　2000~2013 年不同发展水平国家高技术服务业进口比重变化趋势

资料来源：根据 UNCTAD 数据整理。

3.1.4　世界服务业及高技术服务业进口的国家分布

2000~2013 年，世界进口总量不断增加，发达国家进口量所占比重最高，其次为发展中国家，转型国家进口量所占比重最低（见图 3-1）。

3.1.4.1　世界服务业进口的国家分布

为了研究世界服务业进口的国别结构，本书选择了服务业进口最高的 10 个国家①作为样本，包括美国、德国、法国、英国、日本、荷兰、意大利、韩国、加拿大、比利时。如表 3-2 所示，美国一直是服务业进口最大的国家，2000 年美国服务业进口 2195.41 亿美元，2013 年美国服务业进口 4568.69 亿美元，2000~2013 年美国服务业进口年均增长 8.32%；德国

①　各国按 UNCTAD 数据库中的 2013 年服务业进口额由高向低排序，剔除缺省数据国家，选取前 10 个国家作为样本国。

2000 年服务业进口 1381.38 亿美元，2013 年服务业进口 3178.74 亿美元，
2000~2013 年德国服务业进口年均增长 10.01%；法国 2000 年服务业进口
608.02 亿美元，2013 年服务业进口 1889.37 亿美元，2000~2013 年法国服
务业进口年均增长 16.21%；英国 2000 年服务业进口 993.83 亿美元，2013
年服务业进口 1804.13 亿美元，2000~2013 年英国服务业进口年均增长
6.27%；日本 2000 年服务业进口 1151.06 亿美元，2013 年服务业进口
1641.22 亿美元，2000~2013 年日本服务业进口年均增长 3.28%；荷兰
2000 年服务业进口 532.60 亿美元，2013 年服务业进口 1281.92 亿美元，
2000~2013 年荷兰服务业进口年均增长 10.82%。综上，世界服务业进口最
高国家主要为美国、德国、法国、英国、日本、荷兰、意大利，其中德
国、法国、荷兰服务业进口增长速度较快，由此可见发达国家服务业进
口最高且增长速度较快。

表 3–2　2000~2013 年世界服务业进口的国家分布

单位：百万美元

年份	美国	德国	法国	英国	日本	荷兰	意大利	韩国	加拿大	比利时
2000	219541	138138	60802	99383	115106	53260	55395	33577	44118	41847
2001	217908	142619	62333	99845	107163	53708	57599	33169	43843	43468
2002	227981	145261	68571	109256	106203	56922	62667	36999	45070	35680
2003	243970	173827	82765	127214	108805	70610	74236	40767	52454	42788
2004	281963	197970	99642	149925	131813	79588	83192	50498	58776	49015
2005	301269	212672	107026	162950	134271	84482	90076	59696	65749	51190
2006	336112	225334	113183	175187	135552	86809	100361	70174	72760	53175
2007	367547	261429	129485	201270	150232	98162	121672	84962	82788	68828
2008	404042	293333	141255	202408	169428	112016	127996	96369	88791	84925
2009	384725	261211	165257	170202	148689	108348	105903	80221	81910	75696
2010	406855	268784	167985	171160	157395	106244	110171	95908	97090	81977
2011	431854	298025	191722	181139	167580	121637	115449	101107	106274	88906
2012	444674	295749	174300	181435	176797	120200	106090	105825	106765	91539
2013	456869	317874	188937	180413	164122	128192	109437	106997	106147	97770
年均变化率（%）	8.32	10.01	16.21	6.27	3.28	10.82	7.50	16.82	10.82	10.28

资料来源：根据 UNCTAD 数据整理。

3.1.4.2 世界电信服务业进口的国家分布

为了研究世界电信服务业进口的国别结构，本书选择了电信服务业进口额最高的 10 个国家作为样本国，包括美国、英国、意大利、德国、法国、比利时、西班牙、瑞士、加拿大、韩国。如表 3-3 所示，美国是电信服务业进口最大的国家，2000 年美国电信服务业进口 54.29 亿美元，2013年美国电信服务业进口 81.36 亿美元，2000~2013 年美国电信服务业进口年均增长 3.84%；英国和意大利电信服务业进口较高，2000 年英国电信服务业进口 24.04 亿美元，2013 年英国电信服务业进口 57.06 亿美元，2000~2013 年英国电信服务业进口年均增长 10.56%；意大利 2000 年电信服务业进口 15.24 亿美元，2013 年意大利电信服务业进口 57.93 亿美元，2000~2013 年意大利电信服务业进口年均增长 21.55%；法国和德国电信服务业进口额近年来增长较快，法国 2000 年电信服务业进口 9.89 亿美元，2013年电信服务业进口 55.32 亿美元，2000~2013 年法国电信服务业进口年均增长 35.34%；德国 2000 年电信服务业进口 27.81 亿美元，2012 年德国电信服务业进口 53.44 亿美元，比利时等国电信服务业进口额也较高。综上，世界电信服务业进口最高国家主要为美国、英国、意大利、德国、法国、比利时、西班牙、瑞士、加拿大、韩国，可见发达国家是电信服务业进口的主要国家，电信服务业进口为发达国家国内服务业和相关产业提供了有效的服务支持。

表 3-3 2000~2013 年世界电信服务业进口的国家分布

单位：百万美元

年份	美国	德国	意大利	英国	法国	比利时	西班牙	瑞士	加拿大	韩国
2000	5429	2781	1524	2404	989	836	562	701	879	—
2001	4771	2734	1563	2502	—	995	692	602	874	—
2002	4233	2998	1485	2671	—	956	821	497	946	—
2003	4255	3087	2344	3009	878	940	858	879	—	
2004	4601	3401	2043	3968	—	941	1083	1295	1049	—
2005	4519	3717	2445	4955		963	—	1428	818	
2006	6342	4692	4108	5921	—	1179	—	1628	912	613
2007	7272	4978	4183	5903	2643	2407	2353	1760	1035	681
2008	7761	5055	6466	5907	3066	2481	2738	1846	1056	782

年份	美国	德国	意大利	英国	法国	比利时	西班牙	瑞士	加拿大	韩国
2009	7579	4526	4999	5937	4516	2708	2514	1754	1195	889
2010	7986	5347	6205	6222	4526	2772	2244	1866	1602	892
2011	7792	5217	6151	6342	4672	3321	2554	2026	1395	926
2012	8007	5344	5330	5958	4708	3116	2498	1707	1562	519
2013	8136	—	5793	5706	5532	3267	2631	1745	1512	1042
年均变化率（%）	3.84	—	21.55	10.56	35.34	22.39	28.32	11.46	5.55	—

资料来源：根据 UNCTAD 数据整理。

3.1.4.3　世界计算机及相关信息服务业进口的国家分布

为了研究世界计算机及相关信息服务业进口的国别结构，本书选择了计算机及相关信息服务业进口额最高的 10 个国家[①] 作为样本国，包括美国、德国、法国、英国、荷兰、日本、比利时、瑞士、意大利、加拿大。如表 3-4 所示，美国是计算机及相关信息服务业进口最大的国家，2000年美国计算机及相关信息服务业进口 62.30 亿美元，2013 年美国计算机及相关信息服务业进口 262.79 亿美元，2000~2013 年美国计算机及相关信息服务业进口年均增长 24.75%；德国 2000 年计算机及相关信息服务业进口 49.63 亿美元，2013 年德国计算机及相关信息服务业进口 196.63 亿美元，2000~2013 年德国计算机及相关信息服务业进口年均增长 22.78%；法国和英国计算机及相关信息服务业进口增长较快，法国 2000 年计算机及相关信息服务业进口 7.44 亿美元，2013 年计算机及相关信息服务业进口 90.77 亿美元，2000~2013 年法国计算机及相关信息服务业进口年均增长 86.10%，特别是法国进口从 2010 年的 39.97 亿美元增长到 2011 年的 80.04 亿美元，增长了 1 倍多；英国 2000 年计算机及相关信息服务业进口 12.68 亿美元，2013 年计算机及相关信息服务业进口 67.05 亿美元，2000~2013 年英国计算机及相关信息服务业进口年均增长 32.99%；荷兰 2000 年计算机及相关信息服务业进口 11.84 亿美元，2013 年计算机及相关信息服务业

---

① UNCTAD 数据库中的计算机及相关信息服务业进口额，剔除瑞典、墨西哥、智利等缺省数据国家，选取计算机及相关信息服务业进口额较高的 10 个国家作为样本国。

进口 57.26 亿美元，荷兰 2000~2013 年计算机及相关信息服务业进口年均增长 29.51%；日本等国计算机及相关信息服务业进口额也较高。综上，世界计算机及相关信息服务业进口最高国家主要为美国、德国、法国、英国、荷兰、日本、比利时、瑞士、意大利、加拿大，发达国家计算机及相关信息服务业进口为国内相关产业提供了有力的技术服务和支持。

表 3-4　2000~2013 年世界计算机及相关信息服务业进口的国家分布

单位：百万美元

年份	美国	德国	法国	英国	荷兰	日本	比利时	瑞士	意大利	加拿大
2000	6230	4963	744	1268	1184	3069	1326	1078	914	899
2001	6511	6067	967	1691	1313	2637	1504	897	936	926
2002	6495	6150	1201	1972	1581	2149	1395	868	1054	1304
2003	7617	7260	1240	2926	2578	2099	1603	1176	1024	1636
2004	8639	8122	1438	3400	3106	2189	2003	1407	1199	1705
2005	10596	8587	1781	4013	3709	2442	1867	1519	1499	1802
2006	13434	9243	1985	4699	4434	3126	1983	2245	1699	2033
2007	15112	11839	2283	5515	5432	3598	2193	3013	1755	2502
2008	16895	13784	2247	6416	5775	3962	2868	3303	4496	2662
2009	18205	12581	5039	6234	5720	3777	3053	2772	3513	2887
2010	21029	14586	3997	6613	5331	3572	2920	2624	4331	3125
2011	24331	16662	8004	6494	5270	4218	3720	3389	4515	3577
2012	25657	17257	8292	6823	5361	4496	4108	3874	4568	3533
2013	26279	19663	9077	6705	5726	4993	4627	4384	4363	3421
年均变化率（%）	24.75	22.78	86.10	32.99	29.51	4.82	19.15	23.60	29.03	21.59

资料来源：根据 UNCTAD 数据整理。

3.1.4.4　世界知识产权服务业进口的国家分布

为了研究世界知识产权服务业进口的国别结构，本书选择了知识产权服务业进口额最高的 10 个国家[①] 作为样本国，包括美国、瑞典、荷兰、日本、德国、加拿大、法国、韩国、英国、意大利。如表 3-5 所示，美国

---

① 选取 UNCTAD 数据库中的知识产权服务业进口额较高的 10 个国家作为样本国。

是知识产权服务业进口最高的国家，2000 年美国知识产权服务业进口
166.06 亿美元，2013 年美国知识产权服务业进口 393.99 亿美元，2000~
2013 年美国知识产权服务业进口年均增长 10.56%；瑞典和荷兰知识产权
服务业进口增长速度较快，其中荷兰 2000 年知识产权服务业进口 25.59
亿美元，2013 年知识产权服务业进口 275.58 亿美元，2000~2013 年荷兰知
识产权服务业进口年均增长 75.13%；日本知识产权服务业进口额一直较
高，日本 2000 年知识产权服务业进口 110.08 亿美元，2013 年知识产权服
务业进口 178.27 亿美元，2000~2013 年日本知识产权服务业进口年均增长
4.77%；德国从 2000 年知识产权服务业进口的 56.99 亿美元上升到 2009
年知识产权服务业进口的 177.11 亿美元，下降到 2012 年的 121.84 亿美
元，然后上升到 2013 年的 145.21 亿美元，2000~2013 年德国知识产权服
务业进口年均增长 11.91%；加拿大、法国、韩国、英国、意大利等国知
识产权服务业进口额也较高。综上，世界知识产权服务业进口最高国家主
要为美国、瑞典、荷兰、日本、德国、加拿大、法国、韩国、英国、意大
利，发达国家知识产权服务业进口为科学创新提供了保障，促进了相关产
业创新驱动发展。

表 3-5　2000~2013 年世界知识产权服务业进口的国家分布

单位：百万美元

年份	美国	瑞典	荷兰	日本	德国	加拿大	法国	韩国	英国	意大利
2000	16606	1828	2559	11008	5699	3768	2047	3221	6626	1191
2001	16661	1950	2321	11100	5495	3777	1888	3053	6469	1302
2002	19493	2833	2603	11004	5308	4487	1894	3002	6908	1269
2003	19259	3149	8406	10988	5327	5622	2425	3570	7853	1681
2004	23691	5471	8561	13628	5840	6574	3050	4446	9167	1730
2005	25577	7818	8582	14634	8566	6902	3093	4561	9458	1910
2006	25038	7378	7638	15497	9340	6978	3307	4650	9537	1820
2007	26479	9697	10052	16660	11201	8200	4718	5134	8810	1652
2008	29623	10387	14311	18292	12924	8648	5477	5656	10571	7816
2009	31297	14442	18221	16831	17711	8892	8953	7188	8372	6808
2010	32551	16591	20038	18774	13257	9731	9866	9031	8489	7135
2011	34786	22168	21697	19158	13166	10409	11025	7295	10526	6996

年份	美国	瑞典	荷兰	日本	德国	加拿大	法国	韩国	英国	意大利
2012	39889	23986	22232	19897	12184	10863	9571	8478	8409	6048
2013	39399	—	27558	17827	14521	10846	10550	9598	8351	5881
年均变化率（%）	10.56	—	75.13	4.77	11.91	14.45	31.95	15.23	2.00	30.28

资料来源：根据 UNCTAD 数据整理。

3.1.4.5　世界运输服务业进口的国家分布

从世界运输服务业进口 2000~2013 年变化趋势看，除了 2009 年由于经济危机出现下降外，2000~2013 年世界运输服务业进口整体上呈上升趋势。为了研究世界运输服务业进口的国别结构，本书选择了运输服务业进口额最高的 10 个国家[①] 作为样本国，包括美国、德国、法国、日本、英国、韩国、意大利、西班牙、加拿大、比利时。如表 3-6 所示，美国是运输服务业进口最高的国家，但进口增长速度较慢，2000 年美国运输服务业进口 603.25 亿美元，2013 年美国运输服务业进口 956.94 亿美元，2000~2013 年美国运输服务业进口年均增长 4.51%。德国、法国、韩国运输服务业进口增长较快，2000 年德国运输服务业进口 262.70 亿美元，2013 年运输服务业进口 705.52 亿美元，2000~2013 年德国运输服务业进口年均增长 12.97%；2000 年法国运输服务业进口 179.08 亿美元，2013 年运输服务业进口 501.21 亿美元，2000~2013 年法国运输服务业进口年均增长 13.84%；2000 年韩国运输服务业进口 110.48 亿美元，2013 年运输服务业进口 285.36 亿美元，2000~2013 年韩国运输服务业进口年均增长 12.18%。日本和英国运输服务业进口较慢，2000 年日本运输服务业进口 333.31 亿美元，2013 年运输服务业进口 470.01 亿美元，2000~2013 年日本运输服务业进口年均增长 3.16%；2000 年英国运输服务业进口 241.66 亿美元，2013 年运输服务业进口 339.67 亿美元，2000~2013 年英国运输服务业进口年均增长 3.12%。综上，世界运输服务业进口最高国家主要为美国、德国、法国、日本、英国、韩国、意大利、加拿大、加拿大、比利时，发达国家运输服务业进口为相关产业提供了服务支持。

① 选取 UNCTAD 数据库中的运输服务业进口额较高的 10 个国家作为样本国。

表 3-6　2000~2013 年世界运输服务业进口的国家分布

单位：百万美元

年份	美国	德国	法国	日本	英国	韩国	意大利	西班牙	加拿大	比利时
2000	60325	26270	17908	33331	24166	11048	13067	10134	9373	8402
2001	56400	25918	17189	31332	23443	11043	11727	9984	9029	8446
2002	53875	30008	17789	29951	25470	11301	13191	10734	9206	7682
2003	60299	36255	21247	31681	28436	13613	16058	13100	10390	9013
2004	72070	43750	30058	39053	33597	17655	20839	16082	12248	11051
2005	78766	47392	32495	40345	36176	20144	21154	18500	14484	12272
2006	81359	53852	34201	42839	35153	23133	22515	20536	16329	13030
2007	82890	62972	38063	48973	37623	29076	27539	22328	18576	19191
2008	87944	73152	42143	54050	35342	36770	29648	26387	20538	22930
2009	67265	53680	40346	40516	27977	23451	22506	20171	16830	17265
2010	78097	65489	43487	46447	28779	29675	25921	21237	20743	20766
2011	85348	69946	50092	49447	33069	29537	27208	23749	23025	21604
2012	89657	67839	45717	55354	33247	30061	24423	22362	22731	21428
2013	95694	70552	50121	47001	33967	28536	25059	23118	22388	21298
年均变化率（%）	4.51	12.97	13.84	3.16	3.12	12.18	7.06	9.86	10.68	11.81

资料来源：根据 UNCTAD 数据整理。

从上述国家运输服务业进口占服务业进口比重看，2000~2013 年上述国家运输服务业进口所占比重并不高，且除了德国和比利时外其他国家运输服务业进口所占比重均呈下降趋势，包括美国、德国、法国、日本、英国、韩国、意大利、西班牙、加拿大、比利时。如表 3-7 所示，2000 年美国运输服务业进口占服务业进口比重为 27.48%，2013 年运输服务业进口所占比重为 20.95%，2000~2013 年美国运输服务业进口所占比重下降了6.53 个百分点；2000 年德国运输服务业进口占服务业进口比重为19.02%，2013 年运输服务业进口所占比重为 22.19%，2000~2013 年德国运输服务业进口所占比重上升了3.18 个百分点；法国 2000 年运输服务业进口占服务业进口比重为 29.45%，2013 年运输服务业进口所占比重为26.53%，2000~2013 年法国运输服务业进口所占比重下降了 2.92 个百分点；2000 年日本运输服务业进口占服务业进口比重为 28.96%，2013 年运输服务业进口所占比重为 28.64%，2000~2013 年日本运输服务业进口所占比重下降了 0.32 个百分点；英国 2000 年运输服务业进口占服务业进口比重为 24.32%，2013 年运输服务业进口所占比重为 18.83%，2000~2013 年英国运输服务业进口所占比重下降了 5.49 个百分点；韩国 2000 年运输服务业进口占服务业进口比重为 32.91%，2013 年运输服务业进口所占比重为 26.67%，2000~2013 年韩国运输服务业进口所占比重下降了 6.24 个百分点；其他国家如意大利、西班牙、加拿大、比利时运输服务业进口占服务业进口比重大多呈下降趋势。由此可见，尽管发达国家运输服务业进口额较高，但所占服务业进口比重并不高，且所占服务业进口比重呈下降趋势，发达国家传统服务业进口所占比重逐年降低。

表 3-7　2000~2013 年世界运输服务业进口国家所占比重变化趋势

单位：%

年份 地区	2000	2001	2002	2003	2004	2005	2006	2007	2008	2009	2010	2011	2012	2013	年均 变化率
智利	45.63	45.36	45.21	45.46	49.47	53.32	54.02	53.00	57.40	45.49	50.45	50.78	48.04	46.76	1.12
墨西哥	36.62	35.62	32.81	32.16	34.93	38.98	40.42	42.65	48.38	37.36	41.23	40.19	39.32	39.80	3.18
日本	28.96	29.24	28.20	29.12	29.63	30.05	31.60	32.60	31.90	27.25	29.51	29.51	31.31	28.64	-0.32
韩国	32.91	33.29	30.54	33.39	34.96	33.74	32.96	34.22	38.16	29.23	30.94	29.21	28.41	26.67	-6.24
法国	29.45	27.58	25.94	25.67	30.17	30.36	30.22	29.40	29.83	24.41	25.89	26.13	26.23	26.53	-2.92
澳大利亚	33.23	33.14	32.57	32.96	34.65	35.27	35.18	32.76	30.66	24.42	26.09	25.28	26.79	25.41	-7.82
西班牙	30.52	28.38	27.88	27.38	27.21	27.54	26.18	23.22	25.07	22.79	24.26	24.96	24.79	24.97	-5.55
意大利	23.59	20.36	21.05	21.63	25.05	23.48	22.43	22.63	23.16	21.25	23.53	23.57	23.02	22.90	-0.69
匈牙利	14.36	14.41	16.42	15.28	15.42	19.56	20.82	19.77	19.91	18.00	20.58	21.12	22.20	22.60	8.24
德国	19.02	18.17	20.66	20.86	22.10	22.28	23.90	24.09	24.94	20.55	24.36	23.47	22.94	22.19	3.18
比利时	20.08	19.43	21.53	21.06	22.55	23.97	24.50	27.88	27.00	22.81	25.33	24.30	23.41	21.78	1.70
波兰	17.07	17.63	19.81	21.57	21.97	21.45	21.41	23.54	23.62	21.70	20.75	21.46	22.07	21.32	4.24
加拿大	21.24	20.59	20.43	19.81	20.84	22.03	22.44	22.44	23.13	20.55	21.36	21.67	21.29	21.09	-0.15
美国	27.48	25.88	23.63	24.72	25.56	26.14	24.21	22.55	21.77	17.48	19.20	19.76	20.16	20.95	-6.53
英国	24.32	23.48	23.31	22.35	22.41	22.20	20.07	18.69	17.46	16.44	16.81	18.26	18.32	18.83	-5.49
挪威	34.27	37.81	36.18	34.79	34.33	32.29	31.01	33.11	31.92	25.67	27.22	20.33	19.96	17.21	-17.06

续表

地区 \ 年份	2000	2001	2002	2003	2004	2005	2006	2007	2008	2009	2010	2011	2012	2013	年均变化率
荷兰	27.52	23.79	22.54	15.96	17.22	17.70	21.60	21.17	20.11	16.51	17.72	17.71	17.60	16.47	-11.05
瑞士	15.45	15.02	14.58	15.79	15.23	16.27	16.93	16.68	17.20	15.39	16.30	14.91	14.79	14.14	-1.31
瑞典	27.47	26.42	20.53	17.65	15.07	12.55	13.23	13.00	13.61	11.19	11.12	9.88	9.92	9.37	-18.10

资料来源：根据 UNCTAD 数据整理。

3.1.4.6 世界旅游服务业进口的国家分布

为了研究世界旅游服务业进口的国别结构，本书选择了旅游服务业进口额最高的 10 个国家[①] 作为样本国，包括美国、德国、英国、法国、加拿大、意大利、澳大利亚、日本、比利时、韩国。如表 3-8 所示，美国、德国、英国、意大利、日本旅游服务业进口额较高的国家其进口增长速度较慢，2000 年美国旅游服务业进口 678.53 亿美元，2013 年美国旅游服务业进口 959.14 亿美元，2000~2013 年美国旅游服务业进口年均增长 3.18%；2000 年德国旅游服务业进口 529.09 亿美元，2013 年旅游服务业进口 881.74 亿美元，2000~2013 年德国旅游服务业进口年均增长 5.13%；2000 年英国旅游服务业进口 384.08 亿美元，2013 年旅游服务业进口 524.44 亿美元，2000~2013 年英国旅游服务业进口年均增长 2.81%；2000 年意大利旅游服务业进口 156.72 亿美元，2013 年旅游服务业进口 269.65 亿美元，2000~2013 年意大利旅游服务业进口年均增长 5.54%；2000 年日本旅游服务业进口 318.90 亿美元，2013 年旅游服务业进口 218.53 亿美元，2000~2013 年日本旅游服务业进口年均下降 2.42%。法国、加拿大、澳大利亚、韩国、旅游服务业进口增长较快，2000 年法国旅游服务业进口 177.14 亿美元，2013 年旅游服务业进口 423.44 亿美元，2000~2013 年法国旅游服务业进口年均增长 10.70%；2000 年加拿大旅游服务业进口 124.38 亿美元，2013 年旅游服务业进口 351.92 亿美元，2000~2013 年加拿大旅游服务业进口年均增长 14.07%；2000 年澳大利亚旅游服务业进口 63.87 亿美元，2013 年旅游服务业进口 265.78 亿美元，2000~2013 年澳大利亚旅游服务业进口年均增长 24.32%；2000 年韩国旅游服务业进口 71.32 亿美元，2013 年旅游服务业进口 217.38 亿美元，2000~2013 年韩国旅游服务业进口

[①] 选取 UNCTAD 数据库中的旅游服务业进口额较高的 10 个国家作为样本国。

年均增长 15.75%。综上，世界旅游服务业进口最高国家主要为美国、德国、英国、法国、加拿大、意大利、澳大利亚、日本、比利时、韩国，发达国家旅游服务业进口促进了国内旅游业及相关产业发展。

表 3-8　2000~2013 年世界旅游服务业进口的国家分布

单位：百万美元

年份	美国	德国	英国	法国	加拿大	意大利	澳大利亚	日本	比利时	韩国
2000	67853	52909	38408	17714	12438	15672	6387	31890	10181	7132
2001	63660	51888	37970	17946	11961	14800	5860	26486	10601	7617
2002	62650	52613	41511	19369	11722	16753	6072	26526	10104	10465
2003	61928	65186	47929	23377	13337	20514	7270	28819	12197	10103
2004	71285	71452	56525	30108	15524	20450	10242	38247	13999	12350
2005	75059	74325	59602	31814	18017	22335	11253	37534	14982	15406
2006	78830	73883	63094	32573	20542	23040	11690	26877	15520	18851
2007	83421	82967	71417	38182	24716	27226	14853	26486	17457	21975
2008	87375	90605	68490	40907	27210	30647	18729	27881	19674	19065
2009	81169	80827	50143	38217	24096	27805	18738	25144	18229	15040
2010	83057	78054	50002	38730	29741	27039	22558	27867	18886	18780
2011	86247	85752	50998	44846	33323	28613	27320	27210	20507	19934
2012	91918	83444	51473	39066	35059	26354	27481	27883	20189	20669
2013	95914	88174	52444	42344	35192	26965	26578	21853	21803	21738
年均变化率（%）	3.18	5.13	2.81	10.70	14.07	5.54	24.32	−2.42	8.78	15.75

资料来源：根据 UNCTAD 数据整理。

　　从上述国家 2000~2013 年旅游服务业进口占服务业进口比重看，除澳大利亚和加拿大外，其他国家旅游服务业进口所占比重均呈下降趋势。如表 3-9 所示，2000 年美国旅游服务业进口占服务业进口比重为 30.91%，2013 年旅游服务业进口所占比重为 20.99%，2000~2013 年美国旅游服务业进口所占比重下降了 9.91 个百分点；2000 年德国旅游服务业进口占服务业进口比重为 38.30%，2013 年旅游服务业进口所占比重为 27.74%，2000~2013 年德国旅游服务业进口所占比重下降了 10.56 个百分点；2000年英国旅游服务业进口占服务业进口比重为 38.65%，2013 年旅游服务业进口所占比重为 29.07%，2000~2013 年英国旅游服务业进口所占比重下降了 9.58 个百分点；2000 年法国旅游服务业进口占服务业进口比重为 29.13%，2013 年旅游服务业进口所占比重为 22.41%，2000~2013 年法国旅游服务业进口所占比重下降了 6.72 个百分点；此外，意大利、日本、比利时、韩国旅游服务业进口所占比重也呈下降趋势。加拿大和澳大利亚旅游服务业进口所占比重呈上升趋势，2000 年加拿大旅游服务业进口占服务业进口比重为 28.19%，2013 年旅游服务业进口所占比重为 33.15%，2000~2013 年加拿大旅游服务业进口所占比重上升了 4.96 个百分点；澳大利亚 2000 年旅游服务业进口占服务业进口比重为 33.73%，2013 年旅游服务业进口所占比重为 42.07%，2000~2013 年澳大利亚旅游服务业进口所占比重上升了 8.33 个百分点。由此可见，尽管发达国家旅游服务业进口额较高，但所占服务业进口比重并不高，且所占服务业进口比重呈下降趋势，发达国家传统服务业进口所占比重逐年降低。

表 3-9 2000~2013 年世界旅游服务业进口国家所占比重变化趋势

单位：%

年份 国家	2000	2001	2002	2003	2004	2005	2006	2007	2008	2009	2010	2011	2012	2013	变化率
澳大利亚	33.73	33.78	33.02	33.13	36.65	36.89	36.28	37.22	38.74	43.88	43.95	44.45	42.81	42.07	8.33
挪威	30.69	27.92	28.87	32.65	36.39	34.42	36.21	35.43	31.21	33.53	32.68	34.07	34.75	37.84	7.15
加拿大	28.19	27.28	26.01	25.43	26.41	27.40	28.23	29.85	30.65	29.42	30.63	31.36	32.84	33.15	4.96
瑞士	33.51	29.36	30.45	28.82	30.74	30.47	27.06	27.06	25.67	25.14	27.87	28.06	28.44	29.86	-3.65
英国	38.65	38.03	37.99	37.68	37.70	36.58	36.02	35.48	33.84	29.46	29.21	28.15	28.37	29.07	-9.58
墨西哥	32.56	34.07	35.14	35.20	36.02	36.50	36.66	36.32	34.93	28.94	28.30	25.93	27.71	28.63	-3.93
瑞典	42.40	41.93	42.80	46.56	41.62	38.55	39.28	36.13	35.29	31.98	30.62	30.18	29.42	28.21	-14.19
德国	38.30	36.38	36.22	37.50	36.09	34.95	32.79	31.74	30.89	30.94	29.04	28.77	28.21	27.74	-10.56
波兰	36.91	39.09	34.88	26.30	35.72	35.84	36.44	32.20	31.98	30.37	29.09	26.37	27.51	27.49	-9.41
意大利	28.29	25.69	26.73	27.63	24.58	24.80	22.96	22.38	23.94	26.25	24.54	24.78	24.84	24.64	-3.65
法国	29.13	28.79	28.25	28.25	30.22	29.73	28.78	29.49	28.96	23.13	23.06	23.39	22.41	22.41	-6.72
比利时	24.33	24.39	28.32	28.51	28.56	29.27	29.19	25.36	23.17	24.08	23.04	23.07	22.06	22.30	-2.03
美国	30.91	29.21	27.48	25.38	25.28	24.91	23.45	22.70	21.63	21.10	20.41	19.97	20.67	20.99	-9.91
韩国	21.24	22.96	28.28	24.78	24.46	25.81	26.86	25.86	19.78	18.75	19.58	19.72	19.53	20.32	-0.92

年份\国家	2000	2001	2002	2003	2004	2005	2006	2007	2008	2009	2010	2011	2012	2013	变化率
西班牙	17.91	18.56	18.79	18.90	20.53	22.45	21.22	20.44	19.25	18.97	19.15	18.04	16.96	17.56	−0.35
荷兰	22.91	22.35	22.59	21.88	20.61	19.13	19.60	19.40	19.32	19.01	18.46	16.85	16.79	15.98	−6.92
日本	27.71	24.72	24.98	26.49	29.02	27.95	19.83	17.63	16.46	16.91	17.71	16.24	15.77	13.32	−14.39
智利	12.91	14.21	13.23	14.95	14.41	13.55	14.65	16.69	11.85	11.11	10.61	10.05	12.44	12.16	−0.75
匈牙利	28.09	28.01	26.79	28.40	23.88	19.94	15.90	16.51	17.55	17.41	15.60	14.05	12.32	11.59	−16.49

资料来源：根据 UNCTAD 数据整理。

3.1.5　世界外商直接投资变化趋势分析

由于外商直接投资是贸易存在[①] 的一种形式，因此这里有必要分析一下外商直接投资流量变化趋势。

3.1.5.1　不同发展水平国家外商直接投资流入流量变化趋势

从世界外商直接投资流入流量看，外商直接投资流入波动较大，2000年世界外商直接投资流入流量为 14149.99 亿美元，2003 年下降到 6043.03亿美元，随后 2007 年上升到 20019.87 亿美元，然后出现波动，2013 年世界外商直接投资流入流量为 14519.65 亿美元。从不同发展水平国家外商直接投资流入流量变化趋势看，发达国家外商直接投资流入与世界外商直接投资流入变化趋势相似，2000 年发达国家外商直接投资流入流量为11423.68 亿美元，2003 年下降到 3888.07 亿美元，随后 2007 年上升到13227.95 亿美元，然后出现波动，2012 年发达国家外商直接投资流入流量为 5166.64 亿美元，被发展中国家超过；发展中国家外商直接投资流入流

[①] 贸易存在共有四种形式：①跨境提供或过境交付，即由一个成员境内向另一个成员境内提供服务。②境外消费，即在一个成员境内向任何其他成员的消费者提供服务。③商业存在，即通过一成员方的商业实体在任何其他成员方境内的存在而提供服务。这种商业实体实际上就是外商投资企业。④自然人移动，即由一成员方的自然人在其他任何成员方境内提供的服务。这种形式涉及服务提供者作为自然人的跨国流动，与商业存在不同的是，它不涉及投资行为。其中，GATS 定义的服务业 FDI 仅指市场寻求型直接投资，而全部的服务业直接投资还应包括出口导向型直接投资，即一国服务提供者在某外国境内建立服务生产实体向其他国家提供服务的活动。但本部分考虑到"世界外商直接投资变化趋势"的完备性，还是将全部的服务业直接投资变化趋势进行分析。

量总体上呈上升趋势，从 2000 年的 2666.44 亿美元上升到 2013 年的 5656.26 亿美元，年均增长 3.88%；转型国家外商直接投资流入流量总体上也呈上升趋势，从 2000 年的 59.88 亿美元上升到 2013 年的 1079.67 亿美元，年均增长 131.02%（见图 3-12）。上述情况表明，发展中国家和转型国家外商直接投资流入流量总体上呈上升趋势，发达国家外商直接投资流入流量波动较大，2012 年发展中国家外商直接投资流入流量超出了发达国家，外商直接投资越来越多地流向了发展中国家和转型国家。

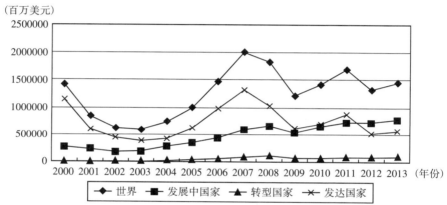

图 3-12　2000~2013 年不同发展水平国家外商直接投资流量变化趋势
资料来源：根据 UNCTAD 数据整理。

3.1.5.2　不同发展水平国家外商直接投资流入比重变化趋势

从世界外商直接投资流入流量所占比重看，不同发展水平国家外商直接投资流入流量所占比重变化趋势有所不同。发达国家外商直接投资流入流量所占比重总体上呈下降趋势，从 2000 年的 80.73% 下降到 2013 年的 38.96%，减少了 41.77 个百分点；发展中国家外商直接投资流入流量所占比重总体上呈上升趋势，从 2000 年的 18.84% 上升到 2013 年的 53.61%，提高了 34.77 个百分点；2012 年发展中国家外商直接投资流入流量所占比重超出了发达国家；转型国家外商直接投资流入流量所占比重总体上也呈上升趋势，从 2000 年的 0.42% 上升到 2013 年的 7.44%，提高了 7.02 个百分点（见图 3-13）。上述情况表明，发展中国家外商直接投资流入流量所占比重具有较大幅度上升，发达国家外商直接投资流入流量所占比重具有较大幅度下降，外商直接投资越来越多地流向了发展中国家。

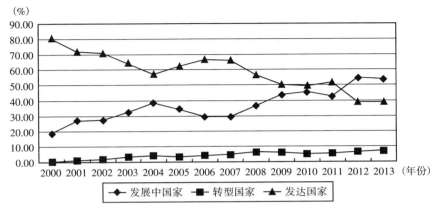

图 3-13　2000~2013 年不同发展水平国家外商直接投资流入流量比重变化趋势
资料来源：根据 UNCTAD 数据整理。

3.1.5.3　不同发展水平国家外商直接投资流出流量变化趋势

　　从世界外商直接投资流出流量看，外商直接投资流出波动较大，2000年世界外商直接投资流出流量为 12412.23 亿美元，2003 年下降到 5806.95亿美元，随后 2007 年上升到 22671.57 亿美元，然后出现波动，2013 年世界外商直接投资流出流量为 14108.10 亿美元。从不同发展水平国家外商直接投资流出流量变化趋势看，发达国家外商直接投资流出与世界外商直接投资流出变化趋势相似，2000 年发达国家外商直接投资流出流量为10906.59 亿美元，2003 年下降到 5182.41 亿美元，随后 2007 年上升到18890.74 亿美元，然后出现波动，2012 年发达国家外商直接投资流出流量为 8527.08 亿美元；发展中国家外商直接投资流出流量总体上呈上升趋势，从 2000 年的 1473.72 亿美元上升到 2013 年的 4540.67 亿美元，年均增长 16.01%；转型国家外商直接投资流出流量总体上也呈上升趋势，从2000 年 的 31.92 亿美元上升到 2013 年的 991.75 亿美元，年均增长231.32%（见图 3-14）。上述情况表明，发展中国家和转型国家外商直接投资流出流量呈上升趋势，尽管发达国家外商直接投资流出流量波动较大，发达国家外商直接投资流出流量仍远远高于发展中国家，发达国家仍是对外投资的主体。

3.1.5.4　不同发展水平国家外商直接投资流出比重变化趋势

　　从世界外商直接投资流出流量所占比重看，不同发展水平国家外商直接投资流出流量所占比重变化趋势有所不同。发达国家外商直接投资流出

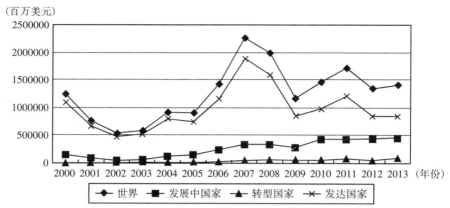

图 3-14 2000~2013 年不同发展水平国家外商直接投资流出流量变化趋势
资料来源：根据 UNCTAD 数据整理。

流量所占比重总体上呈下降趋势，从 2000 年的 87.87%下降到 2013 年的 60.79%，减少了 27.08 个百分点；发展中国家外商直接投资流出流量所占比重总体上呈上升趋势，从 2000 年的 11.87%上升到 2013 年的 32.18%，上升了 20.31 个百分点；转型国家外商直接投资流出流量所占比重总体上也呈上升趋势，从 2000 年的 0.26%上升到 2013 年的 7.03%，上升了 6.77 个百分点（见图 3-15）。上述情况表明，发展中国家外商直接投资流出流量所占比重总体上有所上升，发达国家外商直接投资流出流量所占比重总体上有所下降，外商直接投资越来越多地从发展中国家流出，但发达国家外

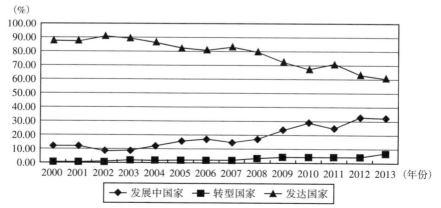

图 3-15 2000~2013 年不同发展水平国家外商直接投资流出流量比重变化趋势
资料来源：根据 UNCTAD 数据整理。

商直接投资流出流量所占比重仍为最高，发达国家仍是对外投资的主体。

3.1.6 世界服务贸易及高技术服务贸易发展原因

前述分析世界服务贸易及高技术服务贸易发展趋势，世界服务业及高技术服务业进口的行业特征、世界服务业及高技术服务业进口的国家分布及世界外商直接投资，下面分析世界服务贸易及高技术服务贸易发展原因。

3.1.6.1 不同发展水平国家经济规模分析

从国内生产总值发展趋势看，世界国内生产总值不断提高，经济规模不断扩大，从 2000 年的 332558.85 亿美元提高到 2013 年的 756410.52 亿美元，年均增长 9.80%。从不同发展水平国家国内生产总值变化趋势看，发达国家国内生产总值从 2000 年的 256868.87 亿美元提高到 2013 年的 448351.69 亿美元，年均增长 5.73%；发展中国家国内生产总值从 2000 年的 71935.62 亿美元提高到 2013 年的 279034.59 亿美元，年均增长 22.15%；转型国家国内生产总值从 2000 年的 3754.354 亿美元提高到 2013 年的 29024.23 亿美元，年均增长 51.78%（见图 3-16）。上述情况表明，发达国家国内生产总值最高，经济发展规模最大，转型国家国内生产总值最低，但增长最快，国内生产总值是生产力发展水平的体现，经济增长可以促进生产力发展，进而促进进口业务增加。

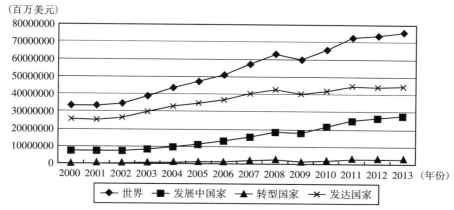

图 3-16 2000~2013 年不同发展水平国家国内生产总值变化趋势

资料来源：根据 UNCTAD 数据整理。

3.1.6.2　不同发展水平国家产业增加值分析

从世界产业增加值变化趋势看，世界产业增加值不断提高，从 2000 年的 317832.75 亿美元提高到 2013 年的 719407.51 亿美元，年均增长 9.72%。从不同发展水平国家产业增加值变化趋势看，发达国家产业增加值从 2000 年的 246029.54 亿美元提高到 2013 年的 425734.57 亿美元，年均增长 5.62%；发展中国家产业增加值从 2000 年的 68482.77 亿美元提高到 2013 年的 268342.33 亿美元，年均增长 22.45%；转型国家产业增加值从 2000 年的 3320.44 亿美元提高到 2013 年的 25330.61 亿美元，年均增长 50.99%（见图 3-17）。上述情况表明，发达国家产业增加值最高，转型国家产业增加值最低，但转型国家增加值增长最快，说明发达国家产业发展仍占有重要地位，需要诸多相关技术和服务支持，转型国家产业发展最快，产业发展越快，需要先进技术和服务支持增长越快，所需的技术和服务支持越多，高技术服务进口也会相应地增多。

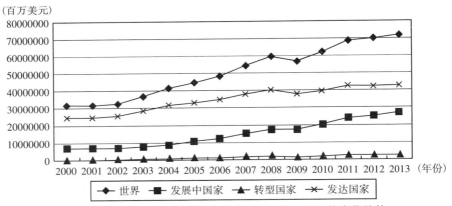

图 3-17　2000~2013 年不同发展水平国家产业增加值变化趋势

资料来源：根据 UNCTAD 数据整理。

3.1.6.3　不同发展水平国家固定资产投资分析

从固定资产投资变化趋势看，世界固定资产投资呈上升趋势，从 2000 年的 76744.92 亿美元提高到 2013 年的 181836.38 亿美元，年均增长 10.53%。从不同发展水平国家固定资产投资变化趋势看，发达国家 2000~2008 年固定资产投资呈现快速增长趋势，从 2000 年的 59100.00 亿美元提高到 2008 年的 94738.82 亿美元，2008 年由于经济危机导致固定资产投资下降，随后呈现平稳发展态势，从 2009 年的 81244.62 亿美元略微提高到 2013 年的 89546.60 亿美元；发展中国家固定资产投资一直呈现快速增长趋势，从 2000 年的 16953.52 亿美元提高到 2013 年的 85781.40 亿美元，年均增长 31.23%；转型国家固定资产投资增长很快，但投资基数较小，从 2000 年的 691.3989 亿美元提高到 2013 年的 6508.385 亿美元，年均增长 64.72%（见图 3-18）。上述情况表明，在经济危机后发达国家投资保持平稳状态，发展中国家和转型国家仍以投资驱动经济发展为主，投资对经济起到重要的带动作用。

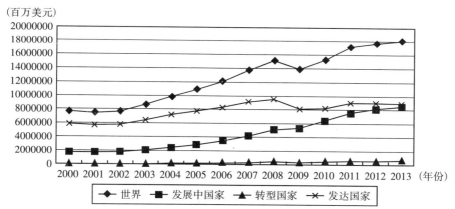

图 3-18　2000~2013 年不同发展水平国家固定资产投资变化趋势

资料来源：根据 UNCTAD 数据整理。

3.1.6.4　不同发展水平国家工业发展趋势

从工业发展趋势看，世界工业产值不断增加，从 2000 年的 91341.15 亿美元提高到 2013 年的 211959.62 亿美元，年均增长 10.16%。从不同发展水平国家工业发展趋势看，发达国家工业发展呈现平稳发展态势，工业产值从 2000 年的 65210.12 亿美元提高到 2013 年的 100012.65 亿美元，年均增长仅为 4.11%；发展中国家工业发展快速，工业产值从 2000 年的 24871.10 亿美元提高到 2013 年的 102770.42 亿美元，年均增长 24.09%；转型国家工业产值从 2000 年的 1259.93 亿美元提高到 2013 年的 9176.552 亿美元，年均增长 48.33%（见图 3-19）。上述情况表明，尽管发达国家工业产值最高，但工业发展平稳，发展中国家工业发展快速，2013 年已超过发达国家工业产值，说明发展中国家仍以工业发展为主，工业在发展中国家越来越占据重要地位。

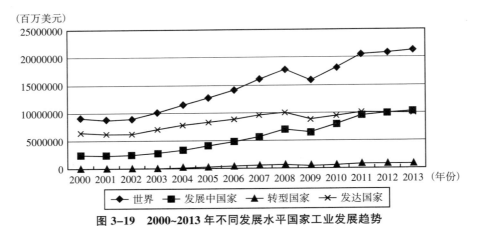

（百万美元）

图 3-19　2000~2013 年不同发展水平国家工业发展趋势

资料来源：根据 UNCTAD 数据整理。

综上，发达国家经济发展和产业投资较高，经济发展规模较大，转型国家国内生产总值较低，但增长较快，经济发展需要先进技术和服务支持，促进高技术服务进口增加。

3.2　美国服务业及高技术服务业进口特征分析

美国是服务业最发达的国家，每年大量引进先进技术和服务业，对经济和产业发展起到了积极的促进作用，因此，有必要对美国服务业和高技术服务业进口进行分析。

3.2.1　美国高技术服务业进口的行业分析

从美国进口贸易[①] 变化趋势看，美国进口总量不断增长，尤其是高技术服务业各行业进口[②] 基本保持增长趋势，计算机及相关服务业进口所占

---

①② 这里指最终需求地的增加值进口，且 OECD 数据中的此项最新数据只是 2011 年。

比重从 1995 年的 1.05% 增长到 2011 年的 1.86%，增长了 0.81 个百分点；研发及其他商务服务业所占比重从 1995 年的 8.11% 增长到 2011 年的 10.17%，增长了 2.06 个百分点；电信业进口量所占比重从 1995 年的 3.39% 下降到 2011 年的 2.77%，下降 0.62 个百分点（见图 3-20）。美国非常重视引进高技术服务业，计算机及相关服务业和研发及其他商务服务业进口增长率均远远超出总进口增长率，这对国内服务业及相关产业发展具有积极促进作用；美国电信业由于 1999 年 IT 产业泡沫破裂导致信息产业投资大幅减少，电信业进口增长缓慢，但仍处于上升趋势。

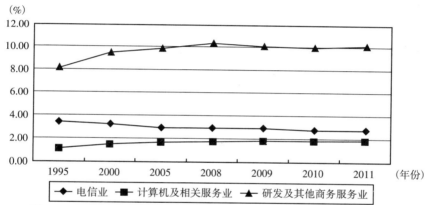

图 3-20　1995~2011 年美国高技术服务各行业进口量所占比重变化趋势
资料来源：根据 OECD 数据整理。

3.2.2　美国服务业进口的国家（或地区）分布

3.2.2.1　美国进口国家（或地区）进口额变化趋势

从美国进口来源国家（或地区）看，除了 2009 年受经济危机影响，美国进口出现下降波动外，整体上美国进口处于上升趋势。美国进口主要来源于加拿大、日本、墨西哥、中国、德国。首先，2005 年美国从加拿大进口 3167.97 亿美元，2013 年美国从加拿大进口 3690.78 亿美元，2005~2013 年美国从加拿大进口年均增长 3.76%。其次，2005 年美国从日本进口 1609.65 亿美元，2013 年美国从日本进口 1713.43 亿美元，2005~2013 年美国从日本进口年均增长 0.16%。再次，美国进口来源于墨西哥，2005

年美国从墨西哥进口 1881.92 亿美元，2013 年美国从墨西哥进口 3040.15
亿美元，2005~2013 年美国从墨西哥进口年均增长 8.32%；美国进口来源
于中国，2005 年美国从中国进口 2515.56 亿美元，2013 年美国从中国进口
4557.43 亿美元，2005~2013 年美国从中国进口年均增长 26.17%。最后，
美国进口来源于德国，2005 年美国从德国进口 1095.51 亿美元，2013 年美
国从德国进口 1483.37 亿美元，2005~2013 年美国从德国进口年均增长
7.84%。综上，美国进口首先来源于日本、德国等发达国家，主要进口先
进技术和产品，日本、德国拥有先进的制造业；其次来源于加拿大、墨西
哥，主要与地缘经济有关；最后来源于中国，主要与全球价值链分工有关。

表 3-10　2000~2014 年美国进口国家（或地区）进口额变化趋势

单位：百万美元，%

年份	巴西	加拿大	中国	法国	德国	印度	意大利	日本	韩国	墨西哥	沙特阿拉伯	英国	其他	欧盟	合计
2000	15384	251750	103433	40829	74855	12612	31888	164214	46203	148258	15791	71400	471222	306315	1449839
2001	16067	236361	106149	40356	75791	11609	30471	143149	40838	143575	14790	68462	439547	305199	1369166
2002	17718	230118	130008	38846	82376	13687	30417	138557	41588	148588	14882	67497	443378	313683	1399662
2003	19573	244479	157230	39791	89366	15118	32190	135823	43882	152531	19691	73000	491634	340958	1516311
2004	23038	280926	203673	43617	100778	18312	36921	150344	53511	172501	22177	79295	586339	388658	1773436
2005	26388	316797	251556	47269	109551	23648	40719	160965	51128	188192	28462	85507	670084	427707	2002271
2006	29561	330135	299386	52788	116891	29023	42962	174749	54684	216992	33208	93132	745848	465035	2221365
2007	29331	345721	334774	58361	125082	34183	45508	172650	57654	230456	37716	99706	787782	505000	2360931
2008	35235	368163	350504	59806	132309	38542	46506	167016	57481	236410	56625	105510	896231	529885	2552346
2009	24910	251650	307433	50057	100984	33558	35431	119157	47972	193659	24662	87189	690164	423825	1968835
2010	29343	309173	376735	54637	111902	44394	38349	147518	59097	246769	32842	93861	803644	467875	2350274
2011	38498	351680	412413	58340	130025	53714	44863	156506	67322	282027	48781	99858	931619	531477	2677657
2012	39319	361031	439832	58938	141632	59446	48162	176440	70226	298599	56847	103222	902067	544461	2755761
2013	34836	369078	455743	61792	148337	61350	49884	171343	73863	304015	53254	101609	873227	555130	2758331
2014	38542	384428	482323	64200	156986	66204	53372	167916	80290	320889	48482	105203	882693	591296	2851528
年均变化率	10.75	3.76	26.17	4.09	7.84	30.35	4.81	0.16	5.27	8.32	14.79	3.38	6.24	6.65	6.91

资料来源：根据 BEA 数据计算整理。

3.2.2.2　美国进口贸易来源国家（或地区）① 所占比重变化趋势

从美国进口来源国家（或地区）所占比重看，加拿大、日本、墨西哥在美国进口所占比重较高。首先，美国从加拿大进口所占比重从 2005 年的 15.82% 下降到 2013 年的 13.38%，下降了 2.44 个百分点；其次，美国从日本进口所占比重从 2005 年的 8.04% 下降到 2013 年的 6.21%，下降了 1.83 个百分点；最后，美国从墨西哥进口所占比重从 2005 年的 9.40% 上升到 2013 年的 11.02%，上升了 1.62 个百分点。此外，美国从中国、印度进口增长速度较快，具体包括美国从中国进口所占比重从 2005 年的 12.56% 上升到 2013 年的 16.52%，上升了 3.96 个百分点；美国从印度进口所占比重从 2005 年的 1.18% 上升到 2013 年的 2.22%，上升了 1.04 个百分点。综上，美国从加拿大、墨西哥进口占有较高比重，但有下降趋势，主要源于地缘经济；其次美国从日本等发达国家进口占有较高比重但呈下降趋势，主要由于美国从日本等发达国家引进先进的制造业技术，而近年来美国制造业逐渐向国外转移，制造业技术进口减少；美国从中国、印度进口比重较低但呈上升趋势，主要由于全球价值链下各国产业分工不同，中国、印度处于全球价值链低端，进行初级产品加工然后再运回美国。

表 3-11　2000~2014 年美国进口的国家（或地区）所占比重变化趋势

单位：%

年份	巴西	加拿大	中国	法国	德国	印度	意大利	日本	韩国	墨西哥	沙特阿拉伯	英国	其他	欧盟
2000	1.06	17.36	7.13	2.82	5.16	0.87	2.20	11.33	3.19	10.23	1.09	4.92	32.50	21.13
2001	1.17	17.26	7.75	2.95	5.54	0.85	2.23	10.46	2.98	10.49	1.08	5.00	32.10	22.29
2002	1.27	16.44	9.29	2.78	5.89	0.98	2.17	9.90	2.97	10.62	1.06	4.82	31.68	22.41
2003	1.29	16.12	10.37	2.62	5.89	1.00	2.12	8.96	2.89	10.06	1.30	4.81	32.42	22.49
2004	1.30	15.84	11.48	2.46	5.68	1.03	2.08	8.48	3.02	9.73	1.25	4.47	33.06	21.92
2005	1.32	15.82	12.56	2.36	5.47	1.18	2.03	8.04	2.55	9.40	1.42	4.27	33.47	21.36
2006	1.33	14.86	13.48	2.38	5.26	1.31	1.93	7.87	2.46	9.77	1.49	4.19	33.58	20.93
2007	1.24	14.64	14.18	2.47	5.30	1.45	1.93	7.31	2.44	9.76	1.60	4.22	33.37	21.39
2008	1.38	14.42	13.73	2.34	5.18	1.51	1.82	6.54	2.25	9.26	2.22	4.13	35.11	20.76

① 本书已整理美国所有进口国家所占比重，但由于版面的限制，只标明前 10 个国家的进口比重。

续表

年份	巴西	加拿大	中国	法国	德国	印度	意大利	日本	韩国	墨西哥	沙特阿拉伯	英国	其他	欧盟
2009	1.27	12.78	15.61	2.54	5.13	1.70	1.80	6.05	2.44	9.84	1.25	4.43	35.05	21.53
2010	1.25	13.15	16.03	2.32	4.76	1.89	1.63	6.28	2.51	10.50	1.40	3.99	34.19	19.91
2011	1.44	13.13	15.40	2.18	4.86	2.01	1.68	5.84	2.51	10.53	1.82	3.73	34.79	19.85
2012	1.43	13.10	15.96	2.14	5.14	2.16	1.75	6.40	2.55	10.84	2.06	3.75	32.73	19.76
2013	1.26	13.38	16.52	2.24	5.38	2.22	1.81	6.21	2.68	11.02	1.93	3.68	31.66	20.13
2014	1.35	13.48	16.91	2.25	5.51	2.32	1.87	5.89	2.82	11.25	1.70	3.69	30.96	20.74
变化率	0.29	-3.88	9.78	-0.56	0.34	1.45	-0.33	-5.44	-0.37	1.03	0.61	-1.24	-1.55	-0.39

资料来源：根据 BEA 数据计算整理。

3.2.2.3 美国服务业进口国家（或地区）① 服务业进口额变化趋势

从美国服务业进口来源国家（或地区）看，除了 2009 年受经济危机影响，美国服务业进口出现下降波动外，整体上美国服务业进口处于上升趋势。美国服务业进口主要来源于英国、加拿大、德国、日本、墨西哥，首先，2005 年美国从英国进口服务业 336.82 亿美元，2013 年从英国进口服务业 477.27 亿美元，2005~2013 年美国从英国进口服务业年均增长 5.91%。其次，2005 年美国从加拿大进口服务业 225.82 亿美元，2013 年从加拿大进口服务业 306.92 亿美元，2005~2013 年美国从加拿大进口服务业年均增长 4.63%。再次，美国进口服务业来源于德国，2005 年美国从德国进口服务业 238.18 亿美元，2013 年美国从德国进口服务业 330.06 亿美元，2005~2013 年美国从德国进口服务业年均增长 7.67%；美国服务业进口来源于日本，2005 年美国从日本进口服务业 205.77 亿美元，2013 年美国从日本进口服务业 300.32 亿美元，2005~2013 年美国从日本进口服务业年均增长 6.52%。最后，美国服务业进口来源于墨西哥，2005 年美国从墨西哥进口服务业 144.21 亿美元，2013 年美国从墨西哥进口服务业 172.84 亿美元，2005~2013 年美国从墨西哥进口服务业年均增长 5.29%。综上，美国服务业进口首先来源于英国、德国、日本等发达国家，美国从欧盟进

---

① 本书已经整理美国所有服务业进口国家进口数据，但由于版面的限制，只标明前 10 个国家的服务业进口数据。

口服务业达 1/3 以上，主要进口服务业的先进技术和服务；其次来源于加拿大、墨西哥，这与地缘经济有关。

表 3-12　2000~2014 年美国服务业进口国家（或地区）服务业进口额变化趋势

单位：百万美元，%

年份	比利时	加拿大	中国	法国	德国	印度	意大利	日本	韩国	墨西哥	沙特阿拉伯	英国	其他	总计
2000	1530	18239	3202	10842	15822	1909	6824	16326	5699	11200	1398	27238	95886	216115
2001	1568	17770	3579	9743	16213	1836	6650	15433	5254	10867	1476	26505	96572	213466
2002	1892	18354	4509	10314	19508	1851	6159	16079	5547	12261	1705	26224	99977	224380
2003	1583	19971	4256	10315	20653	2027	6664	16476	6084	12526	1535	29655	110473	242218
2004	1788	21213	6217	11690	22768	2687	8648	18827	6624	13902	1207	32534	134979	283084
2005	1817	22582	6857	12957	23818	4752	9426	20577	6911	14421	1258	33682	145391	304449
2006	3012	23921	10140	15257	26911	7054	10067	23896	8257	14870	1473	38614	157693	341165
2007	3499	25694	11800	16396	29881	9950	10211	24370	8920	15334	2039	41870	172611	372575
2008	4514	25973	10924	15148	33372	12654	9913	24609	8079	15904	1807	45259	200897	409053
2009	4703	23691	9560	15548	28668	12222	8690	21353	7857	14021	2547	38510	199430	386800
2010	5143	27351	10609	15820	28397	14711	9552	24589	9334	13966	1357	42307	206176	409312
2011	6959	30518	11781	17571	30028	17376	10494	24700	9735	14663	1217	46997	213722	435761
2012	7498	31138	13040	16543	31290	18773	10838	27275	10641	15444	1091	46888	221551	452010
2013	7616	30692	14123	15177	33006	19371	10773	30032	10838	17284	1363	47727	225701	463703
2014	8440	30074	14383	16594	32812	20792	10921	31237	10444	19487	1357	49764	231124	477429
年均变化率	32.26	4.63	24.94	3.79	7.67	70.65	4.29	6.52	5.95	5.29	-0.21	5.91	10.07	8.64

资料来源：根据 BEA 数据计算整理。

3.2.2.4　美国服务业进口贸易来源国家（或地区）① 所占比重变化趋势

从美国服务业进口来源国家（或地区）所占比重看，英国、加拿大、德国、日本在美国服务业进口所占比重较高，但呈略微下降趋势。具体为，首先，美国从英国进口服务业所占比重从 2005 年的 10.99% 下降到 2013 年的 10.29%，下降了 0.70 个百分点；其次，美国从加拿大进口服务

---

① 本书已经整理美国所有服务业进口国家所占比重，但由于版面的限制，只标明前 10 个国家的服务业进口比重。

业所占比重从 2005 年的 7.37% 下降到 2013 年的 6.62%，下降了 0.75 个百分点；再次，美国从德国进口服务业所占比重从 2005 年的 7.77% 下降到 2013 年的 7.12%，下降了 0.65 个百分点；最后，美国从日本进口服务业所占比重从 2005 年的 6.71% 下降到 2013 年的 6.48%，下降了 0.23 个百分点。此外，美国从印度、中国、巴西进口服务业增长速度较快，具体为，美国从印度进口服务业所占比重从 2005 年的 1.55% 上升到 2013 年的 4.18%，上升了 2.63 个百分点；美国从中国进口服务业所占比重从 2005 年的 2.24% 上升到 2013 年的 3.05%，上升了 0.81 个百分点；美国从巴西进口服务业所占比重从 2005 年的 0.59% 上升到 2013 年的 1.64%，上升了 1.05 个百分点。综上，美国从英国、德国、日本等发达国家进口服务业占有较高比重，主要引进先进的技术和服务，美国从印度、中国、巴西进口服务业增长速度较快，主要由于全球价值链下各国分工，美国需要在劳动力和专业资源丰厚的国家生产产品运回国内。

表 3-13　2000~2014 年美国服务业进口的国家（或地区）所占比重变化趋势

单位：%

年份	巴西	加拿大	中国	法国	德国	印度	意大利	日本	韩国	墨西哥	沙特阿拉伯	英国	其他
2000	0.70	8.36	1.47	4.97	7.25	0.88	3.13	7.49	2.61	5.13	0.64	12.49	43.96
2001	0.73	8.25	1.66	4.52	7.52	0.85	3.09	7.16	2.44	5.04	0.69	12.30	44.82
2002	0.84	8.11	1.99	4.56	8.62	0.82	2.72	7.10	2.45	5.42	0.75	11.58	44.16
2003	0.65	8.18	1.74	4.22	8.46	0.83	2.73	6.75	2.49	5.13	0.63	12.14	45.23
2004	0.63	7.44	2.18	4.10	7.99	0.94	3.03	6.60	2.32	4.88	0.42	11.41	47.35
2005	0.59	7.37	2.24	4.23	7.77	1.55	3.08	6.71	2.26	4.71	0.41	10.99	47.44
2006	0.88	6.97	2.95	4.45	7.84	2.06	2.93	6.96	2.41	4.33	0.43	11.25	45.95
2007	0.93	6.86	3.15	4.38	7.98	2.66	2.73	6.51	2.38	4.09	0.54	11.18	46.08
2008	1.10	6.32	2.66	3.69	8.12	3.08	2.41	5.99	1.97	3.87	0.44	11.01	48.87
2009	1.21	6.09	2.46	4.00	7.37	3.14	2.24	5.49	2.02	3.61	0.66	9.90	51.29
2010	1.25	6.65	2.58	3.85	6.90	3.58	2.32	5.98	2.27	3.40	0.33	10.29	50.13
2011	1.59	6.97	2.69	4.01	6.86	3.97	2.40	5.64	2.22	3.35	0.28	10.74	48.82
2012	1.66	6.89	2.88	3.66	6.92	4.15	2.40	6.03	2.35	3.42	0.24	10.37	49.01
2013	1.64	6.62	3.05	3.27	7.12	4.18	2.32	6.48	2.34	3.73	0.29	10.29	48.67
2014	1.77	6.30	3.01	3.48	6.87	4.35	2.29	6.54	2.19	4.08	0.28	10.42	48.41
变化率	1.07	-2.06	1.54	-1.50	-0.38	3.48	-0.84	-0.94	-0.43	-1.05	-0.36	-2.06	4.45

资料来源：根据 BEA 数据计算整理。

3.2.3　美国服务业及高技术服务业贸易发展原因

美国经济发展迅速，产业投资快速增长，促进了服务业及高技术服务业贸易迅速增加，服务业及高技术服务业的发展又为其他产业发展提供了有力的支持，产业间形成了良好互动。

3.2.3.1　美国三次产业产出分析

从产出变化趋势看，美国产出总值不断提高，经济规模不断扩大，从1995 年的 134515.94 亿美元提高到 2009 年的 248041.57 亿美元，年均增长6.03%。从不同产业产出值变化趋势看，农业产出值从 1995 年的 2324.12亿美元提高到 2009 年的 3407.26 亿美元，年均增长 3.33%；工业产出值从1995 年的 39829.68 亿美元提高到 2009 年的 55852.88 亿美元，年均增长2.87%；服务业产出值从 1995 年的 86068.44 亿美元提高到 2009 年的177871.40 亿美元，年均增长 7.62%（见图 3-21）。上述情况表明，服务业产出值最高且发展最快，工业产出值居第二位，但发展慢，说明服务业一直是美国发展的重点行业，服务业的快速发展优化了美国的产业结构，工业尽管产出值较高，但增速慢，这与美国将制造业向全球转移有关。

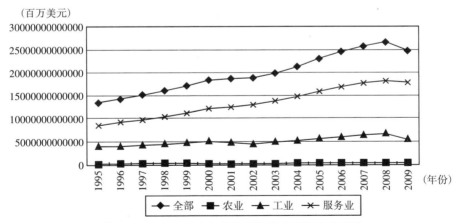

图 3-21　1995~2009 年美国三次产业产出变化趋势

资料来源：根据 OECD 数据整理。

3.2.3.2 美国高技术服务业各行业产出分析

从高技术服务业各行业产出看，美国高技术服务业产出值不断增加，电信业产出值从 1995 年的 3736.83 亿美元提高到 2009 年的 7169.92 亿美元，年均增长 6.56%；计算机及相关服务业产出值从 1995 年的 1110.79 亿美元提高到 2009 年的 3806.54 亿美元，年均增长 17.33%；研发及其他商务服务业产出值从 1995 年的 9362.98 亿美元增长到 2009 年的 21988.41 亿美元，年均增长 9.63%（见图 3–22）。上述情况表明，美国高技术服务业各行业产出增长迅速，研发及其他商务服务业产出值增长最快，其次为计算机及相关服务业产出值，电信业产出值增长较慢但仍处于上升趋势，高技术服务业的发展为其他产业发展提供了有力的支持。

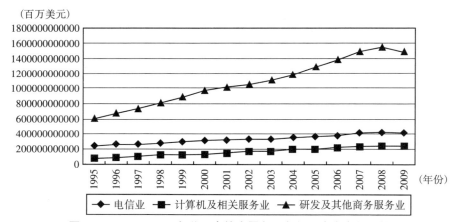

图 3–22　1995~2009 年美国高技术服务业各行业产出变化趋势

资料来源：根据 OECD 数据整理。

3.2.3.3 美国高技术服务业各行业增加值分析

从高技术服务业各行业增加值看，美国高技术服务业增加值不断增加，电信业增加值从 1995 年的 2478.49 亿美元提高到 2009 年的 4156.97 亿美元，年均增长 4.84%；计算机及相关服务业增加值从 1995 年的 770.28 亿美元提高到 2009 年的 2456.40 亿美元，年均增长 15.64%；研发及其他商务服务业增加值从 1995 年的 6164.73 亿美元增长到 2009 年的 14929.47 亿美元，年均增长 10.16%（见图 3–23）。上述情况表明，美国高技术服务业各行业增加值增长迅速，研发及其他商务服务业增加值增长最快，其次为计算机及相关服务业增加值，尽管由于 IT 产业泡沫破裂的影响，电信业产出值增长较慢但仍处于上升趋势，高技术服务业的发展为其他产业发展提供了技术支持和服务。

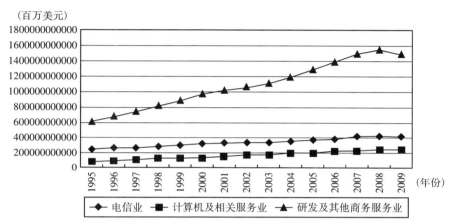

图 3-23　1995~2009 年美国高技术服务业各行业增加值变化趋势

资料来源：根据 OECD 数据整理。

3.2.3.4　美国高技术服务业各行业固定资产投资分析

从高技术服务业各行业固定资产投资看，美国高技术服务业固定资产投资不断增加，电信业固定资产投资从 1995 年的 628.00 亿美元提高到 2000 年的 1377.00 亿美元，然后由于 IT 产业泡沫破裂，电信业投资下降到 2003 年的 658.00 亿美元，经过调整，随后缓慢上升到 2007 年的 986.00 亿美元；计算机及相关服务业固定资产投资从 1995 年的 80.00 亿美元提高到 2009 年的 276.00 亿美元，年均增长 17.50%；研发及其他商务服务业固定资产投资从 1995 年的 454.00 亿美元增长到 2009 年的 1308.00 亿美元，年均增长 13.44%（见图 3-24）。总体来看，美国高技术服务业各行业固定资产投资增长迅速，研发及其他商务服务业固定资产投资增长最快，其次为计算机及相关服务业固定资产投资，尽管受 IT 产业泡沫破裂的影响，电信业投资出现波动但总体上仍处于上升趋势，高技术服务业投资促进产业创新和发展。

综上，美国经济发展和产业投资为服务贸易发展打下了坚实基础，带动了服务业需求，同时美国服务贸易特别是高技术服务进口为其他产业发展提供了有力的支持，促进了产业创新和发展。

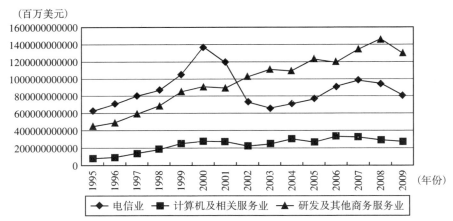

图3-24　1995~2009年美国高技术服务业各行业固定资产投资变化趋势

资料来源：根据 OECD 数据整理。

3.3　中国服务业及高技术服务业进口特征分析

本部分分析中国服务业及高技术服务业进口行业特征、中国服务业及高技术服务业进口的国家分布和中国服务业存在的问题。

3.3.1　中国服务业及高技术服务业进口行业分析

3.3.1.1　中国服务业及高技术服务业进口量分析

从中国服务业进口贸易变化趋势看，中国服务业进口总量不断增长，从2000年的360.31亿美元增长到2013年的3305.85亿美元，年均增长62.89%。从中国传统服务业进口贸易变化趋势看，运输业进口量从2000年的103.96亿美元增长到2013年的943.08亿美元，年均增长62.09%；旅游业进口量从2000年的131.14亿美元增长到2013年的1286.52亿美元，年均增长67.77%。从中国高技术服务业进口贸易变化趋势看，中国高技术服务业进口总量不断增长，电信业^①进口量从 2000 年的 2.42 亿美元增长到 2013 年的 16.14 亿美元，年均增长 43.62%；计算机及相关信息服务业进口从 2000 年的 2.65 亿美元上升到 2013 年的 5.939 亿美元，年均增长 164.69%；知识产权^②输入额从 2000 年的 12.81 亿美元增长到 2013 年的 209.79 亿美元，年均增长 118.29%（见图 3-25）。上述情况表明，中国传统服务业进口最高且增长较快，高技术服务业进口量尽管增长速度最快，但进口量很低尚不能形成规模效应，进而不能对国内服务业及相关产业充分发挥促进作用。

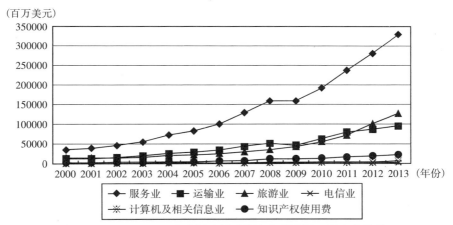

图 3-25　2000~2013 年中国高技术服务各行业进口量变化趋势

资料来源：根据 UNCTAD 数据整理。

3.3.1.2　中国服务业及高技术服务业各行业比重分析

从中国服务业各行业进口比重看，传统服务业所占比重较高，除了出现波动外，所占比重变化不大，运输业进口量占服务业进口总量的比重从 2000 年的 28.85% 减少到 2013 年的 28.53%，减少了 0.32 个百分点；旅游业进口量占服务业进口总量的比重从 2000 年的 36.40% 增加到 2013 年的 38.92%，增加了 2.52 个百分点。从中国高技术服务业进口比重变化趋势看，中国高技术服务业所占比重较低，且一直保持着平稳状态，电

---

① 由于 UNCTAD 数据库中的电信业数据缺失，这里采用 UNCTAD 数据库中的通讯业数据代替。
② 这里采用 UNCTAD 数据库中的版税及许可费数据代替。

信业① 进口量占服务业进口总量的比重从 2000 年的 0.67% 减少到 2013 年的 0.49%，减少了 0.18 个百分点；计算机及相关信息服务业进口占服务业进口总量的比重从 2000 年的 0.74% 增加到 2013 年的 1.80%，增加了 1.06 个百分点；知识产权② 输入额占服务业进口总额的比重从 2000 年的 3.56% 增加到 2013 年的 6.35%，增加了 2.79 个百分点（见图 3-26）。上述情况表明，中国传统服务业进口所占比重较高且变化不大，高技术服务业进口所占比重很低且呈平稳状态，尽管国家一再重视高技术服务业进口，但高技术服务进口比重非常低尚不能占据主导地位，进而不能对国内服务业及相关产业产生显著影响。

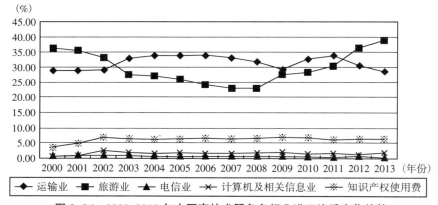

图 3-26　2000~2013 年中国高技术服务各行业进口比重变化趋势
资料来源：根据 UNCTAD 数据整理。

3.3.2　中国服务业进口国家（或地区）分布

3.3.2.1　中国进口贸易来源国家（或地区）进口额分析

从中国进口贸易来源国家（或地区）贸易额看，首先，中国进口主要来源于亚洲，2005 年从亚洲进口 4414.79 亿美元，2013 年从亚洲进口 10899.38 亿美元，2005~2013 年中国从亚洲进口年均增长 18.36%；其次，

---

① 由于 UNCTAD 数据库中的电信业数据缺失，这里采用 UNCTAD 数据库中的通讯业数据代替。
② 这里采用 UNCTAD 数据库中的版税及许可费数据代替。

中国进口来源于欧洲，2005 年从欧洲进口 964.31 亿美元，2013 年从欧洲进口 3241.72 亿美元，2005~2013 年中国从欧洲进口年均增长 29.52%；再次，中国进口来源于北美洲，2005 年从北美洲进口 561.62 亿美元，2013 年从北美洲进口 1776.51 亿美元，2005~2013 年中国从北美洲进口年均增长 27.04%；最后，中国进口来源于拉丁美洲和非洲，2005 年中国从拉丁美洲进口 267.85 亿美元，2013 年中国从拉丁美洲进口 1274.29 亿美元，2005~2013 年中国从拉丁美洲进口年均增长 46.97%；2005 年中国从非洲进口 210.62 亿美元，2013 年中国从非洲进口 1174.55 亿美元，2005~2013 年中国从非洲进口年均增长 57.21%（见表 3-19）。

具体来看，中国从亚洲进口，其主要进口国家和地区为日本、韩国、中国台湾，2005 年从日本进口 1004.08 亿美元，2013 年从日本进口 1622.45 亿美元，2005~2013 年中国从日本进口年均增长 7.70%；2005 年从韩国进口 768.20 亿美元，2013 年从韩国进口 1830.73 亿美元，2005~2013 年中国从韩国进口年均增长 17.29%；2005 年从中国台湾进口 746.80 亿美元，2013 年从中国台湾进口 1564.05 亿美元，2005~2013 年中国从中国台湾进口年均增长 13.68%。中国从欧洲进口，其主要进口国为德国和俄罗斯，2005 年从德国进口 307.23 亿美元，2013 年从德国进口 941.56 亿美元，2005~2013 年中国从德国进口年均增长 25.81%；2005 年从俄罗斯进口 158.90 亿美元，2013 年从俄罗斯进口 396.68 亿美元，2005~2013 年中国从俄罗斯进口年均增长 18.71%。中国从北美洲进口，其主要进口国为美国和加拿大，2005 年从美国进口 486.22 亿美元，2013 年从美国进口 1523.42 亿美元，2005~2013 年中国从美国进口年均增长 26.67%；2005 年从加拿大进口 75.11 亿美元，2013 年从加拿大进口 252.37 亿美元，2005~2013 年中国从加拿大进口年均增长 29.50%。中国从拉丁美洲进口，其主要进口国为巴西和智利，2005 年从巴西进口 99.93 亿美元，2013 年从巴西进口 542.99 亿美元，2005~2013 年中国从巴西进口年均增长 55.42%；2005 年从智利进口 49.92 亿美元，2013 年从智利进口 207.08 亿美元，2005~2013 年中国从智利进口年均增长 39.36%。中国从大洋洲及太平洋岛屿进口，其主要进口国为澳大利亚，2005 年从澳大利亚进口 161.94 亿美元，2013 年从澳大利亚进口 989.54 亿美元，2005~2013 年中国从澳大利亚进口年均增长 63.88%；中国从非洲进口数量较少，对中国经济的影响较小（见表 3-19）。综上，中国主要进口国家和地区为日本、韩国、美国、德

表3-14　2005~2013年中国进口的国家（或地区）分布

单位：万美元

国别（地区）	2005年	2006年	2007年	2008年	2009年	2010年	2011年	2012年	2013年	年均变化率（%）
世界	64233369	76677448	92620912	108588868	97130358	134405529	168235161	174355893	188092319	24.10
亚洲	44147945	52536718	61992655	70258614	60352046	83495623	100408463	103829337	108993821	18.36
韩国	7682040	8972414	10375195	11213792	10254507	13834885	16270629	16873762	18307276	17.29
日本	10040768	11567258	13394237	15060004	13091490	17673610	19456352	17783395	16224540	7.70
中国台湾	7468033	8709863	10102707	10333793	8572025	11573865	12490866	13220364	15640491	13.68
马来西亚	2009321	2357243	2869705	3210140	3233592	5044680	6213671	5830677	6015279	24.92
印度尼西亚	843696	960574	1239508	1432293	1366823	2079672	3133738	3195070	3142426	34.06
泰国	1399189	1796243	2266469	2565674	2490531	3319594	3903910	3855466	3852265	21.92
新加坡	1651460	1767262	1752368	2017126	1780393	2472875	2813992	2853078	3006452	10.26
菲律宾	1286969	1767456	2311784	1950474	1194841	1622197	1799166	1964413	1818181	5.16
越南	255284	248608	322628	433632	474753	698454	1111770	1623129	1689189	70.21
中国香港	1222478	1077976	1280420	1291585	870250	1226042	1549243	1788037	1620658	4.07
欧洲	9643090	11485682	13967283	16805904	16204372	21787012	28717489	28668986	32417156	29.52
德国	3072293	3787937	4538293	5578993	5571943	7426122	9274397	9192106	9415569	25.81
瑞士	388055	425424	584398	735304	688607	1703924	2720833	2281669	5607631	168.13
俄罗斯	1588994	1755433	1968858	2383276	2123296	2592104	4036987	4415504	3966783	18.71
法国	900679	1127922	1334105	1563253	1299617	1710546	2206330	2411821	2310969	19.57
英国	552378	650640	777552	954178	787719	1130519	1455681	1680508	1907879	30.67

续表

国别(地区)	2005 年	2006 年	2007 年	2008 年	2009 年	2010 年	2011 年	2012 年	2013 年	年均变化率 (%)
北美洲	5616226	6692229	8040776	9406982	8955790	11707703	14434694	15616567	17765141	27.04
美国	4862177	5921105	6939061	8135993	7746038	10209873	12212891	13289746	15234230	26.67
加拿大	751116	766211	1097913	1267335	1205326	1492375	2216995	2321049	2523697	29.50
拉丁美洲	2678527	3417519	5111090	7164395	6476879	9184164	11966820	12607265	12742895	46.97
巴西	999252	1290950	1834183	2986344	2827692	3812538	5239449	5232940	5429912	55.42
智利	499154	573587	1028060	1117281	1291063	1795308	2056856	2062667	2070769	39.36
墨西哥	222530	260710	326329	369025	389862	688747	936858	915961	1023848	45.01
非洲	2106213	2877174	3635920	5596694	4333124	6709196	9323987	11325064	11745472	57.21
南非	344305	408536	661807	923497	871175	1490324	3210791	4467127	4838843	163.17
安哥拉	658183	1093330	1288866	2238252	1467650	2281554	2492218	3356191	3197267	48.22
大洋洲及太平洋岛屿	1801360	2132370	2841359	4023627	4266389	6601798	8892733	9166611	10869418	62.93
澳大利亚	1619363	1932330	2584034	3743513	3948820	6112205	8267315	8461794	9895406	63.88
其他	1916	4394	5942	5849	3707	138905	604171	—	465045	3021.46

资料来源：根据国家统计局数据计算整理。

国、中国台湾，但中国从日本进口增长速度较低，主要受 2011 年日本地震和近年来政治因素的影响，其他国家除了受 2008 年经济危机影响出现下降，基本上进口保持高速增长。

3.3.2.2 中国进口贸易来源国家（或地区）所占比重分析

从中国进口贸易来源国家（或地区）所占比重看，中国进口主要来源于亚洲，占总量的一半以上；其次来源于欧洲，所占比重为 15%~20%；再次来源于北美洲，所占比重为 8%~10%；其他各洲的进口比重均在 8% 以下。

具体来看，首先，中国从亚洲进口呈下降趋势，其主要进口国家和地区为日本、韩国、中国台湾，中国从日本进口所占比重从 2005 年的 15.63% 下降到 2013 年的 8.63%，下降了 7.00 个百分点；中国从韩国进口所占比重从 2005 年的 11.96% 下降到 2013 年的 9.73%，下降了 2.23 个百分点；中国从中国台湾进口所占比重从 2005 年的 11.63% 下降到 2013 年的 8.32%，下降了 3.31 个百分点；其次，中国从欧洲进口，其主要进口国为德国，中国从德国进口所占比重从 2005 年的 4.78% 上升到 2013 年的 5.01%，上升了 0.23 个百分点。再次，中国从北美洲进口，其主要进口国为美国，中国从美国进口所占比重从 2005 年的 7.57% 上升到 2013 年的 8.10%，上升了 0.53 个百分点。其他各洲在中国进口所占比重较小，对中国经济的影响较小（见表 3-15）。综上，中国在亚洲进口所占比重最高，但总体上呈下降趋势，在欧洲、拉丁美洲等进口总体上呈上升趋势，可能由于进口结构调整，以及近年来政治因素的影响，中国从亚洲进口有所下降。

表 3-15　2005~2013 年中国进口的国家（或地区）所占比重

单位：%

国别（地区）	2005 年	2006 年	2007 年	2008 年	2009 年	2010 年	2011 年	2012 年	2013 年	年均变化率
亚洲	68.73	68.52	66.93	64.70	62.14	62.12	59.68	59.55	57.95	−10.78
韩国	11.96	11.70	11.20	10.33	10.56	10.29	9.67	9.68	9.73	−2.23
日本	15.63	15.09	14.46	13.87	13.48	13.15	11.56	10.20	8.63	−7.01
中国台湾	11.63	11.36	10.91	9.52	8.83	8.61	7.42	7.58	8.32	−3.31
马来西亚	3.13	3.07	3.10	2.96	3.33	3.75	3.69	3.34	3.20	0.07
印度尼西亚	1.31	1.25	1.34	1.32	1.41	1.55	1.86	1.83	1.67	0.36

续表

国别 (地区)	2005 年	2006 年	2007 年	2008 年	2009 年	2010 年	2011 年	2012 年	2013 年	年均 变化率
泰国	2.18	2.34	2.45	2.36	2.56	2.47	2.32	2.21	2.05	−0.13
新加坡	2.57	2.30	1.89	1.86	1.83	1.84	1.67	1.64	1.60	−0.97
菲律宾	2.00	2.31	2.50	1.80	1.23	1.21	1.07	1.13	0.97	−1.04
越南	0.40	0.32	0.35	0.40	0.49	0.52	0.66	0.93	0.90	0.50
中国香港	1.90	1.41	1.38	1.19	0.90	0.91	0.92	1.03	0.86	−1.04
欧洲	15.01	14.98	15.08	15.48	16.68	16.21	17.07	16.44	17.23	2.22
德国	4.78	4.94	4.90	5.14	5.74	5.53	5.51	5.27	5.01	0.22
瑞士	0.60	0.55	0.63	0.68	0.71	1.27	1.62	1.31	2.98	2.38
俄罗斯	2.47	2.29	2.13	2.19	2.19	1.93	2.40	2.53	2.11	−0.36
法国	1.40	1.47	1.44	1.44	1.34	1.27	1.31	1.38	1.23	−0.17
英国	0.86	0.85	0.84	0.88	0.81	0.84	0.87	0.96	1.01	0.15
北美洲	8.74	8.73	8.68	8.66	9.22	8.71	8.58	8.96	9.44	0.70
美国	7.57	7.72	7.49	7.49	7.97	7.60	7.26	7.62	8.10	0.53
加拿大	1.17	1.00	1.19	1.17	1.24	1.11	1.32	1.33	1.34	0.17
拉丁美洲	4.17	4.46	5.52	6.60	6.67	6.83	7.11	7.23	6.77	2.60
巴西	1.56	1.68	1.98	2.75	2.91	2.84	3.11	3.00	2.89	1.33
智利	0.78	0.75	1.11	1.03	1.33	1.34	1.22	1.18	1.10	0.32
墨西哥	0.35	0.34	0.35	0.34	0.40	0.51	0.56	0.53	0.54	0.20
非洲	3.28	3.75	3.93	5.15	4.46	4.99	5.54	6.50	6.24	2.97
南非	0.54	0.53	0.71	0.85	0.90	1.11	1.91	2.56	2.57	2.04
安哥拉	1.02	1.43	1.39	2.06	1.51	1.70	1.48	1.92	1.70	0.68
大洋洲及 太平洋岛屿	2.80	2.78	3.07	3.71	4.39	4.91	5.29	5.26	5.78	2.97
澳大利亚	2.52	2.52	2.79	3.45	4.07	4.55	4.91	4.85	5.26	2.74
其他	0.00	0.01	0.01	0.01	0.00	0.10	0.36	0.00	0.25	0.24

资料来源：根据国家统计局数据计算整理。

3.3.3 中国服务业及高技术服务业进口存在的问题

近年来中国服务业和高技术服务业进口贸易尽管取得了一定的成就，但中国服务贸易发展面临产业支撑薄弱、出口竞争力不强、区域发展不平衡等现实约束，也存在开放力度不够、管理体系不完善、促进力度不够等体制机制短板，制约瓶颈突出。其主要原因有以下几个方面：

3.3.3.1 服务贸易管理体制落后

由于中国的服务业起步晚、起点低，服务贸易的法律体系、管理机制、统计制度很不健全，在服务贸易的统计范畴、协调机制与发达国家和国际惯例不完全一致，使得统计数据缺乏全面性和准确性。至今，中国还没有一部关于服务贸易整体的全国法规，虽然在《对外贸易法》中有所涉及，但并不系统，也不完整，我国法律对服务业的规定大多集中在金融业，对于服务业的其他行业没有一个关于服务业的一般法律，基本都是靠行业规则和临时出台的管理办法来进行管理。这种管理手段不仅立法层次低，而且缺乏公平和透明。

3.3.3.2 服务贸易开放程度低

服务业的开放程度也影响着服务贸易的发展程度。目前，我国银行、保险、电信、民航、铁路、教育卫生、新闻出版、广播电视等依然实行国家垄断经营，虽然逐渐在开放，但程度依旧很低，使得我国服务业对外开放程度较低，无法学习先进国家的经营管理方式，由此阻碍了服务业发展的速度。例如，金融服务业和电影音像服务业，由于过度的产业保护、极低的开放程度，导致其服务贸易当中的比重很低。

3.3.3.3 服务贸易发展不均衡

我国的服务贸易主要集中于远洋运输、旅游、建筑等传统产业和部门，而占全球服务贸易量鳌头的金融、保险、通信、咨询等技术密集和知识密集的行业，规模偏小，仍处于初级发展阶段，虽然其出口增速高于全国服务贸易出口的年平均增速。而且，我国服务贸易对货物贸易的依赖性较强，在货物贸易快速增长的带动下，与货物进出口密切相关的服务贸易项目，即生产者服务贸易增长很快，如远洋运输服务、国际货物保险等。这些在追加国际服务贸易的同时也受到区域因素的影响，这就造成了生产性服务贸易与货物贸易在地域上的集中，导致我国服务贸易发展地域的不均衡。

3.3.3.4　服务贸易的核心技术含量偏低

就整体而言，国际服务贸易在世界范围内的发展是呈上升趋势的。由于行业的高速发展，以高新科技为核心，以技术进步为动力的知识密集型服务贸易，如金融、保险、技术咨询和专利技术等项目发展迅速，发达国家在新兴服务贸易中占据主导地位。然而，我国服务贸易中占据领先地位的项目主要是旅游、运输等劳动密集型或资本密集型的、附加值低的项目，而金融、保险及专有权利和特许等技术密集型的、附加值高的服务业，发展速度相对缓慢。

3.3.3.5　服务贸易专业人才匮乏

我国服务贸易专业人才缺乏，特别是专业的高级人才更是缺乏。服务贸易是一种智力密集产业，从全球商贸发展趋势看，服务业正处于由劳动密集型向技术知识密集型转变的过程，尤其是新兴服务业和知识型服务业，更需要外向型高级专业人才。目前在我国，虽然对服务贸易有所重视，学校教育和专业培训都在进行，但是很多教育学习脱离实际，质量不高，技能缺乏，不适应服务贸易的专业需要。同时，我国优质人力资源大都聚集在经济发达、教育水平较高的地区，而在一些经济落后、教育水平不高的地区，服务贸易的人才更是短缺，服务贸易发展更是滞后。

总之，中国管理体制落后、开放程度低、服务贸易技术含量低、服务贸易人才匮乏等因素约束，在一定程度上制约了服务贸易的发展。

3.4　本章小结

首先，本章分析世界进口发展趋势，具体分析世界服务业及高技术服务业进口的发展状况、世界服务业及高技术服务业进口的行业分布、世界服务业及高技术服务业进口的国家分布，世界外商直接投资分析及世界服务业及高技术服务贸易发展原因；其次，分析美国服务业及高技术服务业进口的行业特征、美国服务业及高技术服务业进口的国家分布和美国服务贸易发展原因；最后，分析中国服务业及高技术服务业进口行业特征、中国服务业及高技术服务业进口的国家分布和中国服务业存在的问题。主要结论如下：

3.4.1 世界服务业及高技术服务业进口特征

（1）世界服务业及高技术服务业进口发展趋势：从世界三次产业进口贸易发展趋势看，世界服务业进口仍居首位，服务业进口贸易依旧是进口贸易的主要行业领域；从不同发展水平国家进口贸易发展趋势看，发达国家进口总量最高，转型国家进口总量最低，但转型国家进口增速最快；从世界服务业及高技术服务业进口发展趋势看，发达国家服务业进口最高，转型国家进口量最低，但转型国家进口增速最快，发达国家服务业进口比重不断减少，发展中国家和转型国家服务业进口比重不断增加，服务业进口国家重心正由发达国家转向发展中国家和转型国家。

（2）关于世界服务业及高技术服务业进口行业特征：发达国家旅游业和运输业等传统服务业进口一直占据高位，但发展中国家和转型国家旅游业和运输业等传统服务业进口增速最快；发达国家旅游业和运输业等传统服务业进口比重不断减少，发展中国家和转型国家旅游业和运输业等传统服务业进口比重不断增加，传统服务业进口国家重心正由发达国家转向发展中国家和转型国家。尽管发展中国家和转型国家的高技术服务业进口增速较快，但发达国家高技术服务业进口量仍然最高，发达国家仍是高技术服务业进口贸易的重点地区。

（3）关于世界服务业及高技术服务业出口行业特征：发达国家出口总量较高，转型国家出口总量较低，但转型国家出口增速较快。发达国家运输业和旅游业等传统服务业出口量较高，转型国家运输业和旅游业等传统服务业出口量较低，但转型国家传统服务业出口增速较快；发达国家电信业、计算机及相关信息业和知识产权等高技术服务业出口量较高，转型国家电信业、计算机及相关信息业和知识产权等高技术服务业出口量较低，发达国家是高技术服务业出口的重要国家，高技术服务业出口占有绝对竞争优势。

（4）关于世界服务业及高技术服务业进口的国家分布：从世界服务业进口国家分布看，发达国家如美国、德国、英国、日本等国的电信业、计算机及相关信息业和知识产权等高技术服务业进口最高且增长速度较快；发达国家如美国、德国、英国、日本等国运输业和旅游业等传统服务业进口额较高，但所占服务业进口比重并不高，且所占服务业进口比重呈下降趋势，发达国家传统服务业进口所占比重逐年降低。

（5）关于世界外商直接投资变化趋势：发展中国家外商直接投资流入流量所占比重具有较大幅度上升，发达国家外商直接投资流入流量所占比重具有较大幅度下降，外商直接投资越来越多地流向了发展中国家；发展中国家和转型国家外商直接投资流出流量呈上升趋势，尽管发达国家外商直接投资流出流量波动较大，发达国家外商直接投资流出流量仍远远高于发展中国家，发达国家仍是对外投资的主体。

（6）世界服务贸易及高技术服务贸易发展原因分析：发达国家经济发展和产业投资较高，经济发展规模较大，发达国家经济发展和产业投资极大地促进了高技术服务进口增加；转型国家国内生产总值和产业投资尽管增长较快，但总量较低，不能有力地拉动高技术服务进口需求。

3.4.2 美国服务业及高技术服务业进口特征分析

（1）美国高技术服务业进出口行业分析：美国非常重视引进计算机及相关服务业和研发及其他商务服务业，其进口增长率均远远超出总进口增长率，这对国内服务业及相关产业发展具有积极促进作用；同时，美国国内高技术服务业发达，计算机及相关服务业和研发及其他商务服务业大量出口。

（2）美国服务业进口的国家（或地区）分布：美国总进口首先来源于日本、德国等发达国家；其次美国进口来源于加拿大、墨西哥；最后美国进口来源于中国。美国从加拿大、墨西哥进口占有很高比重，但有下降趋势；美国从日本等发达国家进口占有较高比重但呈下降趋势；美国从中国、印度进口比重较低但呈上升趋势。美国服务业进口首先来源于英国、德国、日本等发达国家，从这些国家进口服务业占有较高比重，其中从欧盟进口服务业达 1/3 以上；其次美国服务业进口来源于加拿大、墨西哥，与地缘经济有关；美国从印度、中国、巴西进口服务业比重不高但增长速度较快。

（3）美国服务业及高技术服务业贸易发展原因：美国经济发展迅速，产业投资快速增长，促进了服务业及高技术服务业贸易迅速增加，服务业及高技术服务业的发展又为其他产业发展提供了有力的支持，且产业间形成了良好互动。

3.4.3　中国服务业及高技术服务业进口特征

（1）中国服务业及高技术服务业进口行业特征：从中国服务业及高技术服务业各行业进口量分析看，中国传统服务业进口较高且增长较快，高技术服务业进口量尽管增长速度最快，但进口量很低尚不能形成规模效应，进而不能对国内服务业及相关产业充分发挥促进作用。从中国服务业及高技术服务业各行业比重分析看，中国传统服务业进口所占比重较高且变化不大，高技术服务业进口所占比重很低且呈平稳状态。

（2）中国服务业及高技术服务业出口行业特征：中国传统服务业出口量较高且增长较快，具有较强的国际竞争力；高技术服务业出口量尽管增长迅速，但出口量很低尚不能在国际市场上占据一定地位，也不能充分发挥其影响力。

（3）中国服务业进口国家（或地区）分布：中国主要进口国家和地区为日本、韩国、美国、德国、中国台湾，但中国从日本进口增长速度较低；中国在亚洲进口所占比重最高，但总体上呈下降趋势，在欧洲、拉丁美洲等进口总体上呈上升趋势。

（4）中国服务业及高技术服务业进口存在的问题：近年来中国服务业和高技术服务业进口贸易尽管取得了一定的成就，但中国服务贸易发展面临产业支撑薄弱、出口竞争力不强、区域发展不平衡等现实约束，也存在开放力度不够、管理体系不完善、促进力度不够等体制机制短板，制约瓶颈突出。

综上，本章关于服务业及高技术服务业进口现状分析，服务业进口特别是高技术服务业进口在发达国家所占比重最高，尽管发展中国家特别是中国所占比重有上升的趋势，但目前所占比重还是很低，本章为第5章实证结果提供了现实依据，即说明了高技术服务业进口对发达国家制造业效率影响显著，而对发展中国家制造业效率影响不显著的原因。

此外，随着高技术服务业数据的不断完善，对高技术服务业进口从行业、国别角度可进行更深入的分析。

第4章 高技术服务业进口技术溢出效应对制造业效率影响的理论机理[①]

本章关于高技术服务业进口技术溢出效应对制造业效率影响的机理研究，是在新经济地理学框架框架下，拓展知识溢出双增长模型，借鉴新增长理论的时间跨期溢出效应，把物质资本看作是高技术服务业技术资本的物化物，探讨高技术服务业进口技术溢出效应内生提高制造业效率的机理。

知识溢出双增长模型是在 D-S 框架下，在假定知识的空间溢出与区际市场开放度间紧密关联的前提下，借鉴新增长理论的时间跨期溢出效应，分析高技术服务业进口技术溢出（外部性）对于提高技术资本创造效率和消费品生产效率的影响。

4.1 模型假设条件

4.1.1 基本假设

知识溢出双增长模型假设条件为两个国家、三个部门、两种要素。两个国家是指进口国和出口国（加 * 号表示出口国）；三个部门是指即农业部门 A、制造业部门 M 和高技术服务部门 H；两种要素是指技术资本 K 和劳动力 L。

此外，还作出如下假设：两个国家是指进口国和出口国（加 * 号表示

---

① 本章内容感谢安虎森教授《空间经济学》课程指导，但文责自负。

出口国）其初始的要素禀赋、技术、开放度以及偏好方面相同；农业部门以规模报酬不变和完全竞争为特征；制造业部门以规模收益递增和垄断竞争为特征；高技术服务部门假设规模报酬不变和完全竞争[①]。

需要说明的是，农业部门只使用劳动生产同质产品，每一单位农产品的成本是 wa_A，其中 a_A 为劳动力投入要素，w 为单位劳动的名义工资，农产品不进行交易，没有交易成本。制造业每个企业只生产一种不同于其他企业的产品，以高技术服务业技术资本为固定成本，生产每单位工业品只使用一单位技术资本，工业品在区域间交易存在"冰山"型交易成本[②]，工业品国内交易成本忽略不计。高技术服务部门以规模报酬不变和完全竞争为特征[③]，只使用劳动力作为投入。

这里假设高技术服务部门规模报酬不变和完全竞争[④]，进口国高技术服务业单位技术创造成本用 $F = wa_H$ 表示，a_H 为进口国高技术服务业创造单位技术资本所需要的劳动力数量；相应地，出口国高技术服务业单位技术创造成本用 $F^* = wa_H^*$ 表示，a_H^* 为出口国高技术服务业创造单位技术资本所需要的劳动力数量。高技术服务业技术不能直接用于制造业的生产，但可以被制造企业消化吸收从而服务于制造业部门，提高制造业效率。这里假设制造业部门以高技术服务业技术资本为固定成本，生产每单位工业品只使用一单位技术资本[⑤]，制造业部门成本函数为 $\pi_H + wa_M x$。

4.1.2 效用函数

效用函数分为总效用函数和子效用函数，总效用函数 U 用柯布—道格拉斯型（C-D）效用函数来表示；子效用函数用不变替代弹性（即 CES 函数）效用函数来表示。如式（4-1）所示：

[①④] 尽管高技术服务部门在技术总量上存在着动态的规模经济（由式 $a_H = 1/[K + (1+\phi)K^*/2]$ 和 $a_H^* = 1/[K^* + (1+\phi)K/2]$ 可知），但假设每个高技术服务企业的规模都太小而不能内化溢出效应，即每个高技术服务企业都把 a_H 看作是给定的参数。

[②] "冰山"型交易成本即为每运送 τ 单位产品，运输成本为 $\tau - 1$ 单位产品。

[③] 尽管高技术服务部门在技术总量上存在着动态的规模经济（由式 $a_H = 1/[K + (1+\phi)K^*]$ 和 $a_H^* = 1/[K^* + (1+\phi)K/2]$ 可知），但假设每个高技术服务企业的规模都太小而不能内化溢出效应，即每个高技术服务企业都把 a_I 看作是给定的参数。

[⑤] 假设技术资本的收益率为 π_H；劳动作为可变成本，每单位产出利用 a_M 单位劳动。

$$U = C_M^{\mu} C_A^{1-\mu}, \quad C_M = \left(\int_{i=0}^{n^w} c_i^{(\sigma-1)/\sigma} di \right)^{\sigma/(\sigma-1)}, \quad 0 < \mu < 1 < \sigma \qquad (4-1)$$

其中，总效用函数 U 是指消费农产品和多样化的工业品时的效用函数，C_A 是农产品的消费量，C_M 是工业品的消费量，而且，C_M 也可以表示工业品消费的效用大小。子效用函数也就是工业品效用函数 C_M 是由所有种类的工业品组成的不变替代弹性效用函数。此外，μ 表示对工业产品支出在总支出中所占的比例，σ 是不同工业品之间的替代弹性[①]。n^w 是进口国和出口国企业或产品数量之和：$n^w = n + n^*$。

4.1.3 高技术服务业技术创造成本和生产效率函数假设

由于高技术服务业技术的累积具有跨期外部性，把物质资本看作是高技术服务业技术资本的物化物，通过高技术服务业进口构成的总技术资本存量的跨期溢出效应，可以不断地降低技术的创造成本，进而降低制造业成本。

若假设高技术服务部门的成本函数是以"可利用的总技术资本存量"为分母的"反比例函数"形式，而"可利用的总技术资本存量"包括本国服务业技术和外国服务业技术，其中本国服务业技术可以完全被利用，外国服务业技术的利用取决于国家间的经济开放度 ϕ （$f(\phi)$ 是 ϕ 的增函数形式），则进口国和出口国高技术服务业技术创造成本如式（4-2）所示：

$$a_H = 1/[K + f(\phi)K^*], \quad a_H^* = 1/[K^* + f(\phi)K] \qquad (4-2)$$

若假设 $f(\phi) = (1 + \phi)/2$，那么，进口国和出口国高技术服务业技术创造成本如式（4-3）所示：

$$a_H = 1/[K + (1 + \phi)K^*/2], \quad a_H^* = 1/[K^* + (1 + \phi)K/2] \qquad (4-3)$$

由于制造业部门以高技术服务业技术资本为固定成本，制造业部门产品的生产效率也从技术资本积累的外部性中获益，那么，产品生产效率随着"可利用的总技术存量"增大而增大。这表示生产效率的变量在新经济地理学中通常用产出的边际投入来表示，而边际投入与生产效率成反比。若边际投入用 a_M （a_M 为生产一单位产品所需要的劳动力数量）来表示，则

---

① 这里假设所有替代弹性都相同。

生产效率指标可用 $1/a_M$ 来表示。

下面构建 a_M 与 "可利用的总技术资本存量" 呈负相关的函数，假设 $f(\phi) = (1 + \phi)/2$，采用 "负幂函数" 的形式，进口国和出口国的产出边际投入分别如式（4-4）所示。

$$a_M = \left(K + \frac{(1+\phi)K^*}{2} \right)^{1/(1-\sigma)} \qquad a_M^* = \left(K^* + \frac{(1+\phi)K}{2} \right)^{1/(1-\sigma)} \qquad (4-4)$$

因为 $\sigma > 1$，所以 $1/(1-\sigma) < 0$。

其中，进口国的企业或资本的数量为 K，在整个经济体中所占的份额为 s_n；出口国的企业或资本数量为 K^*，占整个经济体的份额为 s_n^*，$s_n + s_n^* = 1$。

4.2 短期均衡分析

知识溢出双增长模型的短期均衡是指不考虑区位变动的影响因素以及资本价值和资本成本间的关系，仅仅考察企业利润最大化下的最优定价、产品市场完全出清和消费者效用最大化决策方面。短期均衡是长期均衡的基础，任何的长期均衡都有短期均衡的属性，因而，短期均衡的含义更具有普遍性。下面将经济系统中各个部门和各个变量之间关系的短期均衡条件进行分析。

4.2.1 农业部门

在农业部门，假设 $a_A = 1$，由于用单位农产品价格作为计价单位，所以农产品价格和农业劳动者工资可表示为 $p_A = w = 1$。同时，由于农产品国家间交易没有成本，则进口国和出口国农产品价格相等，因此，进口国和出口国农产品价格和农业劳动者工资为：

$$p_A = p_A^* = w = w^* = 1 \qquad (4-5)$$

这就是说进口国和出口国的劳动力工资是相等的。只要两国都生产农产品，那么这种关系总能成立，这种条件称为农业非完全专业化条件，即不存在一国专门生产农产品而另一国不生产农产品的情况，任何一个国家生产的农产品不能满足整体经济对农产品的总需求。

4.2.2　制造业部门

4.2.2.1　制造企业产出量

在消费者收入一定的约束下，假设所有消费者的偏好都相同，即每个人都具有相同的效用函数。消费者效用最大化的问题可以分为总效用最大化和子效用最大化，总效用最大化是消费者在消费农产品和工业品组合之间的选择即：

$$\max_{C_M, C_A} \left(C_M^{\mu} C_A^{1-\mu} \right)$$

$$\text{s.t. } P_M C_M + P_A C_A = Y$$

上式中，P_M、P_A 分别为工业品集合体的价格和农业品价格，Y 为消费者的收入水平。根据最大化问题的标准解法，建立拉格朗日函数并求解，可得该最大化问题的解是：

$$C_M = \mu Y / P_M, \quad C_A = (1 - \mu) Y / P_A \tag{4-6}$$

因此消费者的最大化效用为：

$$U_{max} = (\mu Y / P_M)^{\mu} \left[(1 - \mu) Y / P_A \right]^{1-\mu} = \mu^{\mu} (1 - \mu)^{(1-\mu)} P_M^{-\mu} P_A^{-(1-\mu)} Y \tag{4-7}$$

子效用最大化是考虑消费者消费工业品组合时，其支出要最小。即：

$$\min \int_{i=0}^{n+n^*} p_i c_i \, di \qquad \text{s.t. } C_M = \left[\int_{i=0}^{n+n^*} c_i^{(\sigma-1)/\sigma} \, di \right]^{\sigma/(\sigma-1)}$$

建立拉格朗日函数可解得该问题的最优化解为：

$$c_i = \frac{p_i^{-\sigma}}{\left[\int_{i=0}^{n+n^*} p_i^{-(\sigma-1)} \, di \right]^{\sigma/\sigma-1}} C_M \tag{4-8}$$

从而，得到消费者对工业品的总支出为：

$$\int_{i=0}^{n+n^*} p_i c_i \, di = \int_{i=0}^{n+n^*} \frac{p_i^{1-\sigma}}{\left[\int_{i=0}^{n+n^*} p_i^{-(\sigma-1)} \, di \right]^{\sigma/\sigma-1}} C_M \, di = \left[\int_{i=0}^{n+n^*} P_i^{1-\sigma} \, di \right]^{-1/(\sigma-1)} C_M \tag{4-9}$$

此处将工业品价格指数定义为 P_M，则有：

$$P_M = \left(\int_{i=0}^{n+n^*} p_i^{1-\sigma} \, di \right)^{1/(1-\sigma)} \tag{4-10}$$

将式（4-10）代入式（4-8）可以得到工业品的需求函数为：

$$c_i = (p_i/P_M)^{-\sigma} C_M \tag{4-11}$$

结合式（4-6）和式（4-11），可以得到消费者消费农产品和工业品组合的需求函数分别为：

$$c_i = \mu Y(p_i^{-\sigma}/P_M^{1-\sigma}), \quad C_A = (1-\mu)Y/p_A \tag{4-12}$$

因为均衡状态下收入等于支出，将 Y 换作 E，并将 i 换作 j，将式（4-9）中的 P_M 表示成离散型形式，可得：

$$c_j = p_j^{-\sigma} \mu E/\sum_{i=0}^{n+n^*} p_i^{1-\sigma} = p_j^{-\sigma} \mu E/\int_{i=0}^{n^*} p_i^{1-\sigma} di \tag{4-13}$$

其中，p_j 为工业品 j 的价格，n^w 为企业总数或者工业品种类总数。生产制造品 j 的企业，它的产出包括两个市场上的需求，即本国市场的需求以及外国市场的需求，由于我们假设运输成本为冰山运输成本，因此生产产品 j 的企业的产出量为：$q_j = c_j + \tau c_j^*$。

4.2.2.2 制造商产品价格

在 D-S 垄断竞争模型中，制造业企业是自由进入和退出的，因此，均衡时企业的净利润为零，各个企业都实现均衡产量和均衡价格。由式（4-13）的产品需求函数 $c_j = p_j^{-\sigma} \mu E/\sum_{i=0}^{n^*} p_i^{1-\sigma}$ 可知，对第 j 种产品而言，如果忽略 p_i 对 $\sum_{i=0}^{n^*} p_i^{1-\sigma}$ 的影响，那么 $\sum_{i=0}^{n^*} p_i^{1-\sigma}$ 和 μE 就是常数。第 j 种产品的价格和产量之间的关系可以写成：

$$c_j = kp_j^{-\sigma}, \quad \text{其中，} k = \mu E/\left(\sum_{i=0}^{n^*} p_i^{1-\sigma}\right) \tag{4-14}$$

生产 j 产品的厂商的利润可以写成：

$$\pi_M = p_j c_j - (G + wa_M c_j)$$

其中，G 为固定成本。在式（4-14）的约束下，建立厂商利润的拉格朗日方程，分别对 c(j) 和 p(j) 求导：

$$\frac{dL}{dp_j} = c_j - k\lambda\sigma p_j^{-\sigma-1} = 0 \tag{4-15}$$

$$\frac{dL}{dc_j} = p_j - wa_M - \lambda = 0 \tag{4-16}$$

把式（4-14）代入式（4-15），求出 λ 后，把 λ 代入式（4-16），则可得到：

$$p_j = wa_M/(1 - 1/\sigma) \tag{4-17}$$

式（4-17）说明 N 个厂商为对称性厂商，所有厂商的产出和价格都相等，因此可以把下标 j 去掉，则：

$$p = wa_M/(1 - 1/\sigma) \tag{4-18}$$

4.2.2.3　高技术服务业技术资本收益率

制造业产品市场是垄断竞争市场，企业的收入包括劳动力收入和技术资本收入两部分，因为高技术服务业技术资本作为固定成本来使用，制造业产品销售越多，高技术服务业技术资本收益就越大。根据产品最优定价和市场对产品的需求可以得出高技术服务业技术资本收益，下面具体推导高技术服务业技术资本收益表达式：

假设一个进口国企业，该企业在进口国市场的销售量为 c，销售价格为 p；在出口国市场的销售量为 c^*，销售价格为：

$$p^* = \tau p \tag{4-19}$$

因为进口国和出口国的生产效率不同，也就是 $a_M \neq a_M^*$，所以，进口国和出口国的产品的出厂价格不同，分别为：$p = wa_M/(1 - 1/\sigma)$，$p^* = wa_M^*/(1 - 1/\sigma)$，两者之比为：

$$p/p^* = a_M/a_M^* \tag{4-20}$$

计算两国的工业品价格指数：

$$P_M^{1-\sigma} = \int_0^{n^w} p^{1-\sigma} di = np^{1-\sigma} + n^*(\tau p^*)^{1-\sigma} = n^w p^{1-\sigma}\left[s_n + \left[(a_M^*)^{1-\sigma}\lambda(1-s_n)\right]/(a_M)^{1-\sigma}\right] \tag{4-21}$$

假设 $\prod = (a_M/a_M^*)^{1-\sigma}$，则进口国的工业价格指数为：

$$P_M^{1-\sigma} = n^w p^{1-\sigma}\left[s_n + \lambda(1-s_n)/\prod\right] \tag{4-22}$$

同理，$(P_M^*)^{1-\sigma} = \int_0^{n^w} p^{1-\sigma} di = n(\tau p)^{1-\sigma} + n^*(p^*)^{1-\sigma} = n^w p^{1-\sigma}\left[\lambda s_n + (1-s_n)/\prod\right] \tag{4-23}$

其中 $\lambda = \tau^{1-\sigma}$，$s_n = n/n^w$ 为进口国企业所占份额，$1 - s_n = n^*/n^w$ 为出口国企业所占份额。

因为假设企业在进口国市场的销售量为 c，销售价格为 p；在出口国市场的销售量为 c^*，销售价格为 $p^* = \tau p$。企业的总产出为 $q = c + \tau c^*$，那么企业的销售收入是：

$$pc + p^* c^* = p(c + \tau c^*) = pq \tag{4-24}$$

下面求进口国企业的销售额 pq，其中包括进口国销售和出口国销售，

又由于 $c = \mu E p^{-\sigma} P_M^{-(1-\sigma)}$，$c^* = \mu E^*(p^*)^{-\sigma}(P_M^*)^{-(1-\sigma)} = \mu E^*(\tau p)^{-\sigma}(P_M^*)^{-(1-\sigma)}$。因此，pq 又等于如下式子：

$$pq = \mu p^{1-\sigma}(E P_M^{-(1-\sigma)} + E^*\tau^{1-\sigma}(P_M^*)^{-(1-\sigma)}) \qquad (4\text{-}25)$$

把式（4-22）的两个式子带入式（4-25）的表达式，则

$$pq = \mu p^{1-\sigma}\left[\frac{E^w s_E}{n^w p^{1-\sigma}(\prod s_n + \lambda(1-s_n))} + \frac{E^w(1-s_E)\lambda}{n^w p^{1-\sigma}(\prod \lambda s_n + (1-s_n))}\right]\prod$$
$$(4\text{-}26)$$

进口国的支出用 E 表示，进口国的支出占整个经济体总支出份额为 s_E；同理，出口国支出用 E^* 表示，出口国支出份额为 s_E^*，$s_E + s_E^* = 1$。

在垄断竞争情况下，制造业企业获得零利润，因此，制造商销售收入减去生产成本等于零，即 $pq = \pi_H + w a_M x$，又根据式（4-17）推导的产品的价格为 $p = w a_M/(1-1/\sigma)$，则有：

$$\pi_H = pq/\sigma \qquad (4\text{-}27)$$

所以，如果知道两国的工业品价格指数，然后把它代入技术资本收益表达式 $\pi_H = pq/\sigma$ 中，就可以求出技术资本收益率函数。

将式（4-26）带入式（4-27）的表达式，则有

$$\pi_H = pq/\sigma = \frac{\mu p^{1-\sigma}}{\sigma}\left[\frac{E^w s_E}{n^w p^{1-\sigma}(\prod s_n + \lambda(1-s_n))} + \frac{E^w(1-s_E)\lambda}{n^w p^{1-\sigma}(\prod \lambda s_n + (1-s_n))}\right]\prod$$
$$(4\text{-}28)$$

其中，$\prod = (a_m/a_m^*)^{1-\sigma} = [s_n + (1+\phi)(1-s_n)/2]/[(1-s_n)+(1+\phi)s_n/2]$，为了简便起见，本地生产本地销售的产品价格标准化为 1，即 p = 1，上面技术资本收益率表达式（4-27）变为：

$$\pi_H = \frac{\mu}{\sigma}\frac{E^w}{n^w}\left[\frac{s_E}{\prod s_n + \lambda(1-s_n)} + \lambda\frac{1-s_E}{\prod \lambda s_n + (1-s_n)}\right]\prod \qquad (4\text{-}29)$$

其中，$s_E = E/E^w$ 为在总支出中进口国支出所占份额，$1-s_E = E^*/E^w$ 为出口国支出所占份额。每个企业只使用一个单位资本，因此 $n^w = K^w$。假设 $\cup = \prod s_n + \lambda(1-s_n)$，$\cup^* = \prod \lambda s_n + (1-s_n)$，再令 $\eta = \mu/\sigma$。这样可以写出进口国技术资本收益率或进口国企业的利润函数为：

$$\pi_H = \eta B\frac{E^w}{K^w}, \quad B = \left(\frac{s_E}{\cup} + \lambda\frac{1-s_E}{\cup^*}\right)\prod, \quad \eta \equiv \frac{\mu}{\sigma} \qquad (4\text{-}30)$$

同样，出口国企业的利润函数可写成：

$$\pi_H^* = \eta B^*\frac{E^w}{K^w}, \quad B^* = \left(\lambda\frac{s_E}{\cup} + \frac{1-s_E}{\cup^*}\right)\prod \qquad (4\text{-}31)$$

4.2.2.4　进口国和出口国经济支出

我们分别计算整个经济体总支出。首先，要素收入包括劳动力的收入 s_L 和高技术服务业技术资本的收益 s_n，其次，技术资本创造要不断弥补技术资本折旧和维持技术资本的净增长，弥补高技术服务业技术资本折旧的资本创造支出为 $-\delta K^w a_H$、保持技术存量以 g 净增长的资本创造支出为 $-g K^w a_H$。

每个国家的支出等于国内的要素收入（即劳动力的收入 s_L 和高技术服务业技术资本的收益 s_n）减去在高技术服务业技术资本创造的支出（即技术资本折旧和维持技术资本的净增长）。因此，整个经济体总支出表达式为：

$$E^w = L^w + \eta E^w - (g + \delta)(K a_H + K^* a_H^*) \tag{4-32}$$

其中，进口国经济支出为 $E = s_L L^w + s_n \eta B E^w - (g + \delta) K a_H$；出口国经济为 $E^* = (1 - s_L) L^w + s_n^* \eta B^* E^w - (g + \delta) K^* a_H^*$，又因为 $s_n \eta B E^w + s_n^* \eta B^* E^w = \eta E^{w①}$，因此，将进口国和出口国支出相加即可得到整个经济体总支出。

将高技术服务业技术创造成本函数式（4-2）代入式（4-32）可得：

$$E^w = L^w + \eta E^w - (g + \delta)\left[\frac{s_n}{s_n + f(\phi)(1 - s_n)} + \frac{1 - s_n}{\lambda s_n + f(\phi)(1 - s_n)}\right]$$

整理得：
$$E^w = \frac{L^w - (g + \delta)\left[\dfrac{s_n}{s_n + f(\phi)(1 - s_n)} + \dfrac{1 - s_n}{f(\phi)s_n + (1 - s_n)}\right]}{1 - \eta}$$

$$\tag{4-33}$$

4.3　长期均衡分析

长期均衡分析是指在一定国家间经济开放度范围内，经济系统的区位模式保持稳定，即技术资本的空间分布 s_n 保持长期稳定状态，进而国家的支出份额 s_E 也保持稳定。

长期均衡区位通常包括进口国和出口国对称均衡和核心—边缘均衡两种情况，对称均衡是指技术资本或企业均等地分布在进口国和出口国两个

---

① 推导过程：$s_n B + (1 - s_n)B^* = s_n\left(\dfrac{s_E}{U} + \lambda\dfrac{1 - s_E}{U^*}\right) + (1 - s_n)\left(\lambda\dfrac{s_E}{U} + \dfrac{1 - s_E}{U^*}\right) = \dfrac{s_E}{U}\left[s_n + \lambda(1 - s_n)\right] + \dfrac{1 - s_E}{U^*}$
　　$\left[\lambda s_n + (1 - s_n)\right] = 1$

国家，而核心—边缘均衡是所有的技术资本或企业都集中到一个国家。对称均衡和非对称内部均衡都称为分散均衡，因为这两种情况都不出现所有资源都集中在一个国家的现象。知识溢出双增长模型只有对称均衡一种分散均衡，不存在非对称内部均衡。

4.3.1 消费者跨时期效用函数

由于知识溢出双增长模型的内在特性，经济开放度的扩大能够改变维持国家结构稳定均衡，使国家结构不断发生变化。知识溢出双增长模型是一个包含区位因素的内生增长模型，因而涉及消费者的跨时期效用最大化问题。为了简单起见，我们假设消费者的跨期替代弹性为 1，并把各期现值效用函数 $u(C)$ 表示为对数形式 $\ln C$，效用函数仍由 C–D 函数和 CES 函数给出，则有：

$$U = \int_{i=0}^{\infty} e^{-\rho t}\ln C dt, \ \ C = C_A^{1-\mu} C_M^{\mu}, \ \ C_M = \left(\int_{i=0}^{n^{w}} c_i^{(\sigma-1)/\sigma} di \right)^{\sigma/(\sigma-1)} \tag{4-34}$$

其中，ρ 是消费者的时间偏好率，即消费者的效用折现率。

4.3.2 长期均衡条件

长期均衡是考虑技术资本价值和技术资本成本间的关系，因为两者关系的对比直接导致技术资本是扩张还是收缩，这个过程是国家间区位模式的变化过程，也是经济增长的变化过程。技术资本价值和技术资本成本的对比关系决定了技术资本的增长与否，当技术资本价值大于技术资本成本时，技术资本创造的动力强劲，且技术资本创造速度很快，最终会实现技术资本价值等于技术资本成本，技术资本增长维持一个稳定的速度。因此，描述技术资本价值和技术资本成本关系的"托宾 q 理论"可以作为判断长期均衡的标准。

在长期，通过总技术存量和空间分布的调整使得高技术服务业技术资本的价值与资本创造成本相等，即托宾 q 值等于 1。这一条件就是长期均衡条件。同时长期均衡可以形成两种不同的空间均衡结构，第一种是对称均衡，是指高技术服务业技术资本或高技术服务企业均等地分布在进口国和出口国两个区域，均衡条件可以用式（4-35）表示；第二种是核心—边缘均衡，是所有高技术服务业技术资本或高技术服务企业都集中到一个区域，均衡条件可用式（4-36）表示。

$$qq = \frac{v}{A} = 1, \quad qq^* = \frac{v^*}{A^*} = 1, \quad 0 < s_n < 1 \tag{4-35}$$

$$qq = 1, \quad qq^* < 1, \quad s_n = 1 \text{ 或 } qq < 1, \quad qq^* = 1, \quad s_n = 0 \tag{4-36}$$

其中，qq 是高技术服务业技术价值与资本成本的比率，即托宾 q 值。v 表示高技术服务业技术价值，A 表示高技术服务业技术成本。

在长期均衡条件下，高技术服务业技术存量的增长率（假设为 g）和高技术服务业技术资本的空间分布 s_n 达到稳态水平，由市场支出份额式（4-32）的推导过程可得出整个经济体总支出的定义式为 $E^w = L^w + \eta E^w - (g + \delta)(K_{a_H} + K^* a_H^*)$，可知，当经济系统达到长期均衡时，经济的总收入 E^w 也达到其稳态水平并保持不变。而高技术服务业技术资本的总收益（总营业利润）$\pi_H s_n K^w + \pi_H^*(1 - s_n)K^w = \eta E^w$。在 E^w 不变的情况下，也是一个定值。另外，由于高技术服务业技术资本存量以 g 的速率积累，技术资本存量的增加意味着经济中工业品种类增加，而单位高技术服务业技术资本的收益以 g 的速率在下降，即 $\pi_H(t) = \pi_H e^{-gt}$，$\pi_H^*(t) = \pi_H^* e^{-gt}$。再者，高技术服务业技术资本还面临着一个固定的折旧率，单位技术资本在未来仍可使用的技术资本量变为 $e^{-\delta t}$；此外，还要考虑高技术服务业技术资本所有者对未来收益的折现值。综上，高技术服务业单位技术资本在当期的价值可以写成：

$$v = \int_0^\infty e^{-\rho t} e^{-\delta t}(\pi_I e^{-gt}) dt = \frac{\pi_H}{\rho + \delta + g}, \quad \text{同理 } v^* = \frac{\pi_H^*}{\rho + \delta + g} \tag{4-37}$$

其中，g 是长期均衡时的技术存量 K^w 的增长速度。

4.3.3　长期均衡的特征

当经济系统实现内部均衡时，两个国家都以相同的速度创造资本，两个国家的技术资本成本都等于技术资本价值，均衡条件可以用式（4-35）表示；当经济系统实现核心—边缘均衡时，核心区域满足技术资本成本等于技术资本价值这一资本创造条件，所有的技术资本都集中于核心区，边缘区域则因为不满足条件而停止技术资本创造，核心—边缘均衡条件可用式（4-36）表示。

4.3.3.1 高技术服务业技术资本的增长

（1）对称均衡下的高技术服务业技术资本增长。当长期均衡状态为对称均衡时，$s_n = s_n^* = 1/2$，根据式（4-32）得出的整个经济体总支出定义式 $E^w = L^w + \eta E^w - (g + \delta)(Ka_H + K^* a_H^*)$，并将高技术服务业技术创造成本式（4-3）代入，求解对称均衡的总支出的表达式为式（4-38）：

$$E^w = \frac{L^w - (g + \delta)\left[\dfrac{s_n}{s_n + (1 - s_n)(1 + \phi)/2} + \dfrac{1 - s_n}{(1 + \phi)s_n/2 + (1 - s_n)}\right]}{1 - \eta} =$$

$$\frac{1}{1 - \eta}\left[L^w - \frac{4(g + \delta)}{\phi + 3}\right] \qquad (4-38)$$

由于长期均衡状态为对称均衡时，$s_n = s_n^* = 1/2$，$B = 1$，$qq = qq^* = 1$，根据式（4-35）有：

$$qq = \frac{v}{A} = \frac{\pi_H}{(\rho + \delta + g)a_H} = \frac{\eta E^w\left[K + (1 + \phi)K^*/2\right]}{(\rho + \delta + g)K^w} =$$

$$\frac{\eta E^w\left[s_n + (1 + \phi)(1 - s_n)/2\right]}{\rho + \delta + g} = \frac{\eta E^w(3 + \phi)}{4(\rho + \delta + g)} = 1 \qquad (4-39)$$

再把上面的 E^w 代入并求解出 g 可得：

$$g_{sym} = \frac{\eta L^w(3 + \phi)}{4} - (1 - \eta)\rho - \delta \qquad E^w = L^w + \frac{4\rho}{3 + \phi} \qquad (4-40)$$

由于对称均衡的情况，所以有：$g = g^* = g_{sym}$

由式（4-40）可知，当长期均衡状态为对称均衡时，经济开放度越大，技术资本增长速度就越大，经济开放程度同高技术服务业技术资本的增长速度是正向关系，另外，工业品支出份额越大、产品间替代弹性越小、劳动力数量越大技术资本的增长率就越大，而技术资本折旧率越高、技术资本收益的折现率越高，那么技术资本的增长速度就越低。

结论 1：在对称长期均衡条件下，高技术服务业技术资本增长率与经济开放度、工业品支出份额和劳动力数量正相关；与产品间替代弹性、技术资本折旧率和技术资本收益的折现率负相关。

（2）核心—边缘均衡下的高技术服务业技术资本增长。以进口国为核心，出口国为边缘为例，下面分析进口国区域的技术资本增长速度。在这种情况下，满足 $qq = \dfrac{v}{A} = \dfrac{\pi_H}{(\rho + \delta + g)a_H} = \dfrac{\eta BE^w}{(\rho + \delta + g)K^w a_H} = 1$，$qq^* < 1$。将 $s_n = 1$ 和 $s_n^* = 0$ 及进口国和出口国的产出边际投入式（4-4）代入到技术资

本收益表达式（4-30）中可得 B = 1。另外，当 $s_n = 1$ 时，整个经济体总支出定义式 $E^w = L^w + \eta E^w - (g + \delta)(Ka_H + K^* a_H^*)$，进一步化简得 $E^w = L^w + \eta E^w - (g + \delta)$，整理后得核心—边缘均衡条件下整个经济体的总支出表达式为

$E^w = \dfrac{L^w - (g + \delta)}{1 - \eta}$，将 B = 1 和 E^w 代入到上面的托宾 q 表达式中可得 qq =

$\dfrac{v}{A} = \dfrac{\eta B E^w}{(\rho + \delta + g)K^w a_I} = \dfrac{\eta(L^w - g - \delta)}{(1 - \eta)(\rho + \delta + g)} = 1$，进一步解出高技术服务业技术增长率为：

$$g_{CP} = \eta L^w - (1 - \eta)\rho - \delta \tag{4-41}$$

式（4-41）为所有高技术服务业都集中在进口国时的长期均衡增长率。将式（4-41）与式（4-40）相减，如式（4-42）所示：

$$g_{CP} - g_{sym} = \dfrac{\eta L^w(1 - \phi)}{1} \tag{4-42}$$

因为经济开放度总是小于 1，两者之差为正。可见，核心区的高技术服务业技术增长率明显大于对称均衡下的高技术服务业技术增长率。

结论 2：核心—边缘长期均衡条件下，高技术服务业技术资本增长率与经济开放度无关，同样，与工业品支出份额和劳动力数量正相关；与产品间替代弹性、技术资本折旧率和技术资本收益的折现率负相关。且核心—边缘均衡的高技术服务业技术增长率要大于对称均衡的增长率。

4.3.3.2　制造业效率的增长

制造业部门生产效率从高技术服务业技术积累的外部性中获益，即制造业生产效率随着"高技术服务业总技术存量"增大而增大。当高技术服务业技术资本存量以 g 的速度增长时，即 $K_{(t)} = ke^{gt}$，$K_{(t)}^* = k^* e^{gt}$，制造业生产效率 $1/a_M(t)$ 也会随着高技术服务业技术资本的增长而提高，这里 $a_M(t)$ 表示技术资本存量增长后的产出边际投入，$a_M(t)$ 的大小同劳动力的生产效率成反比，为了简化起见，构建 $a_M(t)$ 与"高技术服务业总技术资本存量内生增长"的模型：$a_M^{(t)} = \left[ke^{gt} + f(\phi)k \cdot e^{gt} \right]^{\frac{1}{1-\sigma}}$，取对数，得：

$$\ln a_M(t) = \frac{1}{1 - \sigma}\ln e^{gt} + \frac{1}{1 - \sigma}\left[\ln(k + f(\phi)k^*) \right] \tag{4-43}$$

令 $f(\phi) = \dfrac{1 + \phi}{2}$，代入式（4-43）得：

$$\ln a_M(t) = \frac{1}{1-\sigma}\left[e^{gt} + \ln\left(k + \frac{1+\phi}{2}k^*\right)\right] \tag{4-44}$$

其中，a_M 表示高技术服务业技术资本增长后制造业产出的边际投入。

（1）高技术服务业均匀分布于两国时制造业生产效率的增长。

$$\ln a_M(t) = \frac{1}{1-\sigma}\left[e^{gt} + \ln\left(k + \frac{1+\phi}{2}k^*\right)\right] \tag{4-45}$$

因为 $\frac{1}{1-\sigma} < 0$，所以 $a_M(t)$ 与 g 负相关，生产效率 $1/a_M(t)$ 与 g 正相关。

根据式（4-40）$g_{sym} = \frac{\eta L^w(3+\phi)}{4} - (1-\eta)\rho - \delta$，又因为 $\eta = \frac{\mu}{\sigma}$，

所以 $g_{sym} = \frac{\mu L^w(3+\phi)}{4\sigma} - \left(1 - \frac{\mu}{\sigma}\right)\rho - \delta$，其中 $\frac{\mu}{\sigma} < 1$ \hfill (4-46)

由此可知，当进口国和出口国高技术服务企业数量相当时，经济开放度越大，生产效率就越大，同时，工业品支出份额越大、产品间替代弹性越小、劳动力数量越大则生产效率增长就越快，而技术资本折旧率越高、技术资本收益折现率越高，生产效率的增长速度就越慢。

结论3： 当高技术服务业均匀分布于两国时，制造业生产效率与经济开放度、工业品支出份额和劳动力数量正相关；与产品间替代弹性、技术资本折旧率和技术资本收益的折现率负相关。

（2）高技术服务业集中在进口国时制造业生产效率的增长。

$$\ln a_M(t) = \frac{1}{1-\sigma}\left[e^{gt} + \ln\left(k + \frac{(1+\phi)}{2}k^*\right)\right] \tag{4-47}$$

因为 $\frac{1}{1-\sigma} < 0$，所以 $a_M(t)$ 与 g 负相关，生产效率 $1/a_M(t)$ 与 g 正相关。

根据式（4-41）$g_{CP} = \eta L^w - (1-\eta)\rho - \delta$，又因为 $\eta = \frac{\mu}{\sigma}$，

所以 $g_{CP} = \frac{\mu}{\sigma}L^w - \left(1 - \frac{\mu}{\sigma}\right)\rho - \delta$，其中 $\frac{\mu}{\sigma} < 1$ \hfill (4-48)

由此可知，高技术服务业集中于进口国或出口国时，制造业生产效率受工业品支出份额和劳动力数量正向影响，受产品间替代弹性、技术资本折旧率和技术资本收益的折现率负向影响。

结论4： 当高技术服务业集中于进口国时，进口国制造业生产效率与经济开放度无关，与工业品支出份额和劳动力数量正相关；与产品间替代

弹性、技术资本折旧率和技术资本收益的折现率负相关。

又因为 $g_{CP} - g_{sym} = \dfrac{\eta L^w (1 - \phi)}{4} > 0$ （4-49）

由 $g_{CP} > g_{sym}$ 可知，高技术服务业集中于进口国或出口国时的技术增长率要大于均匀分布于两国时的增长率，且前者制造业生产效率要大于后者制造业增长率。

结论 5：高技术服务业集中于进口国或出口国时的制造业生产效率比高技术服务业均匀分布于两国时的生产效率要高。

综上所述，知识溢出双增长模型始终是一个动态的模型。当技术资本空间分布 s_n 保持不变，达到长期均衡时，进口国高技术服务业进口达到稳态，高技术服务业均匀分布于两国时，高技术服务业技术资本增长与经济开放度有关，经济开放度越大，增长速度越大，而高技术服务业集中于出口国或进口国时，高技术服务业技术资本增长与经济开放度无关。在长期均衡中，高技术服务业进口时技术的积累效应降低了制造业生产成本，进而提高了制造业效率。

4.4 本章小结

本章在新经济地理学的框架下，拓展知识溢出双增长模型，把物质资本看作是高技术服务业技术资本的物化物，依赖高技术服务业进口构成的总技术资本存量的跨期溢出效应来降低制造业的生产成本，从而实现内生增长，提高制造业效率的机理。

首先，在短期均衡中，不考虑区位变动的影响因素以及资本价值和资本成本间的关系，仅仅考察企业利润最大化下的最优定价、产品市场完全出清和消费者效用最大化决策方面，高技术服务业技术资本存量既定的条件下，对经济系统中各个部门和各个变量之间关系的短期均衡条件进行分析。其次，在长期均衡中，借鉴新增长理论的时间跨期溢出效应，探讨高技术服务业技术资本存量的跨期溢出效应降低制造业创造成本，实现制造业内生增长机理。在达到长期均衡时，进口国高技术服务业进口达到稳态，无论是高技术服务业均匀分布于两国时还是高技术服务业集中于出口国或进口国时，高技术服务业技术资本增长与进口国制造业效率提升都与市场支出份额、劳动力数量正相关；而与产品间替代弹性、技术资本折旧率、技术资本收益的折现率负相关。进口国制造业效率的影响因素将在第5章的第3节进行实证分析。

第5章 高技术服务业进口对制造业效率影响的实证研究

首先，本章运用随机前沿生产函数方法（SFA），将高技术服务业进口因素引入技术无效方程中，测算各样本国家的制造业技术效率。在此基础上，计算出不同发展水平国家的制造业技术效率并加以比较分析。其次，从总体与分部门层面对高技术服务业进口技术溢出效应影响制造业效率进行实证分析。最后，基于第4章的理论机理，采用跨国面板数据，选取高技术服务业进口额、劳动就业人数、工业品支出额等变量对制造业效率的影响因素进行实证分析。

5.1 高技术服务业进口技术溢出效应影响制造业技术效率的测度

本节运用随机前沿生产函数模型，根据1995~2013年数据，对OECD国家技术效率进行测度，同时对不同发展水平国家的制造业技术效率加以比较分析。

5.1.1 研究方法及数据的选取

5.1.1.1 研究方法的选择

（1）随机前沿技术：传统的生产函数法假设生产长期处于完全效率状态，产出增长中未被要素投入增长所解释的部分都归为全要素生产率，而SFA则将全要素生产率进一步分解为技术前沿和技术效率两部分，能够更深入地研究生产率的相对变化；同时克服了DEA没有考虑随机误差对个体影响的不足。

本书将运用 Battese 等（1992，1995）[1]发展起来的随机前沿技术测度各个样本国家高技术服务业进口溢出效应对制造业技术效率的影响，并能够更细致深入地研究各样本国家生产率的变化。

（2）高技术服务业进口技术溢出效应影响制造业技术效率的测度：运用随机前沿生产函数方法（SFA），将全要素生产率分解为技术前沿和技术效率，把制造业的劳动力和资本等投入因素引入生产函数，设定随机前沿模型，然后将高技术服务业进口因素引入技术无效方程中，采用跨国面板数据，测算各样本国家制造业技术效率。

面板数据的随机前沿模型的基本形式为：

$$q_{it} = f(a_{it}; \ b_i)exp(v_{it} - u_{it}), \ i = 1, \ 2, \ \cdots, \ N; \ t = 1, \ 2, \ \cdots, \ T \qquad (5-1)$$

其中，q_{it} 表示 i 国 t 时期的实际产出；$f(\cdot)$ 表示生产技术的确定性前沿，也即在现有技术水平下能实现的最大产出；a_{it} 表示 i 国 t 时期的投入要素；b_i 为待估参数。该模型具有复合误差，即将某个国家的实际产出与其可能达到的最大产出之间的差距分解为两个方面：一是随机扰动的影响 v_{it}，为一般的随机误差项，假定 $v_{it} \sim iidN \ (0, \ \sigma_v^2)$。二是技术非效率的影响 u_{it}，u_{it} 是一个非负随机误差变量，假定 $u_{it} \sim iidN^+(0, \ \sigma_u^2)$；$v_{it}$ 与 u_{it} 相互独立，且与解释变量不相关。

Battese 等（1977）根据误差项的性质设定了方差参数 γ，作为判断模型设定是否合理的参考指标，用来检验复合误差项中技术无效项所占比例[2]：

$$\gamma = \frac{\sigma_u^2}{\sigma_u^2 + \sigma_v^2}, \ (0 \leqslant \gamma \leqslant 1, \ \sigma_u^2 + \sigma_v^2 = \sigma^2) \qquad (5-2)$$

当涉及较长时期的面板数据时，Battese 等（1992）在假定 u_i 服从截断正态分布的基础上，进一步分析时间因素对技术效率的影响，将技术非效率随时间变化表示为：

$$u_{it} = u_i exp(-\eta(t - T)), \ 且 \ u_i \sim iidN^+(\mu, \ \sigma_u^2) \qquad (5-3)$$

其中，η 反映时间变化对技术效率变迁的影响，当 $\eta > 0$ 时，表示技术效率随时间递增；当 $\eta < 0$ 时，表示技术效率随时间递减；$\eta = 0$ 时，

① 目前，在实践中应用最广泛的是由 Battese 等（1992，1995）发展起来的随机前沿技术，根据研究时间和重点不同，可分为 Battese 等（1992）和 Battese 等（1995）两个模型。

② 周国富、王晓玲：《区域技术效率的随机前沿分析与测算——基于财政体制改革的视角》，《商业经济与管理》2012 年第 12 期。

表示技术效率随时间不变。该模型沿用了 Battese 等（1977）设定的参数 γ 来检验技术非效率是否存在。

在 Battese 等[1]（1992）模型基础上，Battese 等（1995）对"一步法"估计进行了技术改进，不仅能够计算出样本的平均技术效率以及每个个体的技术效率，而且能够定量分析出外生因素对个体技术效率的影响，并分析个体之间的技术效率差异的原因。

Battese 等（1995）模型设定技术非效率误差 u_{it} 服从均值 m_{it} 的截断正态分布，也就是 $u_{it} \sim iidN^+(m_{it}, \ \sigma_u^2)$，且 m_{it} 由下式确定：

$$m_{it} = Z_{it}\delta + \varepsilon_{it}, \ \varepsilon_{it} \sim N^+(0, \ \sigma_\varepsilon^2) \tag{5-4}$$

其中，Z_{it} 是一组用来解释个体之间技术非效率的外生因素，δ 为待估参数，该模型仍用参数 γ 来检验技术非效率是否存在。

随机前沿模型所计算出的技术效率[2]，可以定义 i 国在 t 时期的技术效率为样本中该国产出的期望与随机前沿的期望的比值[3]，即：

$$TE = \frac{E[f(x_{it}; \ \beta_t)\exp(v_{it} - u_{it})]}{E[f(x_{it}; \ \beta_t)\exp(v_{it} - u_{it})|u_{it} = 0]} = \exp(-u_{it}) \tag{5-5}$$

5.1.1.2 模型设定

假设各国的生产函数为 C–D 函数，根据 Battese 等（1995）模型，本书的随机前沿生产函数模型可以表示如下：

$$Q_{it} = AL_{it}^{1-\alpha}K_{it}^\alpha\exp(v_{it} - u_{it}) \tag{5-6}$$

其中，Q 为产出，L 为劳动力，K 为资本存量；α 为相应的弹性系数；$v_{it} \sim iidN(0, \ \sigma_v^2)$；$u_{it} \sim iidN^+(m_{it}, \ \sigma_u^2)$，其中 $m_{it} = Z_{it}\delta + \varepsilon_{it}$，且 $\varepsilon_{it} \sim N^+(0, \ \sigma_\varepsilon^2)$。借鉴 Battese 等（1995）模型的做法，我们将进一步分析代表服务贸易变量（ST_{it}）对技术非效率的影响，即：

$$m_{it} = \delta_0 + \delta_1 ST_{it} + \delta_2 CV_{it} + \varepsilon_{it} \tag{5-7}$$

我们在经验分析中加入了控制变量 CV_{it}，从而可以更客观地反映服务贸易与技术效率的关系。

将式（5-6）取对数，则得到：

---

① 依据 Battese 等（1992）模型，可以计算出样本及其个体的技术效率，但却无法解释样本个体之间的技术效率差异，而深入分析这些个体差异背后的原因。
② 即某个经济体实际所处的生产曲线同技术前沿之间的距离。
③ 依据 Farrell（1957）关于技术效率的含义。

$$\ln q_{it} = \alpha_0 + \alpha_1 \ln l_{it} + \alpha_2 \ln k_{it} + (v_{it} - u_{it}) \tag{5-8}$$

其中，q 为产出，l 为劳动力投入，k 为资本投入，其余符号的含义如上所述。

根据式（5-7）和式（5-8），并结合式（5-2）和式（5-5），下面运用随机前沿模型测算和分析各国技术效率。

5.1.1.3　变量说明及数据处理

本书选取 OECD 19 个国家作为样本[①]，样本区间为 1995~2013 年。

（1）产出：本书采用国内生产总值（Gross Domestic Product）作为产出指标，数据来源于 OECD 数据库。

（2）劳动力投入 L：本书采用各国的全部从业人员作为劳动力投入指标，以万人为计量单位，数据来源于 WDI 数据库。

（3）资本投入（K）：本书用资本形成总额衡量资本投入，数据来源于世界银行国民经济核算数据，以及经济合作与发展组织国民经济核算数据文件。

（4）高技术服务业进口（Tras2）：东道国的经济开放程度越高，资源在国际范围内优化配置才可能实现。高技术服务业进口不仅直接影响着该国服务业的发展，而且对工业化进程具有巨大的推动作用，可以促进制造业效率的提高，进而提高整个国家的经济效率。高技术服务业进口用服务贸易额（占国民生产总值 GDP 比例）来代替，数据来源于国际货币基金组织的《国际收支统计年鉴》和数据文件，以及世界银行和经济合作与发展组织（OECD）的 GDP 估算。

（5）经济发展水平（GDPM5）：本书采用国内生产总值（GDP）来衡量一国的经济发展水平。经济发展水平是对制造业效率产生影响的重要因素。[②] 数据来源于 OECD 数据库。

（6）工业产出（Ind）：本书采用工业生产总值来衡量工业产出水平。工业生产总值用来反映一国的工业发展水平和规模，工业支出越大，说明需求就越大，而有效需求将积极地拉动工业生产，促使工业部门改进生产

---

① 由于数据的可得性，本书只选了 OECD 的 19 个国家，如果可选取更广泛的国家，并将其分为发达国家、发展中国家、新型国家进行对比研究将更能说明世界技术效率变化问题。

② Mukesh E., Ashok K., "The role of the service sector in the process of industrialization", *Journal of Evelopment Economics*, Vol.68, No.2, 2002, pp.401-420.

技术，提高生产水平，进而有效促进技术效率的提高。工业产出数据采用
UNCTAD Statistics 数据库的 2005 年不变价格平减的国内工业生产总值。

（7）服务业发展水平（SERV1）：本书采用服务业附加值来表示服务
业发展水平。服务业通过降低交易成本、培育产业竞争优势、加快资金流
与信息流等，为制造业升级创造必要的外部基础条件。同时，服务业为制
造业提供更紧密的技术创新和相关服务，也是制造业转型升级所必需的最
为关键的因素。服务业发展水平数据来源于 UNCTAD 数据库。

（8）货物贸易（Trade2）：本书采用商品贸易（GDP 的百分比）来表示
货物贸易。货物贸易结构调整能够增大服务贸易数量、质量并引导工业结
构调整，货物贸易的技术含量影响服务贸易的规模和质量。货物贸易数据
来源于世界贸易组织以及世界银行 GDP 估计值。

（9）技术创新（Rd1）：本书采用专利申请量（居民）来表示技术创
新。居民专利申请量用来反映某一地区的科技创新能力和水平。随着知识
经济时代的到来和信息技术的日益普及和推广，通过新技术的应用能有效
地提高劳动生产率，降低生产和交易成本。技术创新数据来源于世界知识
产权组织（WIPO）、UNCTAD 数据库、世界知识产权指标和 www.wipo.int/
econ_stat。

为了消除价格因素的影响，对国内生产总值、工业生产总值、服务业
附加值等进行了价格平减。在测算各样本国家技术效率前，先将各变量进
行标准化处理（即变量减去均值/标准差）。

5.1.2 模型估计及评价

运用 Frontier 4.1 软件对上述模型进行估计，可得到参数的极大似然估
计值（见表 5–1）。其中，模型一是在没有考虑效率影响因素情形下的随
机前沿模型估计结果；模型二则是在考虑了服务业开放水平对效率的影响
之后得到的估计结果。

模型的检验：判断上述模型设定是否合理，可以考虑如下两方面：①考
察复合误差项中技术无效项所占的比例，即 γ 的大小。当 γ 接近 0 时，
说明实际产出与可能最大产出的差距主要来源于纯随机因素，采用 OLS
法估计参数即可；当 γ 接近 1 时，说明误差主要来源于技术无效因素的
影响，此时采用随机前沿模型估计参数更合理。从表 5–1 可知，两个模型

的值分别为 0.9929 和 0.9999，均在 1 的显著性水平上拒绝了 γ = 0 的原假设，表明实际产出与可能最大产出的差距主要来源于技术无效因素。②采用基于模型的极大似然函数设计的广义似然比（LR）检验统计量，进一步识别和检验如下模型信息：模型应该采用随机前沿形式还是传统生产函数；观测误差和技术非效率误差的分布假设是否稳健；技术非效率是否随着时间或其他因素的影响而变动，如表 5-2 所示。检验统计量的计算公式是：

$$LR = -2\{\ln[L(H_0)/L(H_1)]\} = -2[\ln L(H_0) - \ln L(H_1)] \tag{5-9}$$

其中，$L(H_0)$ 和 $L(H_1)$ 分别是原假设和备择假设下的模型似然函数值。在原假设成立的条件下，LR 统计量服从混合卡方分布而非单个卡方分布（Coelli，1995），自由度为约束条件的个数。[1]

表 5-1 随机前沿模型参数的极大似然估计结果

参数	模型一		模型二	
	估计值	t 值	估计值	t 值
α_0	10.4996	7.9500	1.6026	200.6125
α_1	0.0492	5.7661	0.0063	28.2088
α_2	0.0438	6.5660	0.0068	6.3948
δ_0			1.6019	533.6606
δ_1			−0.0056	−1.9092
δ_2			−0.9502	−122.6351
δ_3			−0.0267	−46.2494
δ_4			−0.0284	−2.8562
δ_5			−0.0069	−4.0196
δ_6			0.0026	3.0546
μ	5.2382	6.6542		
η	0.0157	7.8408		
σ^2	6.8845	3.4322	0.0017	16.2283

---

[1] 周国富、王晓玲：《区域技术效率的随机前沿分析与测算——基于财政体制改革的视角》，《商业经济与管理》2012 年第 12 期。

续表

参数	模型一		模型二	
	估计值	t 值	估计值	t 值
γ	0.9964	863.5464	1.0000	3783.0840
Log 似然函数值	59.3665		641.6312	

注：*、**、*** 分别表示在 10%、5%、1% 水平上显著；技术无效方程中的负号表示变量对技术效率和区域经济效率有正向影响，反之亦然。

表 5-2　模型的假设检验结果

	序号	原假设	Log 似然函数值	LR 检验值	约束个数	临界值		检验结论
						10%	5%	
模型一	1	H_0: $\gamma = \mu = \eta = 0$	−438.074	994.881	3	5.528	7.045	拒绝
	2	H_0: $\mu = \eta = 0$	−438.102	994.938	2	3.808	5.138	拒绝
	3	H_0: $\mu = 0$	−294.710	708.153	1	1.642	2.706	拒绝
	4	H_0: $\eta = 0$	−438.186	995.105	1	1.642	2.706	拒绝
模型二	1	H_0: $\gamma = \delta_0 = \delta_1 = \delta_2 = 0$	−438.074	2159.411	4	7.094	8.761	拒绝
	2	H_0: $\delta_0 = \delta_1 = \delta_2 = 0$	−437.786	2158.835	2	3.808	5.138	拒绝

注：模型一和模型二中各序号对应的原假设下的 Log 似然函数值是在各 H_0 的约束条件下，通过 Frontier 4.1 软件重新估计用于检验的辅助模型得到的。两个模型备择假设下的 Log 似然函数值，临界值参考 Kodde 等（1986）。

　　由表 5-2 对模型一中各参数的广义似然比（LR）检验结果得知，样本数据存在技术无效性，说明建立随机前沿模型是合理的（原假设 H_0: $\gamma = \mu = \eta = 0$ 被拒绝）；技术非效率是随时间而发生变化的（原假设 H_0: $\mu = \eta = 0$ 和 H_0: $\eta = 0$ 都被拒绝）；技术无效项服从截断正态分布是比较稳健的（原假设 H_0: $\mu = 0$ 被拒绝）。总之，技术无效项服从截断正态分布在 1% 的显著性水平上是稳健的，技术非效率随时间而变化在统计上高度显著，有必要对技术非效率随时间变化的原因作进一步分析。因此，我们进一步考虑了外生的服务业开放度对技术非效率的影响，从而构建了模型二。从表 5-2 对模型二的检验结果来看，LR 检验在 1% 的显著性水平上拒绝了原假设 H_0: $\gamma = \delta_0 = \delta_1 = \delta_2 = 0$，这说明模型中包含外生的技术非效率影响因素是合理的，而且外生的服务业开放程度对技术非效率的影响显著（原

假设 H_0：$\delta_1 = \delta_2 = 0$ 被拒绝）。[①] 下面我们分析模型二所揭示的经济含义。

由表 5-2 对模型一中各参数的广义似然比（LR）检验结果得知，样本数据存在技术无效性，说明建立随机前沿模型是合理的（原假设 H_0：$\gamma = \mu = \eta = 0$ 被拒绝）；技术非效率是随时间而发生变化的（原假设 H_0：$\mu = \eta = 0$ 和 H_0：$\eta = 0$ 都被拒绝）；技术无效项服从截断正态分布是比较稳健的（原假设 H_0：$\mu = 0$ 被拒绝）。总之，技术无效项服从截断正态分布在 1% 的显著性水平上是稳健的，技术非效率随时间而变化在统计上高度显著，有必要对技术非效率随时间变化的原因作进一步分析。因此，我们进一步考虑了外生的服务业开放度对技术非效率的影响，构建了模型二。从表 5-2 对模型二的检验结果来看，LR 检验在 1% 的显著性水平上拒绝了原假设 H_0：$\gamma = \delta_0 = \delta_1 = \delta_2 = 0$，说明模型中包含外生的技术非效率影响因素是合理的，而且外生的服务业开放程度对技术非效率的影响显著（原假设 H_0：$\delta_1 = \delta_2 = 0$ 被拒绝）。[②] 下面我们主要考察模型二所揭示的经济含义。

由表 5-1 模型二的基本方程实证结果显示，资本投入和劳动力投入的系数分别为 0.0063 和 0.0068，这两项基本投入对经济增长均有积极的作用。资本投入的系数大于劳动力投入，说明 OECD 国家是资本推动型的，物质资本在 OECD 国家经济增长中仍然具有不可替代的作用，对推动技术前沿的正向移动有积极的贡献。资本和劳动的产出弹性之和略小于 1，不具备规模报酬特征，可能由于 OECD 发达国家的产出一半以上是服务业，服务业一般不具备规模报酬特征。

由表 5-1 模型二的技术无效方程实证结果显示，高技术服务业进口变量的系数均为负，且在 1% 的水平上通过了显著性检验，说明高技术服务业进口对各国的技术效率有正向影响效应。特别地，$\delta_1 = -0.0056$，这意味着如果 OECD 高技术服务业进口增加一个单位，在其他因素不变的情况下，相同条件下该国的技术效率会提高 0.56%。$\delta_2 = -0.9502$，这意味着如果 OECD 国家国内生产总值增加一个单位，在其他因素不变的情况下，该国的技术效率会提高 95.02%。$\delta_3 = -0.0267$，意味着如果 OECD 国家工业产出增加一个单位，在其他因素不变的情况下，该国的技术效率会提高 2.67%。$\delta_4 = -0.0284$，意味着如果 OECD 国家服务业附加值增加一个单位，

---

① ② 周国富、王晓玲：《区域技术效率的随机前沿分析与测算——基于财政体制改革的视角》，《商业经济与管理》2012 年第 12 期。

在其他因素不变的情况下，该国的技术效率会提高 2.84%。$\delta_5 = -0.0069$，意味着如果 OECD 国家货物贸易增加一个单位，在其他因素不变的情况下，该国的技术效率会提高 0.69%。$\delta_6 = 0.0026$，意味着如果 OECD 国家专利申请量增加一个单位，在其他因素不变的情况下，该国的技术效率会提高 0.26%。可见，高技术服务业进口对国家技术效率的提高具有明显的促进作用，主要原因是经济开放程度越高，跨国流动会更容易，资源在国际范围内的优化配置才可能实现。OECD 国家之间的贸易往来较频繁，特别是大部分 OECD 国家都是欧盟成员，国家间的贸易实行零关税，所以进出口贸易对经济的影响较大。高技术服务业进口通过技术溢出效应，促进创新能力提高，为制造业提供更紧密的技术创新和相关服务；高技术服务业进口所带来的先进的技术和产品对国内技术起到极大的促进作用，通过高技术服务可降低交易成本、培育产业竞争优势，为技术效率的提高提供了必要的基础和条件，也为制造业效率的提高起到了关键性作用。

此外，经济发展水平是各产业发展水平的综合体现，首先，经济发展水平的增长对技术效率的提高有显著的促进作用，经济增长可以促进生产力发展，从而促进技术效率的提高。其次，工业化发展水平是决定服务贸易发展的基础性因素，其他因素紧紧围绕着工业化这个基础性因素存在和发展的，一国经济增长的过程对一国技术效率的提高起着重要作用。同时，工业支出越大，说明需求就越大，而有效需求将拉动工业生产，提高生产水平，进而有效促进技术效率的提高。再次，服务业通过降低交易成本、培育产业竞争优势，为产业升级创造必要的外部基础条件，是产业转型升级所必需的最为关键的因素。此外，服务贸易和货物贸易协调发展，与外资、外经有机融合和良性互动，一国货物贸易影响服务贸易的规模和质量。最后，科技创新在推动经济增长构成中的作用明显，其能通过新技术的应用有效提高劳动生产率，降低生产和交易成本，对制造业效率的提升起着非常重要的作用。

δ_0 显著为正，这说明在服务业开放度之外，仍有一些导致技术无效的因素存在，比如全球价值链分工的模式可能对技术效率的提升有一定的制约作用。

5.1.3　技术效率水平的测算结果及国家间差异分析

5.1.3.1　各国技术效率测算结果及变化趋势

运用 Frontier 4.1 软件，本书计算了 1995~2013 年 OECD 国家的技术效率。表 5-3 显示，各国每年的技术效率均小于 1，各国的生产点均位于生产前沿之下，生产过程存在技术无效性。从时间上看，各国平均技术效率在 1995~2013 年总体呈上升趋势。然而，不同阶段各国技术效率增长有所不同，1995~2001 年各国技术效率增长缓慢，1995 年各国平均技术效率最低值为 0.0447 增长到 2001 年的 0.1107，增长了 0.0660；1995 年 WTO 成立后，各国加大服务贸易开放度，服务贸易开始快速增长，各国技术效率增长加速，从 2001 年的 0.1107 增长到 2008 年的 0.4661，增长了 0.3553；2008 年世界经济出现危机，各国产业受到严重冲击，其中服务业所受冲击尤为严重，2009 年各国平均技术效率下降到 0.4136，随后各国经济进行调整，世界经济开始复苏，服务贸易开始增加，各国平均技术效率从 2009 年的 0.4136 增长到 2013 年的 0.7572，增加了 0.3436。这和世界经济增长的经验事实基本一致。从世界各国技术效率变化趋势看，各国技术效率同服务贸易往来及贸易开放度具有密切联系。

5.1.3.2　不同发展水平国家间技术效率特征分析[①]

下面将 OECD 国家分为最发达国家、中等发达国家、发展中国家[②]，并对不同发展水平国家间技术效率特征进行分析。

从图 5-1 看，不同发展水平的国家技术效率有所不同，1995 年 WTO 成立前，由于各国贸易特别是服务贸易往来较少，不同发展水平的国家技术效率差别较小；1995 年 WTO 成立后，由于最发达国家（如美国、英

[①] 由于数据的可得性，本书只选了 OECD 的 19 个国家，如果可选取更广泛的国家，并将其分为最发达国家、中等发达国家、发展中国家进行对比研究将更能说明世界技术效率变化问题。

[②] 发达国家主要从四个方面衡量：人均 GDP 高、工业技术先进、科学技术先进、社会福利高。必须同时满足以上四点才能算是发达国家，四个标准缺一不可。这里最发达国家包括美国、日本、德国、法国、英国、意大利、加拿大 7 个国家（即 G7），因为这些国家经济实力较强且发展较早，其在全球的经济格局已形成，研究这些国家更具有代表性。中等发达国家包括澳大利亚、比利时、匈牙利、荷兰、挪威、波兰、西班牙、瑞典、瑞士、韩国，其中一些国家受经济和政治形势影响，技术效率提高的波动较大（不稳定）。发展中国家包括智利、墨西哥，由于数据缺失，未能将中国和印度列入，但也能在一定程度上说明发展中国家的问题。

表 5-3　技术效率的描述性统计（1995~2013）

国家	1995年	1996年	1997年	1998年	1999年	2000年	2001年	2002年	2003年	2004年	2005年	2006年	2007年	2008年	2009年	2010年	2011年	2012年	2013年
Australia	0.043	0.048	0.055	0.065	0.078	0.091	0.107	0.125	0.150	0.184	0.229	0.300	0.375	0.390	0.471	0.545	0.666	0.653	0.746
Belgium	0.046	0.048	0.056	0.060	0.070	0.099	0.115	0.146	0.152	0.173	0.201	0.276	0.340	0.411	0.408	0.511	0.673	0.724	0.746
Canada	0.042	0.046	0.054	0.063	0.079	0.097	0.110	0.120	0.147	0.184	0.261	0.336	0.410	0.466	0.384	0.465	0.579	0.641	0.716
Chile	0.057	0.064	0.073	0.078	0.078	0.087	0.095	0.102	0.111	0.135	0.163	0.286	0.364	0.332	0.324	0.481	0.714	0.853	1.000
France	0.042	0.046	0.054	0.064	0.075	0.099	0.127	0.153	0.141	0.165	0.205	0.282	0.376	0.452	0.432	0.514	0.655	0.647	0.688
Germany	0.053	0.058	0.062	0.067	0.077	0.086	0.100	0.112	0.128	0.153	0.186	0.262	0.345	0.431	0.364	0.509	0.713	0.783	0.824
Hungary	0.046	0.048	0.055	0.063	0.069	0.081	0.110	0.141	0.162	0.189	0.222	0.289	0.332	0.444	0.453	0.515	0.631	0.625	0.736
Italy	0.038	0.044	0.052	0.068	0.075	0.103	0.144	0.132	0.148	0.156	0.188	0.305	0.440	0.594	0.482	0.536	0.678	0.619	0.591
Japan	0.044	0.054	0.064	0.060	0.064	0.086	0.099	0.117	0.136	0.187	0.236	0.318	0.445	0.463	0.326	0.493	0.561	0.744	0.852
Korea	0.045	0.052	0.060	0.056	0.071	0.090	0.106	0.132	0.145	0.181	0.217	0.276	0.369	0.419	0.407	0.545	0.614	0.680	0.795
Mexico	0.047	0.053	0.062	0.069	0.078	0.100	0.104	0.112	0.130	0.155	0.204	0.286	0.345	0.412	0.376	0.469	0.682	0.769	0.792
Netherlands	0.039	0.044	0.053	0.064	0.077	0.105	0.121	0.140	0.136	0.166	0.208	0.314	0.437	0.584	0.478	0.501	0.608	0.610	0.640
Norway	0.046	0.054	0.060	0.057	0.068	0.105	0.113	0.112	0.123	0.163	0.231	0.352	0.403	0.582	0.386	0.461	0.603	0.768	0.731
Poland	0.054	0.060	0.068	0.075	0.083	0.091	0.098	0.111	0.121	0.144	0.165	0.210	0.284	0.349	0.429	0.544	0.717	0.830	0.967
Spain	0.039	0.044	0.051	0.061	0.071	0.091	0.116	0.145	0.161	0.192	0.238	0.384	0.518	0.598	0.523	0.488	0.514	0.524	0.554
Sweden	0.043	0.048	0.054	0.061	0.076	0.102	0.107	0.122	0.144	0.196	0.196	0.296	0.435	0.509	0.379	0.504	0.642	0.663	0.738
Switzerland	0.055	0.059	0.068	0.075	0.079	0.094	0.103	0.114	0.115	0.132	0.150	0.226	0.334	0.453	0.441	0.501	0.699	0.804	0.892
United Kingdom	0.034	0.042	0.052	0.059	0.066	0.094	0.119	0.147	0.180	0.248	0.313	0.455	0.503	0.529	0.423	0.398	0.441	0.505	0.583
United States	0.038	0.045	0.054	0.064	0.078	0.098	0.109	0.122	0.147	0.195	0.261	0.339	0.417	0.437	0.373	0.443	0.530	0.653	0.793
均值	0.045	0.050	0.058	0.065	0.074	0.095	0.111	0.127	0.141	0.174	0.214	0.305	0.393	0.466	0.414	0.496	0.627	0.689	0.757

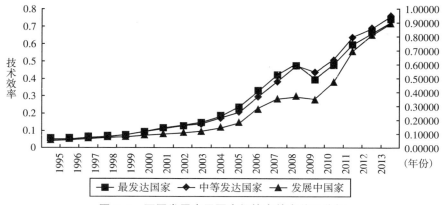

图 5-1 不同发展水平国家间技术效率差异分析

国）服务业往往较发达，服务贸易所占比重较高，最发达国家技术效率最高，随着贸易开放度特别是服务贸易开放度的加大，最发达国家技术效率增长最快，从 2001 年的 0.1156 上升到 2008 年的 0.4818，增长了 0.3662；其次，中等发达国家制造业大多较发达，服务业进口所占比重相对较低，对技术效率影响不及最发达国家，中等发达国家技术效率从 2001 年的 0.1095 上升到 2008 年的 0.4739，增长了 0.3644；发展中国家受产业发展水平所限，同时服务贸易开放度较低，发展中国家技术效率最低，发展中国家技术效率从 2001 年的 0.0996 上升到 2008 年的 0.3718，增长了 0.2722。2008 年后，各国产业特别是服务业受经济危机冲击严重，最发达国家技术效率增长受经济危机影响，从 2008 年的 0.4818 下降到 2009 年的 0.3977，下降了 0.2394；中等发达国家服务业受经济危机影响，从 2008 年的 0.4739 下降到 2009 年的 0.4374，下降了 0.2807；发展中国家受经济危机冲击，从 2008 年的 0.3718 下降到 2009 年的 0.3501，下降了 0.5242。经过各国经济调整后，各国经济开始回升，2013 年最发达国家技术效率为 0.7212，中等发达国家技术效率为 0.7546，发展中国家技术效率为 0.8960。由此可见，服务业贸易开放度越大，高技术服务业进口越能促进技术效率提升；同时一国服务业越发达，高技术服务业进口对技术效率促进作用越高。因此，不同发展水平国家技术效率除了受自身产业发展水平等因素影响外，同时与世界服务贸易往来及各国服务贸易开放度具有密切联系。

5.1.4　结论及政策建议

本节利用 OECD 面板数据，运用 SFA 研究方法测算了 OECD 19 个国家的技术效率，分析高技术服务进口对进口国技术效率的影响，具体如下：1995 年 WTO 成立前，由于各国贸易特别是服务贸易往来较少，不同发展水平的国家技术效率差别较小。1995 年 WTO 成立后，随着贸易开放度特别是服务贸易开放度的加大，最发达国家服务业所占比重较高，技术效率最高，增长最快；其次为中等发达国家，中等发达国家大多制造业较发达，服务业进口所占比重相对较低，技术效率增长不及最发达国家；发展中国家受产业发展水平所限，同时服务贸易开放度较低，发展中国家技术效率最低。2008 年，各国产业特别是服务业受经济危机冲击严重，经过各国经济调整后，中等发达国家技术效率超过了发达国家，发展中国家技术效率最低。因此，不同发展水平国家技术效率除了受自身产业发展水平等因素影响外，同时与世界服务贸易往来及各国服务贸易开放度具有密切联系，即一国服务业贸易开放度越大，高技术服务业进口越能促进其技术效率的提升；同时本国服务业越发达，高技术服务业进口对技术效率促进作用就越高。

5.2　高技术服务业进口技术溢出效应对制造业效率影响的实证分析

本节从总体与分部门层面关于高技术服务业进口技术溢出效应对制造业效率影响进行实证分析，以论证高技术服务进口对制造业效率提升的重要作用。

5.2.1　研究方法及数据选取

本部分首先从总体层面实证分析总高技术服务业进口对制造业效率的影响，然后从分行业层面实证分析服务进口分部门对制造业效率的影响。

5.2.1.1　总高技术服务业进口对制造业效率的效应分析

$$\text{LogLPP}_{it} = c_{it} + \alpha_1 \text{TRAS2} + \alpha_2 \text{GFCF3} + \alpha_3 \text{L6} + \alpha_4 \text{IND2} + \alpha_5 \text{TRADE2} + \varepsilon_{it}$$

其中，下标 i 代表国家，t 代表相应的年份，ε_{it} 代表参差项。

为了更客观地反映高技术服务业进口与制造业效率的关系，在综合考虑的基础上，本书加入了控制变量，选取的主要变量说明如下：

（1）制造业效率（LPP）：不同的研究对制造业效率指标[①]的选取也不同。为了能够客观度量制造业的效率水平，本书选取 OECD 19 个国家的制造业产出/雇佣时间来度量制造业的效率，雇佣时间为每年雇佣小时数，制造业产出数据来源于 UNCTAD 数据库。

（2）高技术服务业进口（Tras2）：世界贸易和生产的发展产生了更多的服务需求，一国市场的开放程度越高，市场经济环境越完善，越有利于服务贸易往来。高技术服务业进口不仅直接促进本国服务水平的提高，而且还可以间接促进制造业效率的提高。鉴于数据可得性，高技术服务业进口用服务贸易额（占国民生产总值比例）来代替，数据来源于国际货币基金组织的《国际收支统计年鉴》和数据文件，以及世界银行和经济合作与发展组织（OECD）的 GDP 估算。

制造业效率除了可能受到高技术服务业进口影响外，还要受到其他诸多因素的影响，本书选取的控制变量有：

（1）资本投入（K）：本书采用资本形成总额衡量资本投入，数据来源于世界银行国民经济核算数据，以及经济合作与发展组织国民经济核算数据文件。

（2）劳动力投入（L）：本书采用各国从业人员每年平均的实际工作时间作为劳动力投入指标，理论上，劳动力作为制造业的重要投入对生产效率提高应产生影响，但随着科学技术的提高，劳动力投入对制造业效率的具体影响有待于进一步验证。劳动力投入数据来源于 OECD 数据库。

（3）工业生产总值（IND）：工业生产总值用来反映一国的工业发展水平和规模。一国经济增长的过程也是一国经济增长的主要动力和重要载体，对一国技术效率的提高起着重要作用。工业支出越大，说明需求越大，促使工业部门改进生产技术，进而有效促进技术效率的提高。该数

[①] 国外研究常用的指标是产出率（增加值/产值）（Karl，2000）、劳动生产率（行业总产出/就业人数）（Karl，2000）和用数据包络分析或随机前沿生产函数估计的技术效率（Soderbom，2004）等。

据采用 UNCTAD Statistics 数据库的 2005 年不变价格平减的国内工业生产总值。

（4）商品贸易（TRADE2）：商品贸易指标用商品贸易额占 GDP 的比重来表示，商品贸易可直接引进先进技术和产品促进国内技术效率提高，同时商品贸易与服务贸易具有互补和相互促进作用，可间接地提高技术效率。商品贸易数据来源于 WDI 数据库。

在进行面板数据分析时需选择合适的模型，利用 F 检验比较混合 OLS 模型和固定效应模型，表 5-4 显示面板模型 F 检验统计量对应的 p 值趋近于 1，故接受混合模型，因此建立混合模型，模型（1）给出了混合模型估计结果，根据混合模型估计结果进行相关结论分析。

表 5-4　总高技术服务业进口对制造业效率影响的实证结果

解释变量	Coefficient	Std. Error	t-Statistic	Prob.
C	0.0035	0.0196	0.1804	0.8570
TRAS2	0.0984	0.0273	3.6081	0.0004
GFCF3	0.1165	0.0236	4.9249	0.0000
L6	−0.1074	0.0256	−4.1890	0.0000
IND2	0.7451	0.0283	26.3010	0.0000
TRADE2	0.1174	0.0274	4.2844	0.0000
F 检验值	423.4827（Prob. = 1）			
调整 R^2	0.8564		0.8544	
样本量	361		361	

表 5-4 的实证结果表明，高技术服务业进口与制造业效率之间呈显著的正向关系。高技术服务业进口额每增加 1%，制造业效率将会提高 0.0984%。高技术服务业不仅通过科学研究、信息传输和软件服务业等，提高制造业的创新能力，促进制造业效率提高，而且还可以通过对其他产业如运输业、金融业等提供高技术服务，加快物流配送效率，提高资金周转速度，降低成本，间接地促进制造业效率的提高。

此外，首先，资本投入与制造业效率之间呈显著的正向关系。资本投入促进了各国制造业效率的提高，固定资本存量每增加 1%，制造业效率将提高 0.1165%，说明 OECD 国家制造业发展在很大程度上依赖于资本支持，资本密集度（K/L）对制造业的全要素生产率、技术效率和技术进步的增长具有显著的促进作用，制造业资本密集度越高，其技术含量也越高，技术进步也越快。其次，劳动投入与制造业效率之间呈显著的负向关系。劳动力人数每增加 1%，制造业效率降低 0.1074%，说明现代的工业生产不再依靠劳动力投入的数量，劳动人数已不能完全影响到制造业效率的提高，重要的是高素质人员在制造业生产活动中的参与程度。再次，工业生产总值作为国内生产总值的重要组成部分与制造业效率之间呈显著的正向关系。工业生产总值每增加 1%，制造业效率提高 0.7451%，说明工业是经济增长的主要动力和重要载体，对经济增长水平的提高起着直接的推动和促进作用。[①] 最后，货物贸易与制造业效率之间呈显著的正向关系。货物贸易促进了各国制造业效率的提高，货物贸易每增加 1%，制造业效率将提高 0.1174%。货物贸易的技术溢出有利于技术进步，商品贸易可直接引进先进技术和产品促进国内技术效率提高，同时服务贸易和货物贸易相互协调互补，有利于全要素生产率的提升。

5.2.1.2 服务进口分部门对制造业效率的效应分析

$$\text{LogLPP}_{it} = c_{it} + \alpha_1 \text{HCOMPP} + \alpha_2 \text{HROYAL} + \alpha_3 \text{HTEL} + \alpha_4 \text{HTRANSP} +$$
$$\alpha_5 \text{HTRAVELPW} + \alpha_6 \text{GFCF3} + \alpha_7 \text{L6} + \alpha_8 \text{IND2} + \alpha_9 \text{TRADE2} + \varepsilon_{it}$$

其中，HCOMPP 是指计算机及相关信息服务业进口，用计算机及相关信息服务业进口占服务业比例来代替，数据来源于 UNCTAD 数据库；HROYAL 是指知识产权（版税及许可费）进口（单位为百万美元），数据来源于 UNCTAD 数据库；HTEL 是指电信服务业[②]进口，用信息交流服务业来代替，数据来源于 UNCTAD 数据库；HTRANSP 是指运输服务业进口，用运输服务业进口占服务业比例来代替，数据来源于 UNCTAD 数据库；HTRAVELPW 是指旅游服务业进口，用旅游服务业进口占世界比例来代替，数据来源于 UNCTAD 数据库。

从表 5-5 回归结果可知，不同服务部门的进口对制造业效率影响效应差别不同。其中，高技术服务业进口对制造业效率提高较显著，计算机及相关信息服务业进口每增加 1%，制造业效率将提高 0.0529%；知识产权

---

① 华广敏：《高技术服务业 FDI 对东道国制造业效率影响的研究》，《学术论文联合比对库》2014 年第 3 期。

② 由于电信服务业数据缺省，这里用信息交流服务业代替电信服务业。

表 5–5　服务进口分部门对制造业效率的实证结果

解释变量	Coefficient	Std. Error	t–Statistic	Prob.
C	0.0048	0.0191	0.2502	0.8025
HCOMPP	0.0529	0.0256	2.0610	0.0400
HROYAL	0.0691	0.0330	2.0909	0.0373
HTEL	0.0660	0.0245	2.6945	0.0074
HTRANSP	0.0244	0.0210	1.1616	0.2462
HTRAVELPW	0.0649	0.0241	2.6887	0.0075
GFCF3	0.0806	0.0228	3.5309	0.0005
L6	–0.0604	0.0286	–2.1078	0.0358
IND2	0.6925	0.0306	22.6247	0.0000
TRADE2	0.1489	0.0281	5.3086	0.0000
F 检验值	251.7005 （Prob. = 1）			
调整 R^2	0.8658		0.8624	
样本量	361		361	

（版税及许可费）进口每增加 1%，制造业效率将提高 0.0691%；电信服务业[1] 进口每增加 1%，制造业效率将提高 0.0660%；运输服务业进口每增加 1%，制造业效率将提高 0.0244%；旅游服务业进口每增加 1%，制造业效率将提高 0.0649%。

运输服务业进口对制造业效率提高起到促进作用，可能由于运输服务进口促进了本国运输服务水平提高，为相关产业提供更优质的运输服务，进而促进整体产业效率提高。旅游服务业进口能够提高国内旅游业服务质量，增加旅游服务需求，进而带动相关产品包括制造业产品需求，提高制造业效率。

5.2.2　实证结论

本书的研究表明，作为高级的要素投入，高技术服务业进口总体上促进了制造业效率的提升；但不同的服务部门进口对制造业效率所产生的效

---

[1] 由于电信服务业数据缺省，这里用信息交流服务业代替电信服务业。

应差别较大。

（1）高技术服务业总进口将促进制造业效率的提升。高技术服务业通过降低交易成本、培育产业竞争优势、加快资金流与信息流等，为制造业效率的提高提供了必要的基础和条件，同时服务业为制造业提供更紧密的技术创新和相关服务，也为制造业效率提高起到了关键作用。因此，中国更应放宽高技术服务业的进口限制。

（2）不同的服务部门进口对制造业效率影响不同。其中，计算机及相关信息服务业进口、知识产权（版税及许可费）进口、电信服务业进口等高技术服务业能促进中国制造业效率的提升，而其中又以知识产权（版税及许可费）进口对制造业效率的促进效应最大；运输服务业和旅游服务业等传统服务业进口能促进制造业效率的提升，但不及高技术服务业进口影响显著。高技术服务业为制造业提供更紧密的技术创新和相关服务，也为制造业效率提高起到了关键性作用。运输服务业和旅游服务业进口促进了国内服务水平提高，带动相关产业发展，进而提高整体产业效率。因此，应有针对性地扩大计算机及相关信息服务业、知识产权（版税及许可费）、电信服务业等服务进口，适当地增加运输服务业和旅游服务业进口。

5.3　关于制造业效率影响因素的实证分析

基于第 4 章的理论机理，本节采用跨国面板数据，选取高技术服务业进口额、劳动就业人数、工业品支出额等变量对制造业效率的影响因素进行实证分析。

5.3.1　研究方法及数据的选取

本书选取 1995~2013 年的 OECD 19 个国家面板数据实证分析服务贸易对制造业效率的影响。

在分析面板数据时，通常有混合效应模型、固定效应模型和随机效应模型三种形式，三种方法的回归方程如下：

混合 OLS 模型：

$$LPP_{it} = c + \beta_1 TRAS2_{it} + \beta_2 IND2_{it} + \beta_3 GFCF2_{it} + \beta_4 L6_{it} + \beta_5 INTE_{it} +$$
$$\beta_6 SERV1_{it} + \beta_7 TRADE2 + \beta_8 FDI + \varepsilon_{it} \tag{5-10}$$

固定效应模型：

$$LPP_{it} = c + \beta_1 TRAS2_{it} + \beta_2 IND2_{it} + \beta_3 GFCF2_{it} + \beta_4 L6_{it} + \beta_5 INTE_{it} +$$
$$\beta_6 SERV1_{it} + \beta_7 TRADE2 + \beta_8 FDI + \alpha_1 + \varepsilon_{it} \tag{5-11}$$

随机效应模型：

$$LPP_{it} = c + \beta_1 TRAS2_{it} + \beta_2 IND2_{it} + \beta_3 GFCF2_{it} + \beta_4 L6_{it} + \beta_5 INTE_{it} +$$
$$\beta_6 SERV1_{it} + \beta_7 TRADE2 + \beta_8 FDI + v_1 + \varepsilon_{it} \tag{5-12}$$

其中，下标 i 代表国家，t 代表相应的年份。α_1 和 v_1 分别表示其他没有观测到的行业因素的影响，其中，v_1 服从随机分布，α_1 是只与行业相关的一个常数，是各行业中对公共截距项的偏离；ε_{it} 表示参差项。

在综合考虑的基础上，本节选取如下影响因素：

（1）制造业效率（Lpp）：不同的研究对制造业效率指标[①]的选取也不同。为了能够客观度量中国制造业的效率水平，本书选取 OECD 19 个国家的制造业产出/雇佣时间来度量制造业的效率，雇佣时间为每年雇佣小时数，制造业产出数据来源于 UNCTAD 数据库。

（2）高技术服务业进口（Tras2）：世界贸易和生产的发展产生了更多的服务需求，一国市场的开放程度越高，市场经济环境越完善，越有利于服务贸易往来。高技术服务业进口不仅会直接促进本国服务水平的提高，而且还可以通过其他因素促进制造业效率提高。鉴于数据可得性，高技术服务业进口用服务贸易额（占国民生产总值 GDP 比例）来代替。数据来源于国际货币基金组织的《国际收支统计年鉴》和数据文件，以及世界银行和经济合作与发展组织（OECD）的 GDP 估算。

制造业效率除了可能受到高技术服务业进口影响外，还要受到其他诸多因素的影响，本书选取的控制变量有：

（1）工业生产总值（IND2）：随着工业化进程的加快，特别是推动工业 4.0 战略，工业发展对一国技术效率的提高起着越来越重要的作用。而工业支出越大，说明需求越大，有效需求将拉动生产供给，促进技术改进，提高技术效率。工业生产总值数据采用 UNCTAD Statistics 数据库的

---

① 国外研究常用的指标是产出率（增加值/产值）（Karl，2000）、劳动生产率（行业总产出/就业人数）（Karl，2000）和用数据包络分析或随机前沿生产函数估计的技术效率（Soderbom，2004）等。

2005 年不变价格平减的国内工业生产总值。

（2）资本投入（K）：资本投入采用各国的总固定资本存量来表示。资本形成是中国工业全要素生产率增长的重要原因（朱钟棣和李小平，2005；李小平等，2008）。一般认为，固定资本存量会影响一个行业的技术水平，固定资本存量越多，该行业的资本装备水平越好，技术进步也越快。本书用资本存量衡量资本投入，资本存量的估算采用常用的永续盘存法①，数据来源于 UNCTAD Statistics 数据库。

（3）劳动力投入（L）：本书采用各国从业人员每年平均的实际工作时间作为劳动力投入指标，理论上，劳动力作为制造业的重要投入，对生产效率提高应产生影响，但随着科学技术的提高，劳动力投入对制造业效率的具体影响有待于进一步验证。劳动力投入数据来源于 OECD 数据库。

（4）贷款利率（INTE）：贷款利率越低，企业向银行贷款越多，规模融资可以提高企业效率。贷款利率数据来源于国际货币基金组织《国际金融统计》和数据文件。

（5）服务业发展水平（SERV1）：服务业发展水平越高，越能为制造业提供更好的服务，从而促进制造业效率提高。服务业数据来源于 UNCTAD 数据库。

（6）外商直接投资（FDI）：外商直接投资指标用外商直接投资流量占GDP 的比重来表示，外商直接投资可增加资本和技术存量，通过技术外溢或者技术引进，提高技术效率。外商直接投资数据来源于 UNCTAD 数据库。

（7）商品贸易（Trade2）：商品贸易指标用商品贸易额占 GDP 的比重来表示，商品贸易可直接引进先进技术和产品促进国内技术效率提高，同时商品贸易与服务贸易具有互补和相互促进的作用，可间接提高技术效率。商品贸易数据来源于 WDI 数据库。

---

① 本书用资本存量衡量资本投入，资本存量的估算采用常用的永续盘存法，其公式为：$K_t = (1 - \delta_t) K_{t-1} + I_t/P_t$。$I_t/P_t$ 采用 UNCTAD Statistics 数据库的以 2005 年不变价格平减的固定资本形成总额。虽然本书实证研究以 1995 年为初始年份，但为尽量降低估算误差对实证研究的影响，永续盘存法基期的选取应越远越好。因此，本书仍以 1970 年为基期递推计算各年的资本存量，然后截取 1995~2013 年的数据作为样本。在递推计算时，采用单豪杰（2008）的做法：①1970 年的资本存量用各国 1970 年的固定资本形成总额（2005 年不变价）除以折旧率与 1971~1975 年的固定资本形成的年平均增长率之和得到（由于缺失德国 1992 年前的数据，以经济水平接近国家的数据均值近似估算）。②折旧率 δ_t，各国统一采用 10.96%。固定资本存量数据来源于 UNCTAD Statistics 数据库。

为了消除价格因素的影响，本书对高技术服务业进口、服务贸易额、固定资本形成总额、服务业附加值进行了价格平减，在进行实证检验前，先将各变量进行标准化处理（即变量减去均值/标准差）。外商直接投资、商品贸易等占国民生产总值（GDP）比例，不用平减。

5.3.2　实证分析及结论

本书在进行面板数据分析时必须选择合适的模型，首先，利用 F 检验，比较混合 OLS 模型和固定效应模型。

表 5-6 显示面板模型 F 检验统计量对应的 p 值趋近于 1，故接受混合模型，因此建立混合模型，模型 5-6 给出了混合模型估计结果，根据混合模型估计结果进行相关结论分析。

表 5-6　制造业效率影响因素的计量结果

解释变量	Coefficient	Std. Error	t-Statistic	Prob.
C	0.009	0.016	0.539	0.591
TRAS2	0.075	0.022	3.457	0.001
IND2	0.571	0.031	18.553	0.000
K	0.123	0.033	3.703	0.000
L	−0.170	0.025	−6.755	0.000
INTE	0.035	0.020	1.770	0.078
SERV1	0.154	0.032	4.854	0.000
TRADE2	0.097	0.024	4.099	0.000
FDI	0.055	0.018	3.157	0.002
F 检验值	396.1752（Prob. = 1）			
调整 R^2	0.900040		0.897768	
样本量	361		361	

注：***、**、* 分别表示在 1%、5%、10% 的水平上显著。

表 5-6 实证结果表明，高技术服务业进口与制造业效率之间呈显著的正向关系，高技术服务业进口每增加 1%，制造业效率将提高 0.075%。高技术服务业进口为当地制造业提供了优质的服务，降低了制造业的交易成

本，提高了制造业的创新能力，促进了制造业效率的提高。

此外，工业生产总值作为国内生产总值的重要组成部分，与制造业效率之间呈显著的正向关系。第一，工业生产总值每增加1%，制造业效率提高0.571%，由于工业是经济增长的主要动力和重要载体，工业发展对制造业效率的提高起着直接的推动和促进作用。第二，劳动投入与制造业效率之间呈显著的负向关系。劳动力人数每增加1%，制造业效率降低0.170%，说明现代的工业生产不再依靠劳动力投入的数量，劳动人数已不能完全影响到制造业效率的提高，重要的是高素质人员在制造业生产活动中的参与程度。第三，资本投入与制造业效率之间呈显著的正向关系，固定资本存量每增加1%，制造业效率将提高0.123%，说明OECD国家制造业发展在很大程度上依赖于资本支持，制造业资本密集度越高，其技术含量也越高，对制造业效率提高越具有促进作用。第四，贷款利率对制造业效率的影响不显著，主要是各国政府政策支持和财政等手段对制造业效率起到了主要的推动作用，而利率等货币政策的调整对制造业效率的影响甚微。第五，服务业发展水平与制造业效率之间呈显著的正向关系。服务业增加值每提高1个百分点，制造业效率将提高0.154个百分点，说明服务业可以通过专业化分工深化和广泛化、降低交易成本、培育产业差异化竞争优势以及增强自主研发、设计与创新能力等途径与方式，支撑制造业发展与升级，提高制造业效率。第六，高技术服务业FDI带动了其国内服务业的发展，并为相关产业提供技术支持和服务，提高了制造业的创新能力，促进了制造业效率的提高。第七，货物贸易与制造业效率之间呈显著的正向关系。货物贸易的技术溢出有利于技术进步，同时服务贸易和货物贸易相互协调互补，扩大服务需求，有利于全要素生产率的提升。

综上，本书选取OECD国家1995~2013年的面板数据估计了制造业效率的影响因素，研究结果表明，高技术服务业进口、工业生产总值、经济发展水平、资本投入、服务业发展水平、外商直接投资、货物贸易等因素对制造业效率均有较强的促进作用，而劳动力投入不能促进制造业效率的提升。

5.3.3　政策建议

本书基于高技术服务业进口等制造业效率影响因素的实证研究，对于提高制造业效率，促进制造业的转型升级具有重要意义。目前，我国高技术服务业还处于发展初期，要发展相对落后的高技术服务产业领域，充分利用高技术服务进口技术溢出与扩散效应，推动我国高技术服务业的发展。同时鼓励高技术服务业创新，将高技术服务进口与自主创新相结合，以提高国内高技术服务水平，促进高技术服务业对产业升级的推动作用。

5.4　本章小结

首先，本章将高技术服务业进口因素引入技术无效方程中，测算各样本国家制造业技术效率，从国家层面计算出不同发展水平国家的制造业技术效率并加以比较分析；其次，通过从总体与分部门层面分别实证分析高技术服务业进口技术溢出效应，从行业层面对高技术服务业进口影响制造业效率进行实证研究；最后，采用跨国面板数据，选取高技术服务业进口额、劳动就业人数、工业品支出额等变量，对制造业效率的影响因素进行实证分析。具体结论如下：

（1）从国家层面，关于高技术服务业进口技术溢出效应影响制造业技术效率的测度：利用 OECD 面板数据，运用 SFA 研究方法测算了 OECD 19 个国家的技术效率，并计算出不同发展水平国家的制造业技术效率并加以比较分析，得出结论如下：1995 年 WTO 成立前，不同发展水平的国家技术效率差别较小。1995 年 WTO 成立后，最发达国家技术效率最高，增长最快；其次为中等发达国家，技术效率增长不及最发达国家；发展中国家技术效率最低。2008 年经济危机后，中等发达国家技术效率超过了发达国家，发展中国家技术效率最低。由此可见，一国服务业贸易开放度越大，高技术服务业进口越能促进其技术效率提升；同时本国服务业越发达，高技术服务业进口对技术效率促进作用越高，这与第 3 章不同发展水平国家的高技术服务业进口现状分析相呼应。

（2）从行业层面，关于高技术服务业进口对制造业效率影响的实证检验：通过总体与分行业层面分别分析高技术服务业进口是否促进制造业效率的提升。作为高级的要素投入，高技术服务业进口总体上促进了制造业效率的提升：但不同的服务部门进口对制造业效率影响不同。具体包括计算机及相关信息服务业进口、知识产权（版税及许可费）进口、电信服务业进口等高技术服务业能促进制造业效率的提升，而其中又以知识产权（版税及许可费）进口对制造业效率的促进效应最大；运输服务业和旅游服务业等传统服务业进口也能够促进制造业效率的提升，但不及高技术服务业进口影响显著，这与第3章服务业和高技术服务业进口现状分析相呼应。

（3）基于理论机理，关于制造业效率影响因素的实证分析：基于第4章理论机理推导出的影响因素，选取OECD国家面板数据，对高技术服务业进口、工业支出、劳动力投入、资本投入等变量进行实证研究，结果表明高技术服务业进口提高制造业的创新能力，促进了制造业效率的提高；同时，工业生产总值、资本投入、服务业增加值、外商直接投资、货物贸易等因素对制造业效率均有较强的促进作用，而劳动力投入不能促进制造业效率的提升，贷款利率对制造业效率的影响不显著。

（4）由于世界各国高技术服务业进口数据严重缺失，本章技术效率测度和制造业效率影响因素在实证研究时，只能选取OECD 19个国家服务业进口作为分析对象，对于后续的研究，如果能够获得有较长时限的大样本的高技术服务业进口数据，将能得出更贴切和客观的结论。

第6章 我国高技术服务业进口促进制造业效率提升的对策

根据前述理论和实证研究结果分析，高技术服务业进口对制造业效率提升产生了积极的促进作用，我国应积极扩大高技术服务业进口，利用高技术服务业进口溢出效应，加快服务业发展，促进相关产业特别是制造业效率的提高。

6.1 加快高技术服务业进口政策建议

6.1.1 完善服务贸易政策与机制

加大服务贸易促进力度，政府应尽快完善服务贸易总体发展规划，加快服务业的市场化改革和服务市场化进程，并创新服务贸易体制机制；商务部要规划贸易进出口发展战略，确定全国统一的服务贸易政策及管理协调机构，制定贸易法律法规，对外协调与其他国家的服务贸易关系；积极参与国际服务贸易规则的制定，争取更多的国际贸易市场的话语权，为中外服务贸易企业创造贸易机会，扩大国际交流，积极推进服务贸易便利化。

6.1.2 扩大高技术服务业开放

服务贸易自由化、降低服务贸易壁垒是服务业发展的必然趋势。美国和日本等国的经验表明，即使达到发达国家的阶段，服务业开放也是非常重要的，而发展中国家如印度在世界软件业占有重要地位，主要原因是印度软件业开放较彻底。服务业开放已在世界范围内成为服务业发展的重要主题。今后，中国应加快发展与新一代信息技术、新能源、新材料等战略性相关产业的服务贸易，制定政策鼓励外资积极参与软件开发、研发设计、信息咨询、专业服务等生产者服务业领域的合作与交流，参与服务全球化与培育服务业内生增长创新能力相结合，然后利用后发优势实现服务业跨越式升级作为转变发展方式的主攻方向，不仅要促进服务业内部结构升级，也要为现代制造业提供技术支持，增加现代制造业附加值，提升其产业竞争力①。

6.1.3 努力寻求双边或多边服务业国际合作

在服务贸易竞争激烈的环境下，发达国家依靠强大的服务贸易优势，对发展中国家进行挤压，而新兴经济体和发展中国家的竞争日趋激烈。我们应积极地寻求与其他国家合作，开辟服务贸易新市场。"一带一路"倡议给中国经济发展带来了诸多机遇。积极寻找"一带一路"倡议给国内产业发展带来的重要契机，优化国际市场布局，大力开拓"一带一路"等周边国家市场，营造良好的服务贸易环境，推动新兴产业合作，促进"一带一路"沿线国家诸多领域的合作，特别是在新一代信息技术、新能源、新材料等新兴产业领域加强合作，促进国内产业水平的提高，发挥其对相关产业效率的促进作用。

6.1.4 完善高技术服务业统计体系

一直以来我国服务业统计环节较薄弱，服务贸易各职能部门多头、交叉管理现象严重，服务贸易统计工作也滞后于服务贸易的发展需要，无法全面反映中国国际服务贸易的整体状况。因此，我国必须建立并不断完善高技术服务业统计体系，借鉴国际上服务业统计先进的经验，依据联合国等国际组织确定国际服务贸易统计标准，结合中国的实际情况，以跨境贸

---

① 华广敏：《高技术服务业 FDI 对东道国制造业效率影响的研究》，学术论文联合比对库，2014 年第 3 期。

易和附属机构为两条主线建立中国服务贸易统计体系，与 WTO《服务贸易总协定》相衔接，加强对服务贸易进出口的跟踪分析，建立服务贸易统计数据库，不断地推进高技术服务业统计制度建设。

6.1.5　完善服务贸易的立法

高端服务业发展需要建立一整套规范的政策、法律法规体系。美国通过国内立法，将服务贸易、货物贸易和知识产权结合在一起，有力地推动了美国技术创新和技术扩散体系的全面发展。美国政府颁布的《贸易法》为促进美国服务业政策的制定、协调和实施，以及各部门相互协调、一致对外提供了法律的依据和保障。而目前中国服务业的相关政策主要体现在政府规划和法规层面①。中国应建立和完善符合国际规则的服务业和服务贸易法律法规体系，建立健全的高技术服务业法律法规，建立相关的执法体系及监督体系，结合我国服务贸易发展的实际情况，按照 GATS 规定尽快完善服务贸易的法律规章，扫清阻碍高技术服务业发展的法律制度障碍，建立规范的服务业投资准入制度，积极稳妥地扩大服务业市场准入。

6.2　加快高技术服务业进口具体措施

6.2.1　发挥服务贸易行业协会的作用

美国、日本等发达国家都是利用行业协会来推动本国服务业和服务贸易的发展，比如美国的服务业联盟，统一协调价格、制定行业标准、分享市场信息。日本强调行业协会的作用，从行业内部进行重要调节，规范了服务的行业标准，规范了整个服务业的市场秩序，完善了服务业的市场机制，促进行业间的技术交流，有利于政府与行业协会等非政府组织共同协

---

① 张爽：《中国与美国、加拿大服务贸易发展比较分析》，《黑龙江对外经贸》2010 年第 3 期，第 36~38 页。

调，促进服务业的健康发展。我们要借鉴其成功经验，加快培育以企业为主体的服务行业协会，在政府主管部门的指导下，与国内外服务贸易相关部门、商会协会保持密切联系，积极充当中国政府和企业之间沟通的桥梁、企业参与国际合作的纽带，规范服务行业标准和行为规范，积极为中国服务贸易企业提供优质服务。

6.2.2 加强高技术服务业进口与自主创新相结合

美国的经验表明，即使达到发达国家的阶段，引进先进技术也是非常重要的，引进产业先进技术和科技创新需同时进行。日本更多地依靠政府干预实现科技及服务业的创新和发展，综合利用国外的先进技术，积极消化和吸收，并在此基础上进行大规模创新，这不仅提高了日本企业在国际市场上的竞争能力，也提高了企业的创新能力。韩国服务业整体上并不发达，但却能够给予制造业结构升级强有力的支撑，原因在于其自始至终把研发设计产业作为核心产业，通过发展高附加值的服务业推动先进制造业的升级。因此，国际经验研究表明服务进口通过技术溢出效应对本国的技术进步产生重要的影响。我国应大力发展服务贸易，鼓励智力、技术密集型服务进口，有效地发挥服务市场开放带来的技术溢出效应，同时要切实增强我国相关产业对技术引进的消化和吸收能力，把国际产业转移中的技术引进与自主创新相结合，形成引进技术的系统集成和综合创新，从而促进我国高技术服务业水平的提高并发挥其对相关产业效率的促进作用。

6.2.3 促进制造业和高技术服务业融合提高制造业效率

日本注重服务业与制造业联动发展，由市场带动制造业的投资与发展，再由制造业带动专业性服务业的发展。日本高技术服务业结构高度与制造业结构高度具有较强的对应性。而我国由于外资主导和其落后的发展模式，我国内生发展的制造业和服务业进口之间实际上处于"低效均衡"状态。我国要实现制造业发展道路和结构的升级，必须打破"低效均衡"，进而促进制造业和高技术服务业进口融合。

为此，我国政府需要制定合理的规制政策，将促进高技术服务业进口与制造业的政策由单一政策转变为协同政策，一方面要大力推动咨询、信息、科学研究等高技术服务业进口，促进服务业内部结构高级化；另一方面要通过发展高技术服务业进口，用现代经营方式和服务技术推动第一产业、第二产业以及服务业内部其他传统产业的优化升级改造，以此促进经济结构整体优化。我国高技术服务业进口不仅要促进服务业内部结构升级，也要为现代制造业提供技术支持，增加现代制造业附加值，提升其产业竞争力。

6.2.4　提升服务业整体竞争力

美国等国的经验表明，即使达到发达国家的阶段，提高服务业进口的质量和扩大服务业进口的规模也是非常重要的。我国经济发展方式转变和产业结构升级的关键瓶颈制约在于服务业发展落后。我国要加快发展服务业，必须提高服务业质量效益水平，大力发展服务业特别是高技术服务贸易进口。扩大金融业、计算机和信息服务业、专有权利使用费和特许费等服务业的进口，充分发挥技术密集型服务业的进口溢出效应，促进国内服务业自主创新，加大国内科技研发的力度，促进服务业增长方式产生集约型、内涵式的变化，使其内部结构逐步得到优化，同时也为现代制造业提供技术支持，增加现代制造业附加值，提升其产业竞争力。

6.2.5　加快服务贸易专业人才培养

从本质上讲，人力资本是现代服务业内生发展的关键因素。发达国家服务经济发展经验表明，劳动生产率才是服务业可持续发展的根本动力。美国注重高技术服务业人才的培养，同时也注重高技术服务业人才的引进，美国服务业的迅速发展在很大程度上取决于高素质服务业人才的引进。但发展中国家劳动生产率长期处于较低水平，不仅使服务业发展处于低水平，也导致经济发展滞后。服务贸易提供者的素质是决定服务贸易质量和服务贸易效益的关键。

我国高层次服务型人才基础比较薄弱，人才的匮乏制约了高技术服务业的高速发展，我国应注重人才的培养尤其是知识技术型服务贸易所需的外向型高层次人才的培养，尽快建立和完善人才培养和管理制度，形成有效的激励和约束机制。一方面，我国应当加大高端服务业人才引进和培养力度，加强从多渠道、多方式大力引进适应全球化发展的高技术服务业人才，特别是要引进信息技术、科学研究等方面高素质的专业人才和经营管理人才。另一方面，还要对传统的服务业培训和教育模式进行改革，从多层次培养国际服务贸易所需的各类人才，使之熟悉国际服务贸易规则惯例及中国对外经济贸易的政策法规，为提高我国服务贸易竞争力奠定了坚实的人力资本基础。

6.3　本章小结

本章主要提出完善服务贸易政策与机制、完善服务贸易的立法、发挥服务贸易行业协会的作用、加强高技术服务业进口与自主创新相结合、促进制造业和高技术服务业融合提高制造业效率、提升服务业整体竞争力、加快服务贸易专业人才培养等措施。

本书总结

首先，本书分析了服务业及高技术服务业进口发展状况、行业分布、国家分布；基于 D–S 框架，拓展知识溢出双增长模型，借鉴新增长理论的时间跨期溢出效应，探讨高技术服务业进口技术溢出效应内生提高制造业效率的机理。其次，运用随机前沿生产函数方法（SFA），将高技术服务业进口因素引入技术无效方程中，测算各样本国家制造业的技术效率。在此基础上，计算出不同发展水平国家的制造业技术效率并加以比较分析。接着，从总体与分部门层面实证分析高技术服务业进口技术溢出效应对制造业效率的影响。继而，采用跨国面板数据，选取高技术服务业进口额、劳动就业人数、工业品支出额等变量对制造业效率的影响因素进行实证分析。最后，本书提出完善服务贸易政策与机制、加强高技术服务业进口与自主创新相结合、促进制造业和高技术服务业融合、加快服务贸易专业人才培养等措施。

受研究篇幅、数据可得性及本人研究能力的限制，本书在以下方面还有待于后续进一步地深入研究：

（1）本书在第 3 章应将高技术服务业进口特征作为重点分析，但由于世界各国高技术服务业数据严重缺失，有待更充分地将高技术服务业进口从行业、国别角度进行深入分析。随着统计资料的不断完善，对高技术服务业进口的研究可以在现阶段基础上进行更深入的分析，研究高技术服务业进口的角度可以更具体化和多样化。

（2）本书在第 5 章实证研究高技术服务业进口对制造业效率的影响时，由于数据的限制，第 5 章暂且以技术效率代替制造业效率，经验研究部分以 OECD 的 19 个国家服务业进口作为分析对象，对于后续的研究，本书内容有待更全面、详细的数据作进一步地深入研究。

参考文献

高铁梅:《计量经济分析力法与建模:Eviews 应用及实例(第二版)》,清华大学出版社 2010 年版。

白远、刘雯:《服务业对外直接投资:中国与印度的比较》,《国际经济合作》2006 年第 6 期,第 11—14 页。

包群、赖明勇:《FDI 技术外溢的动态测算及原因解释》,《统计研究》2003 年第 6 期,第 33—38 页。

毕斗斗:《生产服务业演变趋势研究》,中山大学管理学院博士学位论文,2005 年。

毕玉江、唐海燕、殷德生:《上海自贸区贸易转型面临的制约因素与对策》,《经济纵横》2014 年第 8 期。

蔡茂森、谭荣:《我国服务贸易竞争力分析》,《国际贸易问题》(月刊)2005 年第 2 期,第 38—42 页。

曹标、廖利兵:《服务贸易结构与经济增长》,《世界经济研究》2014 年第 1 期。

曹秋菊:《开放经济下的中国产业安全》,经济科学出版社 2007 年版。

查贵勇:《中国服务业吸引 FDI 溢出效应分析》,《国际经贸探索》2007 年第 5 期,第 63—66 页。

陈爱贞、刘志彪:《自贸区:中国开放型经济"第二季"》,《学术月刊》2014 年第 1 期,第 20—28 页。

陈保启、李为人:《生产性服务业的发展与我国经济增长方式的转变》,《中国社会科学院研究生院学报》2006 年第 6 期。

陈飞翔、胡靖等:《利用外资与技术转移》,经济科学出版社 2006 年版。

陈非:《河南省第三产业结构发展趋势预测与灰关联分析》,《经济经纬》2006 年第 6 期,第 30—31 页。

陈非:《服务外包动因机制分析及发展趋势预测——美国服务外包的验证》,

《中国工业经济》2005 年第 6 期，第 67-73 页。

陈国亮：《新经济地理学视角下的生产性服务业集聚研究》，浙江大学博士学位论文，2010 年。

陈虹、章国荣：《中国服务贸易国际竞争力的实证研究》，《管理世界》2010年第 10 期。

陈继勇、刘威：《美中贸易的"外资引致逆差"问题研究》，《世界经济》2006 年第 9 期，第 42-48 页。

陈健：《中国服务贸易发展的国别市场竞争力状况和演变趋势》，《国际经贸探索》2014 第 3 期。

陈凯：《服务业结构升级与就业之间相关关系研究》，《城市问题》2008 年第 7 期，第 62-66 页。

陈蕾：《我国知识密集型服务贸易发展及其经济效应研究》，武汉理工大学博士学位论文，2012 年。

陈启斐、王晶晶、岳中刚：《扩大内需战略能否扭转我国服务贸易逆差》，《国际贸易问题》2014 年第 12 期。

陈钎芬、陈劲：《FDI 技术外溢、吸收能力和人力资本关系的文献综述》，《科研管理》2008 年第 1 期，第 122-128 页。

陈双喜、王磊：《中日服务业产业内贸易实证研究》，《国际贸易问题》2010年第 8 期。

陈涛涛、白晓晴：《外商直接投资的溢出效应：国际经验的借鉴与启示》，《国际经济合作》2004 年第 9 期，第 10-13 页。

陈涛涛：《影响中国外商直接投资溢出效应的行业特征》，《中国社会科学》2003 年第 4 期。

陈涛涛：《中国 FDI 行业内溢出效应的内在机制研究》，《世界经济》2003 年第 9 期。

陈婷、苏秦、张艳：《陕西省制造业与服务业互动机制研究》，《科技管理研究》2008 年第 9 期。

陈万灵、任培强：《服务贸易配置要素对外贸增长方式转型的影响——基于"中介效应"检验方法的实证分析》，《国际商务》2011 年第 5 期。

陈雯、胡际：《全球服务业转移背景下生产者服务对制造业转型升级的影响分析》，《科技与经济》2012 年第 6 期。

陈宪、程大中：《国际服务贸易——原理、政策、产业》，立信会计出版社

2003 年版。

陈宪、黄建锋：《分工、互动与融合：服务业与制造业关系演进的实证研究》，《中国软科学》2004 年第 10 期，第 65–76 页。

陈宪、殷凤、韩太祥：《服务经济与贸易》，清华大学出版社 2010 年版。

陈宪：《服务贸易与经济增长：理论及实证研究》，上海社会科学院博士学位论文，2007 年。

陈燕清：《中印两国服务贸易出口结构变动的比较及启示》，《对外经贸》（月刊）2008 年第 9 期，第 45–47 页。

陈耀、冯超：《贸易成本、本地关联与产业集群迁移》，《中国工业经济》2008 年第 3 期。

陈月梅：《基于偏离—份额法的南京服务业结构和竞争力分析》，《华东经济管理》2007 年第 2 期，第 113–116 页。

程大中、陈福炯：《中国服务业相对密集度及对其劳动生产率的影响》，《管理世界》2005 年第 2 期。

程大中：《国际服务贸易学》，复旦大学出版社 2007 年版。

程大中：《生产者服务论》，文汇出版社 2006 年版。

程大中：《中国服务业的增长、技术进步与国际竞争力》，经济管理出版社 2006 年版。

程大中：《中国服务业增长的地区与部门特征》，《财贸经济》2003 年第 8 期，第 68–75 页。

程大中：《中国服务业增长的特点、原因及影响——鲍莫尔—富克斯假说及其经验研究》，《中国社会科学》2004 年第 2 期。

程大中：《中国生产性服务业的水平、结构及影响——基于投入—产出法的国际比较研究》，《经济研究》2008 年第 1 期，第 76–88 页。

程大中：《中国生产者服务业的增长、结构变化及影响》，《财贸经济》2006 年第 10 期，第 45–52 页。

程大中：《中美服务部门的产业内贸易及其影响因素分析》，《管理世界》2008 年第 9 期，第 57–64 页。

程南洋、杨红强、聂影：《中国服务贸易出口结构变动的实证分析》，《国际贸易问题》2006 年第 8 期。

程南洋、余金花：《中国货物贸易与服务贸易结构变动的相关性检验：1997~2005》，《亚太经济》（双月刊）2007 年第 1 期，第 94–97 页。

程伟：《经济全球化与经济转轨互动研究》，商务印书馆 2005 年版。

崔日明、张楠、李丹：《服务贸易竞争力研究评述》，《经济学动态》2009 年第 8 期，第 121-125 页。

崔日明、张志明：《服务贸易与中国服务业技术效率提升——基于行业面板数据的实证研究》，《国际贸易问题》2013 年第 10 期。

崔日明等：《国际贸易》，机械工业出版社 2008 年版。

崔岩、臧新：《日本服务业与制造业对外直接投资的比较和关联性分析》，《世界经济研究》2007 年第 8 期，第 80-85 页。

戴翔、金碚：《服务贸易进口技术含量与中国工业经济发展方式转变》，《管理世界》2013 年第 9 期。

戴翔：《服务贸易出口复杂度与经济增长——基于跨国面板数据的实证分析》，《南开经济研究》2011 年第 3 期。

邓聚龙：《灰理论基础》，华中科技大学出版社 2002 年版。

邓于君：《服务业结构演进：内在机理与实证研究》，科学出版社 2004 年版，第 14-18 页。

丁辉侠、冯宗宪：《服务业 FDI 自由化与我国经济福利关系实证分析》，《亚太经济》2008 年第 2 期，第 88-90 页。

丁平：《中国服务贸易国际竞争力的影响因素分析与对策研究》，《世界经济研究》2007 年第 9 期。

董小麟、董苑玫：《中国服务贸易竞争力及服务业结构缺陷分析》，《国际经贸探索》2006 年第 6 期。

董小麟等：《我国旅游服务贸易竞争力的国际比较》，《国际贸易问题》（月刊）2007 年第 2 期，第 78-83 页。

董直庆、夏小迪：《我国服务贸易技术结构优化了吗?》，《财贸经济》2010 年第 10 期，第 77-83 页。

杜兴鹏、黄勇明：《中国—东盟服务贸易发展现状及对策建议》，《现代商贸工业》2014 年第 8 期。

段军山：《跨国公司研发国际化的"溢出效应"及对我国政策分析》，《世界经济研究》2005 年第 8 期，第 19-25 页。

范纯增、于光：《服务贸易国际竞争力发展研究——兼论上海服务贸易国际竞争力发展战略》，《国际贸易问题》（月刊）2005 年第 2 期，第 48-53 页。

方慧：《服务贸易技术溢出的实证研究——基于中国 1991~2006 年数据》，

《世界经济研究》2009 年第 3 期，第 49-52 页。

方石玉：《大国软实力》，经济科学出版社 2008 年版。

方希桦、包群、赖明勇：《国际技术溢出：基于进口传导机制的实证研究》，《中国软科学》2004 年第 7 期。

冯国钊、刘遵义：《对美中贸易平衡的新估算》，《国际经济评论》1999 年第 3 期，第 10-20 页。

冯泰文：《产性服务业的发展对制造业效率的影响——以交易成本和制造成本为中介变量》，《数量经济技术经济研究》2009 年第 3 期，第 56-65 页。

付强：《当前全球服务业国际转移的趋势研判》，《商场现代化》2010 年第 7 期。

付晓丹：《生产性服务贸易对制造业升级的影响研究》，《统计与决策》2012 年第 18 期，第 140-142 页。

傅强、胡奚何、袁晨：《服务贸易结构对我国专利数量的影响研究基于技术溢出效应的角度》，《科技进步与对策》2011 年第 21 期，第 112-115 页。

高传胜、李善同：《中国生产者服务：内容、发展与结构——基于中国 1987~2002 年投入产出表的分析》，《现代经济探讨》2007 年第 8 期，第 68-72 页。

高传胜、刘志彪：《生产者服务与长三角制造业集聚和发展——理论、实证与潜力分析》，《上海经济研究》2005 年第 8 期，第 35-42 页。

高传胜：《中国生产者服务对制造业升级的支撑作用》，《山西财经大学学报》2008 年第 1 期，第 44-50 页。

高峰：《全球价值链视角下制造业与服务业的互动》，《现代管理学》2007 年第 1 期，第 43-45 页。

高凌云、王永中：《R&D 溢出渠道、异质性反应与生产率：基于 178 个国家面板数据的经验研究》，《世界经济》2008 年第 2 期。

高运胜：《上海生产性服务业集聚区发展模式研究》，同济大学管理学博士学位论文，2008 年。

郜志雄、卢进勇、高菲：《中美经贸关系：近还是远？基于货物贸易、服务贸易和 FDI 国际比较的视角》，《经济经纬》2013 年第 6 期。

郜志雄、王颖：《中国与哈萨克斯坦经贸合作前景的实证分析——基于贸易、投资的国际比较》，《国际贸易问题》2011 年第 3 期，第 52-60 页。

戈雪梅、唐保庆：《服务贸易对经济增长的影响——知识产权保护视角的另一种解释》,《经济导刊》2011 年第 8 期。

格鲁伯、M. A.沃克格:《服务业的增长:原因与影响》,上海三联书店 1993 年版。

公文俊平:《日本进入服务产业新时代》,雨谷译,新华出版社 1987 年版。

顾国达、周蕾:《全球价值链角度下我国生产性服务贸易的发展水平研究——基于投入产出方法》,《国际贸易问题》2010 年第 5 期。

顾乃华、毕斗斗、任旺兵:《生产性服务业与制造业互动发展:文献综述》,《经济学家》2006 年第 6 期,第 35–41 页。

顾乃华、毕斗斗、任旺兵:《中国转型期生产服务业发展与制造业竞争力关系研究——基于面板数据的实证分析》,《中国工业经济》2006 年第 9 期,第 14–21 页。

顾乃华:《生产性服务业对工业获利能力的影响和渠道——基于城市面板数据和 SFA 模型的实证研究》,《中国工业经济》2010 年第 5 期。

顾乃华:《我国服务业对工业发展外溢效应的理论和实证分析》,《统计研究》2005 年第 12 期,第 9–13 页。

顾乃华:《我国服务业发展的效率特征及其影响因素——基于 DEA 方法的实证研究》,《财贸研究》2008 年第 4 期。

郭克莎:《第三产业的结构优化与高效发展》,《财贸经济》2000 年第 10 期,第 51–56 页。

郭沛:《中国服务贸易商品集中度与竞争力的互动机制——基于中国服务贸易数据的研究》,《国际经贸探索》(月刊)2013 年第 8 期,第 36–44 页。

郭世英、王庆、李素兰:《中国服务业结构优化升级问题分析》,《河北大学学报》(哲学社会科学版)2010 年第 3 期,第 115–118 页。

韩冰:《服务业国际转移和我国服务业利用外资现状》,《当代经济》2007 年第 11 期,第 8–9 页。

韩岳峰:《美国服务贸易模式特征研究》,吉林大学博士学位论文,2010 年 5 月。

何保山、顾纪瑞、严英龙:《中国技术转移和技术进步》,经济管理出版社 1996 年版。

何传添、郭好杰:《广东现代服务业发展现状与路径》,《国际经贸探索》2010 年第 10 期。

何德旭、夏杰长:《服务经济学》,中国社会科学出版社 2009 年版。

何洁：《外商直接投资对中国工业部门外溢效应的进一步精确量化》，《世界经济》2000 年第 12 期。

何林、刘惠：《生产性服务贸易对中国四类制造业国际竞争力的影响研究》，《软科学》2014 年第 4 期（总第 172 期）。

何青松、杨川：《生产性服务业对制造业升级的促进作用分析——以山东省为例》，《经济管理研究》2013 年第 3 期。

何伟：《运输服务贸易比较优势的构成及变迁——基于美中两国 1992~2008 年贸易数据的比较》，《国际贸易问题》2011 年第 2 期。

何亚东：《我国服务贸易竞争力及发展战略研究》，《世界贸易组织动态与研究》2010 年第 3 期，第 5-15 页。

贺卫、伍旱、高崇：《我国服务贸易竞争力影响因素的实证分析》，《国际贸易问题》2005 年第 2 期。

贺卫、伍山林：《制度经济学》，机械工业出版社 2003 年版，第 231-315 页。

贺卫、伍星等：《我国服务贸易竞争力影响因素的实证分析》，《国际贸易问题》（月刊）2005 年第 2 期，第 43-47 页。

胡朝霞：《FDI 对中国服务业全要素生产率的影响——基于随机前沿面板数据模型的分析》，《厦门大学学报》（哲学社会科学版）2010 年第 4 期。

胡景岩：《中国发展服务贸易的战略思考》，《国际贸易》2006 年第 11 期，第 32-41 页。

胡霞：《中国城市服务业集聚效应实证分析》，《财贸经济》2009 年第 8 期。

胡晓鹏、李庆科：《生产性服务业与制造业共生关系研究——对苏、浙、沪投入产出表的动态比较》，《数量经济技术经济研究》2009 年第 2 期，第 33-46 页。

黄建忠、吴超：《国际服务贸易摩擦研究：现状、特征与成因》，《国际贸易问题》2013 年第 9 期。

黄健青、张娇兰：《京津沪渝服务贸易竞争力及其影响因素的实证研究》，《国际贸易问题》2012 年第 5 期。

黄静：《对我国技术外溢吸收能力的研究——基于工业行业排名分析》，《经济问题》2007 年第 11 期，第 119-122 页。

黄莉芳、黄良文、洪琳琳：《技术效率测算及影响因素探讨——基于随机前沿模型的中国生产性服务业》，《数量经济技术经济研究》2011 年第 6 期。

黄丽萍：《我国知识密集型服务贸易竞争力分析与发展策略思考》，《国际贸易》2013 年第 6 期。

黄凌云、杨雯：《外商直接投资技术溢出效应、吸收能力与经济增长》，《经济评论》2007 年第 5 期，第 72−75 页。

黄庐进、王晶晶：《中国和印度服务贸易国际竞争力的比较研究》，《财贸经济》2010 年第 1 期。

黄满盈、邓晓虹：《中国金融服务贸易国际竞争力分析——基于 BOP 和 FATS 统计的分析》，《世界经济研究》2010 年第 5 期，第 7−13 页。

黄森、蒲勇健：《基于三阶段模型的我国服务业效率研究》，《山西财经大学学报》2011 年第 7 期。

黄少军：《服务业与经济增长》，经济科学出版社 2000 年版，第 280−287 页。

黄万阳：《中美贸易不平衡的均衡、错位及其矫正的实证研究》，《国际贸易问题》2011 年第 8 期，第 58−67 页。

黄卫平、方石玉：《生产者服务业外商直接投资与中国经济增长的实证分析》，《当代财经》2008 年第 4 期，第 100−104 页。

黄蔚：《美国对华直接投资发展的实证研究及趋势分析》，《国际贸易问题》2005 年第 12 期，第 98−103 页。

黄晓凤、廖雄飞：《中美贸易失衡主因分析》，《财贸经济》2011 年第 4 期，第 58−67 页。

黄烨著：《外国直接投资的技术溢出效应——对中国四大高技术产业的分析》，《世界经济研究》2006 年第 7 期，第 9−15 页。

黄勇明：《中国—东盟服务贸易发展现状及对策建议》，《现代商贸工业》2014 年第 8 期。

贾根良：《劳动分工、制度变迁与经济发展》，南开大学出版社 1999 年版。

江波、李江帆：《政府规模、劳动—资源密集型产业与生产服务业发展滞后：机理与实证研究》，《中国工业经济》2013 年第 1 期。

江静、刘志彪、于明超：《生产者服务业发展与制造业效率提升：基于地区和行业面板数据的经验分析》，《世界经济》2007 年第 8 期，第 52−62 页。

江静、刘志彪：《商务成本：长三角产业分布新格局的决定因素考察》，《上海经济研究》2006 年第 11 期，第 87−96 页。

江静、刘志彪：《生产性服务发展与制造业在个球价值链中的升级——以长三角地区为例》,《南方经济》2009 年第 10 期，第 36-44 页。

江静：《市场支持、产业互动与中国服务业发展》，《经济管理》2010 年第 3 期。

江小娟、李辉：《服务业与中国经济：相关性和加快增长的潜力》，《经济研究》2004 年第 1 期。

江小涓：《服务全球化与服务外包：现状、趋势及理论分析》，人民出版社 2008 年版。

江小涓：《中国的外资经济对增长、结构升级和竞争力的贡献》，《中国社会科学》2002 年第 6 期。

江心英、陈丽珍：《外国直接投资技术外溢理论研究综述》，《国际贸易问题》2006 年第 6 期。

姜建平、赵伊川：《SFD 工与中国服务业增长关系的实证分析》，《国际贸易问题》2007 年第 4 期，第 106-109 页。

姜瑾、朱桂龙：《外商直接投资行业间技术溢出效应实证分析》，《财经研究》2007 年第 1 期，第 112-121 页。

姜义茂：《服务经济全球化时期我国服务贸易发展的战略思考》，《财贸经济》2008 年第 9 期，第 79-84 页。

蒋庚华：《中国服务贸易结构问题研究》，东北师范大学博士学位论文，2011 年。

蒋昭乙：《服务贸易与中国经济增长影响机制实证研究》，《国际贸易问题》2008 年第 3 期。

焦百强、郭沛：《中国服务贸易商品集中度与竞争力的互动机制——基于中国服务贸易数据的研究》，《国际经贸探索》2013 年第 8 期。

焦晋鹏、杨慧瀛、齐福：《中国服务贸易竞争力影响因素研究》，《贸易经济》2013 年第 4 期。

接玉芹、潘东波：《中国服务业 FDI 对服务业经济增长影响的实证分析》，《经济纵横》2007 年第 6 期，第 20-23 页。

金俐、陈群锋：《中国服务贸易进口的技术溢出效应——基于 VAR 模型的实证分析》，《江苏商论》2012 年第 8 期。

康承东：《我国服务贸易国际竞争力分析》，《国际贸易问题》（月刊）2001 年第 5 期，第 46-51 页。

克鲁格曼：《国际经济学》，中国人民大学出版社 1998 年版。

课题组：《国际服务外包发展趋势与中国服务外包业竞争力》，《国际贸易》 2007 年第 8 期，第 19-28 页。

孔德洋、徐希燕：《生产性服务业与制造业互动关系研究》，《经济管理》 2008 年第 12 期，第 74-79 页。

孔令成、马忠旺：《中国服务贸易推动经济增长效应研究》，《当代经济管理》2009 年第 7 期。

孔婷、孙林岩、冯泰文：《生产性服务业对制造业效率调节效应的实证研究》，《科学学研究》2010 年第 3 期。

来有为：《趋向日益加快——服务业国际转移发展动向与我国引资新热点》，《国际贸易》2004 年第 4 期，第 46-48 页。

赖明勇、包群等：《外商直接投资与技术外溢：基于吸收能力的研究》，《经济研究》2005 年第 8 期。

蓝玉才：《我国服务贸易与欧美等国的差距》，《中国商论》2014 年第 4 期。

李博、韩增林：《基于投入产出法的大连市生产性服务业与制造业互动研究》，《地理科学》2012 年第 2 期。

李丹、崔日明：《生产性服务业对辽宁装备制造业的拉动效应研究》，《辽宁大学学报》（哲学社会科学版）2012 年第 11 期。

李丹：《服务贸易结构优化：基于典型国家的理论与实证研究》，辽宁大学博士学位论文，2010 年第 6 期。

李盾、刘从军：《服务业贸易自由化对开放国的福利影响》，《国际贸易问题》2006 年第 8 期，第 111-114 页。

李顿：《我国国际服务贸易专业人才培养探索》，《经贸教育》2014 年第 4 期。

李冠霖：《第三产业投入产出分析——从投入产出的角度着第三产业的产业关联与产业波及特性》，中国物价出版社 2002 年版。

李怀政：《中国服务贸易结构与竞争力的国际比较研究》，《商业经济与管理》（月刊）2002 年第 12 期，第 17-20 页。

李慧中：《比较优势与国际服务贸易动因：一个区分不同贸易模式的新研究》，《学术月刊》2008 年第 9 期，第 80-87 页。

李慧中：《贸易与投资动因：服务业与制造业的差异》，《复旦学报》2004 年第 1 期，第 64-70 页。

李慧中：《为什么发达国家服务价格高于发展中国家——兼论服务业的对外直接投资》，《国际经济评论》2002 年第 6 期。

李江帆、毕斗斗：《国外生产服务业研究述评》，《外国经济与管理》2004 年第 11 期。

李江帆、朱胜勇：《"金砖四国"生产性服务业的水平、结构与影响——基于投入产出法的国际比较研究》，《上海经济研究》2008 年第 9 期，第 3-10 页。

李江帆：《产业结构高级化与第三产业现代化》，《中山大学学报》（社会科学版），2005 年。

李江帆：《国外生产服务业研究述评》，《外国经济与管理》2004 年第 11 期，第 16-25 页。

李美云：《服务业的产业融合与发展》，经济科学出版社 2007 年版。

李平、梁俊启：《我国不同部门服务贸易对经济增长的影响》，《国际贸易问题》2007 年第 12 期，第 68-72 页。

李启平：《生产性服务业和农业的互动发展关系》，《科技进步与对策》2009 年第 13 期，第 73-75 页。

李强、唐磊：《中美贸易结构的稳定性分析基于产品周期理论的研究》，《国际贸易问题》2009 年第 6 期，第 47-55 页。

李善同、高传胜：《中国生产者服务业发展与制造业升级》，上海三联书店 2008 年版。

李善同：《21 世纪初的中国服务业》，经济科学出版社 2002 年版。

李铁立：《外商直接投资技术溢出效应差异的实证分析》，《财贸经济》2006 年第 4 期，第 13-18 页。

李为人、刘绍坚：《危机影响下服务贸易发展趋势及中国的路径选择》，《国际贸易》2012 年第 11 期。

李文、潘英丽：《生产者服务与制造业发展关系综述》，《现代管理科学》2011 年第 10 期。

李小平、卢现祥、朱钟棣：《国际贸易、技术进步和中国工业行业的技术效率增长》，《经济学》（季刊）2008 年第 2 期。

李小平、朱钟棣：《国际贸易、R&D 溢出和生产率增长》，《经济研究》2006 年第 2 期。

李杏、盛朝迅：《外商直接投资技术溢出效应的实证研究——以南京市为例》，《南京财经大学学报》2005 年第 6 期，第 37-41 页。

李焱、王孟孟、黄庆波：《中澳服务业产业内贸易及影响因素研究——基于贸易引力模型的分析》,《价格月刊》2013 年第 3 期。

李杨、蔡春林:《中国服务贸易发展影响因素的实证分析》,《国际贸易问题》2008 年第 5 期。

李勇坚:《中国服务业内部各个行业发展的影响因素分析》,《财贸经济》2004 年第 7 期,第 16-24 页。

李子奈:《计量经济学应用研究的总体回归模型设定》,《经济研究》2008 年第 8 期。

梁瑞、黄玉丽:《国际服务贸易发展趋势与我国战略选择》,《河南社会科学》2010 年第 11 期。

梁莹莹、孟凡峰:《金融发展是否提升了生产性服务贸易竞争力?——基于 RCA、TC、MI 指数的 GMM 分析》,《中央财经大学学报》2014 年第 4 期。

林琳:《中美产业内贸易研究》,《国际贸易问题》2006 年第 1 期,第 33-39 页。

林略、杨俊萍、但斌:《面向制造业的生产性服务专业化集聚化发展研究》,《科技管理研究》2007 年第 10 期,第 74-75 页。

刘兵权、王耀中:《分工、现代生产性服务业与高端制造业发展》,《山西财经大学学报》2010 年第 11 期。

刘长庚等:《以资源为基础的服务业跨国公司发展》,湘潭大学出版社 2007 年版。

刘丁有、程欢:《中国服务贸易:逆差、结构、竞争力问题分析及发展对策思考》,《西安财经学院学报》2012 年第 2 期。

刘海云、余道先:《中国服务贸易:总量增长与结构失衡》,《国际贸易》2008 年第 2 期。

刘继国、赵一婷:《制造业中间投入服务化趋势分析》,《经济与管理》2006 年第 9 期,第 9-12 页。

刘培林、宋湛:《服务业和制造业企业法人绩效比较》,《经济研究》2007 年第 1 期。

刘庆林等:《服务业国际转移的经济效应分析》,《山东大学学报》2007 年第 2 期,第 76-83 页。

刘伟全:《论我国服务贸易国际竞争力的提升》,《山东财政学院学报》2005 年第 2 期,第 85-88 页。

刘纤之:《服务业国际转移的趋势与上海的战略对策》,《上海综合经济》

2004 年第 12 期，第 40-42 页。

刘兴凯、张诚：《中国服务业全要素生产率增长及其收敛分析》，《数量经济技术经济研究》2010 年第 3 期。

刘徐方：《现代服务业融合发展的动因分析》，《经济与管理研究》2010 年第 1 期，第 40-44 页。

刘艳：《中国服务业 FDI 的技术溢出研究》，暨南大学博士学位论文，2010 年第 11 期。

刘艳君、商伟：《日本服务贸易国际竞争力的实证分析》，《日本问题研究》2010 年第 2 期。

刘勇：《论服务业与制造业的协同发展》，《学习与探索》2007 年第 6 期，第 150-154 页。

刘志彪：《发展现代生产者服务业与调整优化制造业结构》，《南京大学学报》2006 年第 5 期，第 36-44 页。

刘志彪：《论现代生产者服务业发展的基本规律》，《中国经济问题》2006 年第 1 期。

刘志彪：《现代产业经济学》，高等教育出版 2003 年版。

刘志彪：《现代服务业的发展：决定因素与政策》，《江苏社会科学》2005 年第 6 期，第 207-212 页。

刘志中：《服务业国际转移及其溢出效应研究》，辽宁大学博士学位论文，2009 年第 5 期。

柳剑平、张兴泉：《产业内贸易、产业结构差异与中美贸易摩擦——与中日贸易摩擦的比较分析》，《世界经济研究》2011 年第 5 期，第 27-32 页。

鲁晓东：《我国服务贸易竞争力的实证分析》，《国际经贸探索》2007 年第 10 期。

陆小成：《生产性服务业与制造业融合的知识链模型研究》，《情报杂志》2009 年第 2 期，第 111-121 页。

陆燕：《世界服务贸易发展结构和趋势》，《国际经济合作》2011 年第 3 期。

吕政、刘勇、王钦：《中国生产服务业发展的战略选择——基于产业互动的研究视角》，《中国工业经济》2006 年第 8 期，第 5-12 页。

罗长远、曾繁华：《外国直接投资溢出效应的文献综述》，《经济评论》2008 年第 2 期，第 133-136 页。

罗立彬：《服务业 FDI 与东道国制造业效率》，中国社会科学院研究生院博士学位论文，2010 年 4 月。

罗丽英、杨云：《服务贸易出口持续强劲增长的动因及实证分析》，《国际经贸探索》2012 年第 9 期。

罗良文、阚大学：《对外贸易和外商直接投资对中国人力资本存量影响的实证研究——基于岭回归分析法》，《世界经济研究》2011 年第 4 期，第 31-35 页。

罗时龙：《服务业结构与服务业发展实证研究》，《现代经济探讨》2006 年第 6 期，第 54-56 页。

骆海燕、陈昌华：《服务业国际转移及我国服务企业竞争策略选择》，《重庆工商大学学报》2006 年第 4 期，第 58-61 页。

马风华、李江帆：《生产性服务业与制造业互动研究评述》，《经济管理》2008 年第 17 期，第 92-97 页。

迈克尔·波特：《竞争优势》，陈小悦译，华夏出版社 2005 年版。

毛丽莉、杨明皓：《中国生产性服务贸易发展研究》，《现代商贸工业》2012 年第 3 期。

蒙英华、黄宁：《中美服务贸易与制造业效率——基于行业面板数据的考察》，《财贸经济》2010 年第 12 期。

蒙英华、尹翔硕：《生产者服务贸易与中国制造业效率提升——基于行业面板数据的考察》，《世界经济研究》2010 年第 7 期。

诺斯：《制度、制度变迁与经济绩效》，上海三联书店 1994 年版。

潘爱民：《中国服务贸易开放与经济增长的长期均衡与短期波动研究》，《国际贸易问题》（月刊）2006 年第 2 期，第 54-58 页。

潘菁、刘辉煌：《我国知识型服务贸易竞争力的国际比较研究》，《山西财经大学学报》（月刊）2008 年第 11 期，第 41-45 页。

潘锐、周云亨：《从石油安全视角考察中美石油竞争关系》，《世界经济研究》2010 年第 1 期，第 10-15 页。

潘善军：《上海生产性服务业的投入产出分析》，上海社会科学院硕士学位论文，2011 年。

庞博慧、郭振：《生产性服务业和制造业共生演化模型研究》，《经济管理》2010 年第 9 期。

裴长洪、杨志远：《2000 年以来服务贸易与服务业增长速度的比较分析》，《财贸经济》2012 年第 11 期，第 5-13 页。

裴长洪：《我国现代服务业发展的经验和理论分析》，《中国社会科学院研究生院学报》2010 年第 1 期。

平新乔等：《外国直接投资对中国企业的溢出效应分析：来自中国第一次全国经济普查数据的报告》，《世界经济》2007 年第 8 期，第 3–13 页。

乔均、施建军：《生产性服务业与制造业互动发展研究评述》，《经济学动态》2009 年第 11 期。

秦升：《生产性服务业的兴起对产业价值链全球整合的影响分析》，《当代经济研究》2012 年第 9 期。

丘灵、中玉铭、任旺兵：《国内外生产性服务业与制造业互动发展的研究进展》，《世界地理研究》2007 年第 3 期，第 71–77 页。

曲凤杰：《优化结构与协调发展——发展服务贸易与转变我国外贸增长方式的战略措施》，《国际贸易》（月刊）2006 年第 1 期，第 28–32 页。

任会利、刘辉煌：《生产性服务贸易对制造业国际竞争力的影响研究——基于中国的实证分析：1982–2008》，《技术与创新管理》2010 年第 3 期。

任会利：《生产者服务进口影响制造业国际竞争力的中介效应研究》，《经济与管理》（月刊）2010 年第 3 期，第 323–326 页。

任旺兵：《我国服务业发展的国际比较与实证研究》，中国计划出版社 2005 年版。

商务部：《中国服务贸易发展报告》（2007 年），http：//tradeinservices.mofcom. gov.cn/index.do？method=noCacheView&id=18333，2007 年。

尚涛、郭根龙、冯宗宪：《我国服务贸易自由化与经增长的关系研究——基于脉冲响应函数方法的分析》，《国际贸易问题》2007 年第 8 期。

尚涛、陶蕴芳：《中国生产性服务贸易开放与制造业国际竞争力关系研究》，《世界经济研究》2009 年第 5 期，第 52–58 页。

邵留国等：《外贸政策对 FDI 技术溢出效应的影响机制》，《世界经济研究》2007 年第 4 期，第 3–9 页。

申玉铭、邱灵等：《中国生产性服务业产业关联效应分析》，《地理学报》2007 年第 8 期，第 821–830 页。

沈大勇、金孝柏：《国际服务贸易：研究文献综述》，人民出版社 2010 年版。

沈国兵：《显性比较优势、产业内贸易与中美双边贸易平衡》，《管理世界》2007 年第 2 期，第 5–15 页。

沈乎、章涛、李增新：《投资美国》，《新世纪周刊》2011 年第 17 期，第 32–

42 页。

沈坤荣、耿强：《外国直接投资、技术外溢与内生经济增长》，《中国社会科学》2001 年第 5 期，第 82–93 页。

沈利生：《重新审视传统的影响力系数公式——评影响力系数公式的两个缺陷》，《数量经济技术经济研究》2010 年第 2 期，第 133–141 页。

盛斌：《中国对外贸易政策的政治经济分析》，上海人民出版社 2002 年版，第 517–530 页。

施剑辉：《全球价值链下我国制造业与生产性服务业互动发展研究》，华侨大学硕士学位论文，2009 年。

时春红：《生产性服务业与制造业效率关系实证分析》，《价格月刊》2010 年第 2 期。

舒燕、林龙新：《我国服务贸易结构的特征和影响因素研究》，《经济经纬》2011 年第 4 期，第 76–80 页。

舒燕、林龙新：《自主研发 服务贸易进口溢出对生产率影响的比较分析——基于跨国面板数据的实证分析》，《云南财经大学学报》2013 年第 3 期（总第 161 期）。

宋国友：《中美经贸关系中的不对称性：基于数据的分析》，《世界经济与政治论坛》2007 年第 3 期，第 33–39 页。

宋加强、王强：《现代服务贸易国际竞争力影响因素研究——基于跨国面板数据》，《国际贸易问题》2014 年第 2 期。

宋加强：《我国现代服务贸易国际竞争力影响因素——基于 1998~2012 年时间序列分析》，《科技和产业》2014 年第 4 期。

宋瑛：《竞争优势理论及其对我国服务贸易的启示》，《国际贸易问题》（月刊）2005 年第 1 期，第 40–44 页。

孙久文等：《长三角地区生产性服务业与制造业共生发展研究》，《南京社会科学》2010 年第 8 期。

孙茂辉：《服务贸易对澳门经济增长贡献的实证析》，《世界经济研究》2005 年第 1 期。

孙雅玲、孙华平：《服务业 FDI 与服务贸易关系的实证研究——以宁波为例》，《浙江树人大学学报》2010 年第 7 期。

谭小芬：《中国服务贸易竞争力的国际比较》，《经济评论》2003 年第 2 期。

唐保庆、陈志和、杨继军：《服务贸易进口是否带来国外 R&D 溢出效应》，

《数量经济技术经济研究》2011 年第 5 期。

唐保庆、王绮、张伟:《知识产权保护下服务贸易进口的经济效应分析:一个理论研究框架》,《公共管理》2012 年第 6 期 (总第 498 期)。

唐保庆:《知识产权保护下服务贸易研究对经济增长的作用机理研究》,《南京大学》2013 年第 8 期。

唐平娟、周柳:《中印服务贸易国际竞争力比较研究》,《中国集体经济》2013 年第 22 期。

唐强荣、康泽永:《生产性服务业与制造业关系研究述评》,《生产力研究》2010 年第 3 期。

唐强荣、徐学军、何自力:《生产性服务业与制造业共生发展模型及实证侧究》,《南开管理评论》2009 年第 3 期,第 20-26 页。

唐强荣、徐学军:《基于共生理论的生产性服务企业与制造企业合作关系的实证研究》,《工业技术经济》2008 年第 12 期,第 81-83 页。

唐强荣、徐学军:《新型工业化生产性服务业与制造业》,《工业技术经济》2007 年第 11 期,第 122-124 页。

唐绍祥、张云华、周新苗:《FDI 技术溢出效应研究》,中国水利水电出版社 2007 年版。

田曦:《生产性服务影响我国制造业竞争力的实证分析》,《科技和产业》2007 年第 11 期,第 5-8 页。

佟家栋、彭支伟:《从"干中学"到"加工中学"》,《南开学报》(哲学社会科学版) 2007 年第 6 期。

万红先:《入世以来我国服务贸易国际竞争力变动分析》,《国际贸易问题》2005 年第 5 期。

汪德华、张再金、白重恩:《政府规模、法治水平与服务业发展》,《经济研究》2007 年第 6 期。

汪素芹、周健:《技术创新对中国外贸发展方式转变影响的实证研究》,《财贸研究》2012 年第 6 期,第 43-50 页。

汪素琴、胡玲玲:《我国生产性服务贸易的发展及国际竞争力分析》,《国际商务——对外经济贸易大学学报》2007 年第 6 期。

王峰:《香港转口贸易与美中贸易逆差》,《国际贸易问题》2004 年第 5 期,第 89-92 页。

王煌、唐清泉:《中国结构性存量流动性过剩问题》,《求索》(月刊) 2007

年第 8 期，第 6-8 页。

王卉：《中国国际服务贸易发展的比较分析》，《亚太经济》2014 年第 5 期。

王金武：《我国生产性服务业与制造业互动分析及其对策研究》，武汉理工大学管理学院硕士学位论文，2005 年。

王冷莉：《低碳经济背景下中国贸易结构转型研究》，《社会科学辑刊》2012 年第 2 期，第 119-122 页。

王浅：《生产性服务贸易对中国制造业竞争力的影响分析》，辽宁大学博士学位论文，2011 年，第 18-23 页。

王绍媛：《中国服务贸易竞争力分析——基于进出口数据的指标分析》，《世界经济与政治论坛》2005 年第 1 期。

王恕立、胡宗彪：《中国服务业分行业生产率变迁及异质性考察》，《经济研究》2012 年第 4 期。

王恕立、刘军：《外商直接投资与服务贸易国际竞争力——来自 77 个国家的经验证据》，《国际贸易问题》2011 年第 3 期，第 79-88 页。

王涛、姜伟：《中日服务业产业内贸易问题实证研究》，《世界经济研究》2010 年第 6 期。

王影、石凯：《提升我国生产性服务贸易竞争力的实证研究》，《工业技术经济》2013 年第 10 期。

王煜：《我国服务贸易结构国际比较及优化》，《财贸研究》（双月刊）2007 年第 5 期，第 46-50 页。

王子先：《后危机时代中国参与世界产业大重组的十大机遇》，《中国金融》2010 年第 5 期。

魏江、陶颜、王琳：《知识密集型服务业的概念与分类研究》，《中国软科学》2007 年第 1 期，第 33-41 页。

吴敬琏：《中国增长模式抉择》，上海远东出版社 2006 年版。

吴心伯：《中美经贸关系的新格局及其对双边关系的影响》，《复旦学报》（社会科学版）2007 年第 1 期，第 1-10 页。

吴延兵：《自主研发、技术引进与生产率——基于中国地区工业的实证研究》，《经济研究》2008 年第 8 期。

吴云雁：《中美贸易平衡中的地理走向因素分析》，《商业研究》2006 年第 23 期，第 195-198 页。

吴振球、王振、张传杰：《我国国际服务贸易与经济增长关系的实证研究——基于 VAR 模型的分析》，《宏观经济研究》2013 年第 4 期。

伍华佳、张莹颖：《中国服务贸易对产业结构升级中介效应的实证检验》，《上海经济研究》（月刊）2009 年第 3 期，第 20-27 页。

伍再华：《基于竞争力视角下的中国服务贸易发展研究》，《经济与管理》（双月刊）2006 年第 11 期，第 14-18 页。

席艳乐、易莹莹：《生产性服务业对制造业就业的影响研究——以上海为例》，《技术经济与管理研究》2012 年第 5 期。

夏晴：《服务业国际转移动态、路径及其对承接地的要求》，《浙江树人大学学报》2008 年第 1 期，第 48 页。

肖海兰：《FDI 对我国中部地区现代服务业影响的实证研究》，武汉理工大学硕士学位论文，2008 年。

谢建国、周露昭：《进口贸易、吸收能力与国际 R&D 技术溢出：中国省区面板数据的研究》，《世界经济》2009 年第 9 期。

邢玉升、曹利战：《中国国际服务贸易发展及其决定因素——基于传统与现代两部门的考察》，《内蒙古社会科学》（汉文版）2014 年第 1 期。

熊凤琴：《生产者服务进口对我国制造业全要素生产率的影响分析》，《生产力研究》2014 年第 3 期。

熊凤琴：《生产者服务贸易自由化对我国商品出口的影响分析》，《南京财经大学学报》2010 年第 4 期。

熊启泉、张琰光：《中国服务贸易对经济增长的贡献——基于 1982~2006 年数据的实证分析》，《世界经济研究》2008 年第 11 期。

徐复、张静芳：《美国对华技术出口管制政策与中美贸易不均衡问题研究》，《郑州航空工业管理学院学报》2006 年第 6 期，第 48-52 页。

徐国祥、常宁：《现代服务业统计标准的设计》，《统计研究》2004 年第 12 期。

徐宏毅、欧阳明德：《"中国服务业"生产率的实证研究》，《工业工程与管理》2004 年第 5 期。

徐康宁、邵军、李大升：《江苏经济增长与外贸依存相关性研究》，《现代经济探讨》2002 年第 4 期。

徐学军、冯骥龙、何来刚：《基于交易成本的制造业与生产服务业共生模式》，《科技管理研究》2007 年第 9 期，第 171-173 页。

徐学军：《助推新世纪的经济腾飞：中国生产性服务业巡礼》，科学出版社 2008 年版。

徐瑛、陈秀山、刘凤良：《中国技术进步贡献率的度量与分解》，《经济研究》2006 年第 8 期。

薛立敏等：《生产性服务业与制造业互动关系之研究》，中国台湾中华经济研究院，1993 年。

杨春立、于明：《生产性服务业与制造业价值链变化的分析》，《计算机集成制造系统》2008 年第 1 期，第 154–159 页。

杨广、韦琦：《服务贸易结构演变的世界趋势与中国悖论——基于中国与 OECD 国家的比较研究》，《探索》2010 年第 7 期。

杨锦权、王迎新：《国际服务贸易提供方式：一个理论的研究视角》，《财贸经济》2007 年第 5 期，第 33–38 页。

杨玲、高谊、许传龙：《经济服务化中国的现状机遇与挑战》，《武汉大学学报》2014 年第 5 期。

杨玲：《上海生产性服务进口贸易技术溢出效应研究》，《国际经贸探索》2014 年第 2 期。

杨玲：《生产性服务贸易进口复杂度对上海科技企业技术水平的异质性影响效用研究》，《中央财经大学学报》2014 年第 9 期。

杨玲：《中国生产性服务业异制性比较研究——基于发达地区与不发达地区差异分析》，《中国经济问题》2011 年第 4 期。

杨青：《对我国服务贸易结构的思考》，《现代商贸工业》2008 年第 11 期。

杨青青、苏秦、尹琳琳：《我国服务业生产率及其影响因素分析——基于随机前沿生产函数的实证研究》，《数量经济技术经济研究》2009 年第 12 期。

杨仁发、刘纯彬：《生产性服务业与制造业融合背景的产业升级》，《改革》2011 年第 1 期。

杨圣明：《服务贸易中国与世界》，民主与建设出版社 1999 年版，第 4–5 页。

李琦：《国际化进程中南京服务贸易发展研究》，《南京社会科》2013 年第 1 期。

杨向阳、陈超：《江苏服务业结构效益与竞争力分析——兼评偏离份额分析法的应用》，《长江流域资源与环境》2006 年第 4 期，第 415–420 页。

杨向阳、徐翔：《中国服务业全要素生产率增长的实证分析》，《经济学家》2006 年第 3 期。

杨勇:《生产者服务贸易国外研究进展与述评》,《技术经济与管理研究》2011 年第 7 期。

杨志远:《新国际分工视角下服务业与服务贸易相关性研究》,中国社会科学院博士学位论文,2013 年。

姚海棠、方晓丽:《金砖五国服务部分竞争力及影响因素实证分析》,《国际贸易问题》2013 年第 2 期,第 100–110 页。

姚星:《服务贸易促进经济增长的机制研究》,西南财经大学博士学位论文,2009 年。

姚战琪:《推动服务贸易与货物贸易有机互动发展》,《中国商贸》2014 年第 10 期。

姚正海:《高技术企业融资策略选择研究》,《湖北社会科学》2010 年第 7 期。

叶耀明、刘红:《上海服务业内部结构特征分析》,《上海经济研究》2007 年第 1 期,第 51–57 页。

颐乃华、李江帆:《中国服务业技术效率区域差异的实证分析》,《经济研究》2006 年第 1 期。

殷凤、陈宪:《国际服务贸易影响因素研究与我国服务贸易国际竞争力研究》,《国际贸易问题》2009 年第 2 期,第 61–69 页。

殷凤:《世界服务贸易发展趋势与中国服务贸易竞争力研究》,《世界经济研究》2007 年第 1 期。

殷凤:《中国服务贸易比较优势测度及其稳定性分析》,《财贸经济》2010 年第 6 期。

尹忠明、姚星:《中国服务贸易结构与经济增长的关系研究——基于 VAR 模型的动态效应分析》,《云南财经大学学报》2009 年第 5 期,第 25–33 页。

于立新、杨晨:《新阶段我国服务贸易发展战略路径研究》,《国际贸易》2013 年第 1 期。

余道先、刘海云:《中国生产性服务贸易结构与贸易竞争力分析》,《世界经济研究》2010 年第 2 期,第 49–56 页。

玉升、曹利战:《中国国际服务贸易发展及其决定因素——基于传统与现代两部门的考察》,《内蒙古社会科学》(汉文版)2014 年第 1 期。

喻春娇、郑光凤:《湖北省生产性服务业与制造业的互动发展程度分析》,《经济地理》2010 年第 11 期,第 1859–1864 页。

原毅军、耿殿贺、张乙明：《技术关联下生产性服务业与制造业的研发博弈》，《中国工业经济》2007 年第 11 期，第 80–87 页。

原毅军、刘浩、白楠：《"中国生产性服务业"全要素生产率测度——基于非参数 Malmquist 指数方法的研究》，《中国软科学》2009 年第 1 期。

岳书敬：《区域经济增比长的人力资本与全要素生产率研究》，西南交通大学出版社 2005 年版。

詹海辉：《我国服务贸易开放水平与竞争力关系究》，厦门大学硕士学位论文，2009 年。

张宝友、肖文、孟丽君：《我国服务贸易进口与制造业出口竞争力关系研究》，《经济地理》2012 年第 1 期。

张碧琼：《开放条件下我国服务贸易结构性失衡与对策》，《国际金融研究》（月刊）2006 年第 11 期，第 69–73 页。

张二震、方勇：《经济全球化与中国对外开放的基本经验》，《南京大学学报》2008 年第 4 期。

张广胜：《基于投入产出的江西省生产性服务业效率评价》，《科学决策》2013 年第 1 期。

张惠萍：《基于生产者服务业和制造业互动的产业融合探析》，《管理现代化》2008 年第 3 期。

张莉：《"十二五"时期国际服务贸易发展趋势及我国的对策》，《国际贸易》2011 年第 1 期。

张琦、王元龙：《中美双边贸易兼容性与非兼容性及其走向》，《国际金融研究》2005 年第 8 期，第 45–52 页。

张如庆：《生产者服务进口对制成品出口技术结构的影响》，《产业经济研究》2012 年第 5 期（总第 60 期）。

张如庆：《中国服务贸易国际竞争力的研究综述》，《云南财经大学学报》2007 年第 6 期，第 95–99 页。

张岩：《服务贸易国际竞争力的理论分析与对策》，《求索》（月刊）2004 年第 3 期，第 12–14 页。

张扬：《技术进步与中国服务业结构化：理论与实证》，湖南大学博士学位论文，2011 年。

张雨：《我国服务贸易出口技术含量升级的影响因素研究》，《国际贸易问题》2012 年第 11 期。

张玉明：《知识溢出，空间依赖与中国省际区域经济增长问题研究》，东北
　　大学博士学位论文，2008 年。

张月友、刘志彪：《发达国家经济服务化动因与我国服务业发展》，《财经科
　　学》2012 年第 10 期。

张云、李秀珍：《现代服务业 FDI 的理论基础与经济效应——区域现代服务
　　业 FDI 对策思考》，《国际经贸探索》2012 年第 3 期，第 69–74 页。

张自然：《中国生产性服务业的技术进步研究——基于随机前沿分析法》，
　　《贵州财经学院学报》2010 年第 12 期。

赵春明、王剑军、高嘉宏：《上海自贸区与国际经济合作竞争新优势的培
　　育》，《国际经济合作》2014 年第 5 期。

赵放、成丹：《东亚生产性服务业和制造业的产业关联分析》，《世界经济研
　　究》2012 年第 7 期。

赵景峰、陈策：《中国服务贸易：总量和结构分析》，《世界经济》2006 年第
　　8 期。

赵青松、杨名：《全球化时代互利双赢的中美经贸合作模式》，《时代经贸》
　　2009 年第 7 期，第 38–42 页。

赵书华等：《北京市服务贸易国际竞争力分析》，《经济问题探索》（月刊）
　　2006 年第 2 期，第 26–30 页。

赵玉娟：《服务业 FDI 对中国的经济效应研究》，苏州大学硕士学位论文，
　　2010 年。

郑吉昌、夏晴：《服务贸易国际竞争力的相关因素探讨》（a），《国际贸易问
　　题》2004 年第 12 期，第 15–18 页。

郑吉昌、夏晴：《基于互动的服务业发展与制造业竞争力关系》，《工业工程
　　与管理》2005 年第 4 期，第 98–103 页。

郑吉昌、夏晴：《论生产性服务业的发展与分工的深化》，《科技进步与对
　　策》2005 年第 2 期，第 13–15 页。

郑吉昌、夏晴：《现代服务业与制造业竞争力关系研究——以浙江先进制造
　　业基地建设为例》，《财贸经济》2004 年第 9 期，第 89–94 页。

郑吉昌、夏晴：《浙江服务贸易国际竞争力与政策措施研究》（b），《商业经
　　济与管理》2004 年第 5 期，第 37–41 页。

郑吉昌、朱旭光：《全球服务产业转移与国际服务贸易发展趋势》，《财贸经
　　济》2009 年第 8 期。

郑吉昌等：《服务业与城市化互动关系研究——兼论浙江城市化发展及区域竞争力的提高》，《经济学动态》（月刊）2004 年第 12 期，第 49-52 页。

植草益：《信息通讯业的产业融合》，《中国工业经济》2001 年第 2 期，第 24-27 页。

钟明容、唐姣美：《以创新促进中泰服务贸易深入发展》，《对外经贸》2014 年第 2 期。

钟韵、闫小培：《西方地理学界关于生产性服务业作用研究速评》，《人文地理》2005 年第 30 期，第 12-18 页。

周丹、应瑛：《生产性服务业与制造业互动综述与展望》，《情报杂志》2009 年第 8 期。

周柳军：《改革开放新时期我国服务贸易发展研究》，《国际经济》2014 年第 4 期。

周茂荣、杜莉：《中国与美国货物贸易互补性的实证研究》，《世界经济研究》2006 年第 9 期，第 45-52 页。

周念利：《区域贸易安排的"双边服务贸易效应"经验研究》，《财经研究》2012 年第 5 期。

周少芳：《世界服务贸易的发展特征及中国的对策》，《国际经贸探索》2014 年第 4 期。

周升起、兰珍先：《中国创意服务贸易及国际竞争力演进分析》，《财贸经济》2012 年第 1 期。

周振华：《产业融合：产业发展及经济增长的新动力》，《中国工业经济》2003 年第 4 期，第 46-52 页。

朱福林：《中国服务贸易进出口结构对全要素生产率影响的实证研究》，《上海商学院学报》（双月刊）2010 年第 5 期，第 80-84 页。

朱福林：《中国服务贸易外溢效应研究》，中国社会科学院博士学位论文，2011 年。

朱福林：《中国服务贸易与全要素生产率的实证关系研究》，《上海商学院学报》（双月刊）2010 年第 4 期，第 13-17 页。

朱海燕、魏江、周泯非：《知识密集型服务业与制造业交互创新机理研究》，《西安电子科技大学学报》2008 年第 18 期，第 1-7 页。

朱迎春、千云飞：《中、日、韩在美国市场上的竞争性分析》，《世界经济研究》2004 年第 11 期，第 29-34 页。

朱勇:《新增长理论》,商务印书馆 1999 年版。

朱玉荣:《俄罗斯服务贸易现状及发展策略》,《俄罗斯中亚东欧市场》2011
年第 9 期。

庄惠明、黄建忠、陈洁:《基于"钻石模型"的中国服务贸易竞争力实证分
析》,《财贸经济》2009 年第 3 期。

庄丽娟、陈翠兰:《FDI 对广州服务业结构效应的实证分析》,《国际经贸探
索》2008 年第 3 期,第 24-28 页。

庄丽娟、陈翠兰:《我国服务贸易与货物贸易的动态相关性研究——基于脉
冲响应函数方法的实证分析》,《国际贸易问题》2009 年第 2 期,第
54-60 页。

庄丽娟、贺梅英:《服务业利用外商直接投资对中国经济增长作用机理的实
证研究》,《世界经济研究》2005 年第 8 期。

邹德玲:《基于投入产出理论的浙江生产性服务业发展实证研究基于投入
产出理论的浙江生产性服务业发展实证研究》,《工业技术经济》2010
年第 4 期,第 96-100 页。

Amiti M, Konings J. "Trade Liberalization, Intermediate Inputs and
Productivity", *American Economic Review*, Vol.97, No.5, 2007, pp.
1611-1638.

Ahn H. and Lee S., "Biomedical Applications of Superparamagnetic Iron Oxide
Nanoparticles Encapsulated Within Chitosan", *Journal of Alloys &
Compounds*, Vol.434, 2007, pp.633-636.

Amit M. and Koning J., "Trade Liberalization, Intermediate Inputs, and
Productivity: Evidence from Indonesia.", *American Economic Review*,
Vol.97, 2007, pp.1611-1638.

Andersson M., "Co -location of Manufacturing & Producer Services—A
Simultaneous Equation Approach," *Entrepreneurship and Dynamics in the
Knowledge Economy*, *Routledge*, 2006, pp.94-125.

Antonelli C., Geuna A. and We Steinmueller, "Information and Communication
Technologies and the Production, Distribution And Use Of Knowledge",
International Journal of Technology Management, No.1-2, 2000, pp.72-94.

Antras, Pol. and Helpman Elhanan., "Global Sourcing", *CEPR Discussion*,
No.4170, 2004.

Arellano, M., and S.Bond. "Some Tests of Specification for Panel Data: Monte Carlo Evidence and An Application to Employment Equations," *The Review of Economic Studies*, Vol.58, No.2, 1991, pp.77–97.

Arnold, J., Javorcik, B., and A. Mattoo, "Does Services Liberalization Benefit Manufacturing Firms? Evidence from the Czech Republic", *World Bank Policy Research Working Paper*, No.109, 2006.

Aslesen and Isaksen, "Knowledge Intensive Business Services and Urban Industrial Development", *Service Industries Journal*, No.27, 2007, pp. 321–338.

Bala R., "The Determinants of Foreign Direct Investment in Services", *The World Economy*, No.31, 2010, pp.16–39.

Bathla, "Inter-sectoral Growth Linkages in India: Implications for Policy and Liberalized Reforms", http://ieg.nic.in/dis_seema_77.pdf, 2003.

Battese G. E., Coelli T. J., "Frontier Production Functions, Technical Efficiency And Panel Data: With Application To Paddy Farms In India", *Journal of Productivity Analysis*, No.3, 1992, pp.152–169.

Battese G. E., Coelli T. J., "A Model For Technical Inefficiency Effects In A Stochastic Frontier Production Function For Panel Data", *Empirical Economics*, No.20, 1995, pp.325–332.

Baumol, W. J., "Macroeconomics of Unbalanced Growth: The Anatomy of Urban Crisis", *The American Economic Review*, Vol.57, 1967, pp.415–426.

Benjamin, N., and Diao, X-S., "Liberalizing Services Trade in APEC: A General Equilibrium Analysis with Imperfect Competition", *Pacific Economic Review*, Vol.5, No.1, 2000, pp.49–75.

Bhattacharya R., Ila P. and Ajay S., "Export Versus FDI in Service", *The World Economy*, Vol.35, 2012, pp.61–78.

Blind, K.and Jungmittag, "A. Foreign Direct Investment, Imports and Innovations in the Service Industry", *Review of Industrial Organization*, No.25, 2004.

Bown C. P. and Mcculloch R., "Us-Japan And US-China Trade Conflict: Expo-Growth, Reciprocity, And The International Trading System",

Journal of Asian Economics, Vol.20, No.6, 2009, pp.669–687.

Brander, J. A.and Spencer, B. J., "Tariffs and Extraction of Foreign Monopoly Rents under Potential Entry", *Canadian Journal of Economics*, Vol.14, No.3, 1981, pp.371–389.

Brander, J.A., "Intra–industry trade in identical commodities", *Journal of International Economics*, No.11, 1981, pp.1–14.

Branstetter L., "Are Knowledge Spillovers Inter–Nationalor Intra–National In Scope? Micro–Econometric Evidence from the US And Japan", *Journal of International Economics*, 2001, pp.53–79.

Breinlich H.and Chiara C., "International Trade In Services: A Portrait of Importers And Exporters", *Journal Of International Economics*, No.84, 2011, pp.188–206.

Breitung, J., *The local Power Of Some Unit Root Tests For Panel Data, B. Baltagi.* Advances In Econometrics: Non Stationary Panels, Panel Cointegration, And Dynamic Panels. Amsterdamjai Press, 2000.

Buch M., Koch T. and Koetter M. "Size, Productivity, And International Banking", *Journal of International Economics*, Vol.85, No.2, 2011, pp. 329–334.

Burgess D., "The Importance of Initial Cutting Size for Improving The Growth Performance of Salix Alba L.", *Scandinavian Journal of Forest Research*, Vol.5, No.1–4, 1990, pp.215–224.

Burgess, David. "Services as Intermediate Goods: The Issue of Trade Liberalization", In R. Jones and A.Kruger eds, The Political Economy of International Trade, 1990.

Burstein T. and Monge–Naranjo A., "Foreign Know–How, Firm Control, and the Income of Developing countries", *Quarter Journal of Economics*, No. 124, 2009, pp.149–195.

Bustos P., "Trade Liberalization, Exports, and Technology Upgrading: Evidence on the Impact of MERCOSUR on Argentinian Firms", *Economics Working Papers*, Vol.101, No.1, 2009, pp.304–340.

Browning HL, Singlemann J., "The transformation of the'U.S.labor force: the interaction of industry and occupation", *Politics and Society*, No.8, 1978, pp.481-509.

Cabrer-Borras, B. and Serrano-Domingo, G, "Innovationand R&D Spillover Effects in Spanish Regions: a Spatial Approach", *Research Policy*, Vol. 36, No.9, 2007, pp.1357-13711.

Coe, D.T. and Helpman, E., "International R&D Spillovers", *European Economic Review*, Vol.39, 1995, pp.859-887.

Cooper R. N., Industrial Policy and Trade Distortion: A Policy Perspective, *Palgrave Macmillan UK*, 1987, pp.37-69.

Coe, D.T. and Helpman, E., Hoffmaister AW. "International R&D Spillovers and Institutions", *European Economic Review*, Vol.53, No.7, 2008, pp. 723-741.

Daly. H, "Profile of Kenya Domestic Tourism Market", *Publication of Aiest International Association of Scientific Experts in Tourism*, 1981.

Daniels P. W., "Export of Services or Servicing Exports? Geografiska Annaler: Series B", *Human Geography*, Vol.82, No.1, 2000, pp.1-15.

Davis D. R. and Weinstein D. E., "Do Factor Endowments Matter for North-North Trade?", *Frontiers of Economics & Globalization*, Vol.4, No.8, 2002, pp.570-572.

Deardorff J. W., "Further Results From A Laboratory Model of The Convective Planetary Boundary Layer", *Boundary-Layer Meteorology*, Vol.32, No.3, 1985, pp.205-236.

Deardorff A., "Comparative Advantage and International Trade and Investment in Services", *Canada/US Perspectives*, 1985, pp.39-71.

Deardorff, A., "International Provisionof Tradeservices, Trade, and Fragmentation", *Review of International Economics*, Vol.9, 2001, pp. 233-248.

Dee, Philippa and Kevin Hanslow. Multilateral Liberalization of Services Trade, in Robert M. Stern, (ed.), Services in the International Economy, University of Michigan Press, Ann Arbor, 2001.

Dick R. and Dicke H., Patterns of Trade in Knowledge, in H. Giersch (ed.), International Economic Development and Resource Transfer, Tubingen: J. C. B. Mohr, 1979.

Dimelis P. and Papaioannou K. "FDI and ICT Effects on Productivity Growth: A Comparative Analysis of Developing and Developed Countries", *European Journal of Development Research*, Vol.22, 2010, pp.79-96.

Dixit, A.K., and Stiglitz, J.E., "Monopolistic Competition and Optimum Product Diversity". *American Economic Review*, No.67, 1977, pp.297-308.

Dixit, A.K.And Norman, V.D., *The Theory of International trade*. Cambridge: Cambridge University Press, 1980.

Edwards S., "Trade Orientation, Distortion and Growth in Developing Countries". *Journal of Development Economol*, Vol.39, No.1, 1992, pp. 31-57.

Eschenbach, Felix and Hoekman, Bernard. "Services Policy Reform and Economic Growth in Transition Economies", *Review of World Economics*, Vol.142, No.4, 2006, pp.746-764.

Eswaran, and Kotwal., *The Role of the Service Sector in the Process of Industrialization*, Manuscript, University of British Columbia, 2001.

Ethier, Wilfred J., "National and N International Returns to Scale in the Modern Theory of International Trade", *American Economic Review*, No.7, 1982.

Fagerberg J., "Technology and International Differences in Growth Rates", Journal of Economic Literature, Vol.32, No.3, 1994, pp.1147-1175.

Falvery and Gemmell, "On-Ramp Prospects for The Information Superhighway Dream: Will The Goal of A Single, Universally Available Network Carrying A Wide Variety of Data Types Ever Be Achieved?", *Communications of the Acm*, Vol.39, No.7, 1996, pp.55-61.

Falvey R. and Gemmell N., "Explaining Service -Price Differences in International Comparisons", *American Economic Review*, Vol.81, No.5, 1991, pp.1295-1309.

Feenstra C., "Offshoring in the Global Economy: Theory and Evidence", Cambridge, MIT Press, 2010.

Fernandes M.and Paunow C., "Foreign Direct Investment in Services and Manufacturing Productivity: Evidence for Chile", *Journal Development*

Economics, No.97, 2012, pp.305-321.

Fernandes, A., "Structure and Performance of the Services Sector in Transition Economies", *Economics of Transition*, Vol.17, No.3, 2009, pp.467-501.

Fernandes, A.M. and Paunov, C., "Service FDI and Mnufacturing Productivity Growth: There is a Link", *Working Paper, World Bank*, 2008.

Francois J. and Hoekman B., "Service Trade and Policy", *Journal of Economic Literature*, Vol.48, No.3, 2010, pp.642-692.

Francois J. and Wooton I., "Market Structure, Trade Liberalization and the GATS", *European Journal of Political Economy*, Vol.17, No.2, 2000, pp.389-402.

Francois, J. and Reinert K., "The Role of Services in the Structure of Production and Trade Stylized facts from Cross-Country Analysis", *Asia-Pacific Economic Review*, Vol.2, No.1, 1996, pp.35-43.

Francois, J. and Woerz, J. "Producer Services, Manufacturing Linkages, and Trade", *Journal of Industry, Competition and Trade*, Vol.8, No.4, December, 2008, pp.199-229.

Francois, J.F., "Producer Services, Services, and the Division of Labor", *Oxford Economic Papers, New Series*, Vol.42, No.4, 1990, p.10.

Francois, J.F. and Schuknecht, L., "Trade In Financial Services: Procompetitive Effects And Growth Performance", *Tinbergen Institute Discussion Papers*, No.99-028/2, 1999.

Fujita M. "Towards the New Economic Geography in the Brain Power Society", *Regional Science and Urban Economics*, No.4, 2007.

Fung K. C. and Lawrence L. J., "The China-United States bilateral trade balances: How Big It Realy?", *Pacific Economic Reviews*, Vol.3, No.1, 1998, pp.33-47.

George Verikios and Xiao-Guang, "Global Gains from Liberalising Trade in Telecommunications and Financial Services", *Ssrn Electronic Journal*, 2001.

Goldsmith, R.W., *Financial Structure And Development*, New Haven: Yale University Press, 1969.

Goodman B. and Steadman R. "Services: Business Demand Rivals Consumer

Demand In Driving Job Growth", *Monthly Labor Review*, Vol.125, No.4, 2002, pp.3-16.

Greenaway, D, Foster, N and Falvey R., "North-South Trade, Knowledge Spillovers and Growth", *Journal of Economic Integration*, Vol.17, No.4, 2002, pp.650-670.

Greenfield, H., *Manpower And Growth Of Producer Services*, New York: Columbia University Press, 1966.

Grossman, G. and Helpman E., *Innovation And Growth In The Global Economy*, MIT. Press, Cambridge, 1991.

Grubel H. and Walker M., *Service Industry Growth: Causes and Effects*, Vancouver: The Fraser Institute, 1989.

Grubel H.G. and Lloyd P.J., *Intra industry trade: The Theory And Measurement of International Trade Indifferentiated Products*, London: Macmillan, 1975.

Guerrieri P. and Meliciani V., "Technology And International Competitiveness: The Interdependence Between Manufacturing And Producer Services", *Structural Change and Economic Dynamics*, No.16, 2005, pp.489-502.

Gumbau Albert, M. and Maudos J., "Patents, Technological Inputs and Spillovers among Regions", *Appliedeconomics*, Vol.41, No.12, 2009, pp.1473-1486.

Gershuny, Miles, "The New Service Economy: The Transformation of Employment in Industrial Societies", *Praeger Publishers*, 1983, pp.269-277.

Hakura, D. and Jaumotte F., *The Role of Inter-Industry and Intra-Industry in Trade Intechnology Diffusion*, IMF Working Paper1, 1999.

Helpman E., "Innovation, Imitation, and Intellectual Property Rights", *Econometr-Ica*, No.61, 1993, pp.1247-12801.

Higon, D. A., "The Impact of R&D Spillovers on UK Manufacturing Tfp: A Dynamicpanel Approach", *Research Policy*, Vol.36, No.7, 2007, pp.964-979.

Hindley B. and Smith A., "Comparative Advantage And Trade In Services", *The World Economy*, Vol.7, 1984, p.369.

Hodge. J and Nordas. H, "Liberalization of Trade in Prodicer Services –The Impact on Developing Countries", *South African Journal of Economics*, Vol.69, No.1, 2010, pp.93–93.

Hoekman B. and Karsenty G., "Economic Development and International Transactions in Services", *Development Policy Review*, Vol.10, No.3, 2010, pp.211–236.

Hoekman B. and Mattoo A., "Services Trade and Growth", *International Journal of Services Technology and Management*, No.2–4, 2012, pp.232–250.

Hoekman B. and Primao C. A., "Protection and Trade in Services: A survey", *Open Economic Review*, Vol.8, No.3, 1997, pp.285–308.

Hoekman, B. Ernard, *Trade in Services, Trade Agreements and Economic Development: A Survey of the Literature*, CEPR Discussion Paper, 2006.

Horse Raff and Mac Vonder Ruhr, Foreign Direct Investment In Produce Service: Theory And Empirical Evidence, *Cesior Work –Ing Paper*, No. 598, 2001.

Hummels, Ishii, Yi, "The Nature And Growth of Vertical Specialization In World Trade", *Journal Of International Economics*, No.54, 2001, pp. 75–96.

Jaffe, A. B., "Technological Opportunity And Spillovers of R&D: Evidence From Firms. Patents, Profit's, And Market Value", *The American Economic Review*, Vol.76, 1986, pp.984–1001.

Jamesr Melvin, "Trade In Producer Services: Aheckscher –Ohlin Approach", *Journal Of Political Economy*, Vol.97, No.5, 1989, pp.1180–1196.

Javorcik, B. and Yue Li., Do The Biggest Aisles Serve Brighter Future? Implications of Global Retail Chains'Presence For Romania, *World Bank Policy Research Working Paper*, No.4650, 2008.

Jensen J. and Tarr D., "Deep Trade Policy Options for Armenia: The Importance of Trade Facilitation, Services and Standards Liberalization", *Economics–the Open Access Open–Assessment E-Journal*, No.6, 2012.

Jensen, J., Rutherford, T., and Tarr D., "The Impact of Liberalizing Barriers to Foreign Direct Investment in Services: The Case of Russian Accession to the World Trade Organization", *Review of Development*

Economics, No.11, 2007, pp.482−506.

Jones, R.W. and Kierzkowski H., "The Role of Services in Production and International Trade: a Theoretical Framework", *R. Jones and a. Krueger. The Political Economy of International Trade: Festschrift in honor of Robert Baldwin*, Basil Blackwell, Oxford, 1990, pp.31−48.

Jones R.W. and Ruane F., "Appraising the Options For international Trade in Service", *Oxford Economic Papers*, Vol.42, 1990, pp.672−687.

Joymazumdar and Ushanair Reichert, "Does Service Trade Facilitate Goods Trade", Presented at European Economics and Finance Society Meeting, Gdansk, Poland, No.5, 2004.

Kao C., Chiang M.And Chen B., "International R&D Spillovers: An Application of Estimation and Inference in Panel Cointegration", *Oxford bulletin of Economics and Statistics*, Vol.61, 1999, pp.691−709.

Kao, C. and Chiang M., "On the estimation and inference of a cointegration regression in panel Data", *merican Journal of Mathematical & Management Sciences*, Vol.19, No.1−2, 1999, pp.75−114.

Karaomerioglu B.C., Carlaaon B. "Manufacturing in Decline? A Matter of Definition", *Economy, Innovation, New Technology*, No.8, 1999, pp. 175−196.

Kasahara H. and Rodrigue J., "Does the Use of Imported Intermediates Increase Productivity? Plant−level Evidence", *Journal of Development Economics*, Vol.87, No.1, 2008, pp.106−118.

Keller, W, *International Technology Diffusion*, NBER Working Paper1, 2001.

Keller, W., "Knowledge Spillovers at the World's Technology Frontier", *Social Science Electronic Publishing*, 2001.

Kikuchi T. and Long N., "Shift Working and Trade in Labor Services with Time Zone Differences", *Pacific Economic Review*, No.16, 2011, pp. 553−564.

Kim, Jong−II and June−Dong Kim, "Impact of Services Liberalization on Productivity: The Case of Korea", *The Korea Institute for International Economic Policy*, 2000.

Konan, D. and K. Maskus, "Quantifying The Impact Of Services Liberalization

In A Developing Country", *Journal of Development Economics*, No.81, 2006, pp.142–162.

Kravis I. and Bhagwati J., "Essays in International Economic Theory, Volume 1: The Theory of Commercial Policy", *Mit Press Books*, No.1, 1986.

Krugman, P., "Increasing Returns And Economics Geography", *Journal of Political Economy*, No.99, 1991a, pp.483–499.

Krugman, P. R., "Increasing Returns, Monopolistic Competition, and International Trade", *Journal of International Economics*, No.9, 1979, pp.469–479.

Krugman, P. R., "Intraindustry Specializationand the gains from trade", *Journal of Political Economy*, No.89, 1981, pp.959–973.

Krugman, P. R., "Scale Economies, Product Differentiation, and Pattern of Trade", *American Economic Review*, No.70, 1980, pp.950–959.

Kugler, M., "The Diffusion of Externalities from Foreign Direct Investment: the Sectoral Pattern of Technological Spillovers", *Mimeo*, 2001.

Kurata H., Ohkawa T. and Okamura M., "Market Size and Firm Location in a Service Industry", *Review Of International Economics*, Vol.19, No.1, 2009, pp.1–14.

Khoury A. C. E, Savvides A., "Openness in Services Trade and Economic Growth" *Economics Letters*, Vol.92, 2006, pp.277–283.

Lall S., *The Third World and Comparative Advantage in Trade Services*, Palgrave Macmillan UK: 1986, pp.122–138.

Lancher S. and Pelin D., "Does Finance Play a Role in Exporting for Service Firms? Evidence from India", *The World Economy*, No.35, 2012, pp.44–60.

Leamer E. E, *Theory and Evidence Of Immigrant Enclaves*, US, 1989: 48.

Leamer, "Things That Bother Me", *Economic Record*, Vol.64, No.4, 2010, pp.331–335.

Lee G., "International Knowledge Spillovers Through The Import Of Inf Ormation Technology Commodities", *Applied Economics*, Vol.41, No.24, 2009, pp.3161–3169.

Lee J. W., "International Trade, Distortion And Long-Run Economic Growth",

Staff Papers, Vol.40, No.2, 1993, pp.299–328.

Lei Zhu and Bang Nam Jeon, "International R&d Spillovers: Trade, FDI, and Information Technology as Spillover Channels", *Review of International Economics*, Vol.15, No.5, 2007, pp.955–976.

Levine, R., "Financial Development And Economic Growth: Views And Agend", *Journal of Economic Literature*, Vol.35, No.2, 1997, pp.688–726.

Lichtenberg F. R. and Vanpottelsberghe De La Potterie B., "International R&D Spillovers: A Comment", *European Economic Review*, Vol.42, No.8, 1998, pp.1483–1491.

Lileeva A. and D. Trefler, "Improved Access To Foreign Markets Raises Plant-Level Productivity", *Quarterly Journal of Economics*, Vol.125, No.13297, 2007, pp.1051–1099.

Ngo Van Long, Raymond Riezman, Antoine Soubeyran, "Fragmentation and Services", *North American Journal of Economics and Finance*, 2005, pp.137–152.

Lucas Robert E Jr. "On The Mechanics of Economic Development", *Journal of Monetary Economics*, Vol.22, 1988, pp.3–42.

Macpherson A., "The Role of Producer Service Outscourcing in the Innovation Performance of New York State Manufacturing Firms", *Annals of the Association of American Geographers*, Vol.87, No.1, 1997, pp.52–71.

Madden, G., Savage, S. J. and Bloxham, P., "Asian and OECD International R&D Spillovers", *Applied Economics Letters*, No.8, 2001, pp.431–435.

Madden, G.and Savage, S. J. "R&D Spillovers, Information Technology and Telecommunications, and Productivity in ASIA and the OECD", *Information Economics and Policy*, No.12, 2000, pp.367–392.

Madsen, J. B., "Technology Spillover Through Trade and Tfp Convergence: 135 Years of Evidence of or the Oecd Countries", *Journal of International Economics*, Vol.72, No.2, 2007, pp.464–480.

Marc–Andreas M. and Becker O., *Margins of Multinational Labor Substitution*, Marc–Andreas Muendler, Vol.100, No.5, 2006, pp.1999–2030.

高技术服务业进口对制造业效率影响研究

Markusen J. and Rutherford T. F. Tan D., "Trade and Direct Investment.In Producer Services and the Domestic Market for Expertise", *Canadian Journal of Economics/Revue*, No.3, 2005, pp.758-777.

Markusen J. R., "Trade In Producer Services And In Other Specialized Intermediate Inputs", *The American Economic Review*, No.79, 1989, pp.85-95.

Markusen J. and Strand B., "Adapting the Knowledge-capital Model of the Multinational Enterprise to Trade and Investment in Business Services", *The World Economy*, 2009.

Markusen J. R., "Explaining the Volume of North-South Trade", *The Economic Journal*, Vol.100, No.403, 1990, pp.1206-1215.

Markusen, James R., *Service Trade by the Multinational Enterprise*, *in Peter Enderwick*, *Multinational Service Firms*, Routledge: London and New York, 1989.

Marrewijk V., Produce Services, "Comparative Advantage and International Trade Patterns", *Journal of International Economics*, No.42, 1997, pp.195-220.

Marrewijk, C. V., J. Stibora, A. D. Vaal, and J. M. Viaene, "Services Tradability, Trade Liberalization and Foreign Direct Investment", *Economics*, Vol.63, 1996, pp.611-631.

Mattoo Eschenbach F. and Hoekman B., "Services Policy Reform and Economic Growth in Transition Economies", *Review of World Economics*, Vol.142, No.4, 2006, pp.746-764.

Mattoo, A., Rathindran, R. and A. Subramanian., "Measuring Services Trade Liberalization and Its Impact on Economic Growth: An Illustration", *Journal of Economic Integration*, No.21, 2006, pp.64-98.

Meyer A. A., "Percutaneous Drainage of Pancreatic Pseudocysts Is Associated With A Higher Failure Rate Than Surgical Treatment In Unselected Patients", *Annals of Surgery*, Vol.229, No.6, 1999, pp.787-789.

Miles I, Nikos Kastrinos and Rob Bilderbeek, *Knowledge-Intensive Business Services*: *Users, Carriers and Sources of Innovation*, Brussels, Belgium: European Commission, 1995.

Motohashi, K and Yuan, Y, "Productivity Impact of Technology Spillover from Multi -Nationals to Local Firms: comparing China's Automobile and Electronics Industries", *Research Policy*, Vol.39, No.6, 2010, pp.790-798.

Nicholas B., Sadun K. and Van J., "Americans Do IT Better: US Multinationals and the Productivity Miracle", *American Economic Review*, No.102, 2012, pp.167-201.

Nordas K., "Trade In Goods And Services: Two Sides of The Same Coin?", *Economic Modeling*, No.27, 2010, pp.496-506.

Ochel W., "The International Competitiveness of Business Service Firms: The Case of Germany", *Service Industries Journal*, Vol.22, No.2, 2002, pp.1-16.

OECD, "Economic Policy Reforms: Going for Growth-OECD", *International Organisations Research Journal*, Vol.1, No.2, 2006, pp.36-40.

OECD, "The Linkages between Open Service Market and Technology Transfer", OECD Trade Policy Working Papers, *OECD Publishing*, No.29, 2006.

OECD, *The Characteristics And Quality Of Service Sector Jobs*. OECD Employment Outlook, 2001, pp.89-128.

Parameswaran, M, "International Trade, R&d Spillovers and Productivity: Evidence Fromindian Manufacturing Industry", *Journal of Development Studies*, Vol.45, No.8, 2009, pp.1249-1266.

Park, W. G., "International R&D Spillovers and OECD Economic Growth", *Economic Inquiry*, Vol.33, 1995, pp.571-591.

Raff, H. and Ruhr M., "Foreign Direct Investment In Produce Service: Theory And Empirical Evidence", *Cesior Working Paper*, No.598, 2001.

Rajagopal S., "Quantitative Real Option Intelligent Completion Valuation System and Method", US, 2004.

Ramkishen, Rajan. Rahul, Sen. and Reza, Y. Siregar. "Hong Kong, Singapore and the East Asian Crisis: HowImportant were Trade Spillovers?", *Social Science Electronic Publishing*, Vol.25, No.4, 2002, pp.503-537.

Rivera -Batiz and Rivera -Batiz, "Economic Integration and Endogenous Growth", *The Quarterly of Economics*, Vol.5, No.2, 1991, pp.531-555.

Robert E. Lipsey, "Measuring International Trade In Services", http://www.nber.org/papers/w12271, May 2006.

Robinson, Sherman, Zhi Wang, and Will Martin, "Capturing The Implications of Services Trade Liberalization", *Economic Systems Research*, Vol.14, No.1, 2002, pp.3-33.

Romer Paul M. "Endogenous Technological Change", *Journal of Political Economy*, Vol.98, No.10, 1990, pp.71-102.

Ross, David, "A Sensitivity Analysis of Cross-Country Growth Regressions", *The American Economic Review*, Vol.82, No.4, 1992, pp.942-963.

Rutherford Tarr and Shepotylo, "Poverty Effects of Russia's WTO Accession: Modeling 'Real' Households and Endogenous Productivity Effects", University of Bristol, 2005.

Sampon. G., "The Logic of Natural Language: By Fred Sommers, Oxford: Clarendon Press. 1982", *Journal of Social & Biological Structures*, Vol.8, No.2, 1985, pp.203-205.

Sampson GP and Snape R. H., "Identifying the Issues in Trade in Services", *World Economy*, Vol.8, No.2, 2010, pp.171-182.

Sapir A., "Trade Benefits Under The EEC Generalized System of Preferences", *European Economic Review*, Vol.15, No.3, 1981, pp.339-355.

Schaumburg-Muller H., "Rise and Fall of Foreign Direct Investment in Vietnam and its Impact on Local Manufacturing Upgrading", *European Journal of Development Research*, Vol.15, No.2, 2003, pp.44-66.

Schiff M., Wang YL and Olarreaga M., *Trade Related Technology Diffusionand the Dynamics of north-south and south-south international*, Policy Research Working Paper, Vol.23, No.7, 2002, pp.80-86.

Sapir A. and Lutz E., "Trade in Services: Economic Determinants and Development Related Issuses", *World Bank Working Paper*, No.480, 1981.

Schultz T., "Investment in human capital", *American Economic Review*, Vol.51, 1961, pp.1-17.

Segerstorm and Paul S. "The Long-Run Growth Effects of R&D Subsidies", *Journal of Economic Growth*, Vol.5, No.3, 2000, pp.277-305.

Snape S. R., "Shape in Archaeological Artefacts: Two Case Studies Using a

New Analytical Method", *Oxfors Journal of Archaeology*, Vol.4, No.1, 1985, pp.9–30.

Solow Robert M. "A Contribution To The Theory Of Economic Growth", *Quarterly Journal of Economics*, Vol.70, 1956, pp.65–94.

Srivastav N., "Dynamics of Inter–Industrial Linkages in the Economy of Uttar–Pradesh", *Iup Journal of Managerial Economics*, No.2, 2006, pp.7–13.

Storm P., "Late Pleistocene Homo Sapiens in A Tropical Rainforest Fauna in East Java", *Journal of Human Evolution*, Vol.49, No.4, 2005, pp.536–545.

Ten Rast Wolffen. "Out Sourcing of Servies And The Productivity Recovery In U.S.Manufacturing In The 1980s and 1990s", *Journal of Productivity Analysis*, Vol.16, No.2, 2001, pp.149–165.

Tucher and Sundberg, "An Estimate Of Oxygen Consumption and Denitrification In Coastal Waters Of The Swedish West Coast, Using Indirect Methods", *Estuarine Coastal & Shelf Science*, Vol.26, No.3, 1988, pp.269–284.

Tucker K. and Sundberg M., "International Trade in Services", *Business Credit*, Vol.34, No.16, 1988, pp.725–740.

UNCTAD, *World Investment Report 2008: Transnational Corporatwn and the Infrastructure Challenge*, United Nation, New York and Geneva, 2008.

Urata S. and Kiyota K., "Trade in Srevices in the Asia–Pacific Pegion, NBER East Asia Seminar on Economics," *Nber Chapters*, Vol.11, 2009, pp.379–428.

Van Holst, "Arabinogalactan Protein from a Crude Cell Organelle Fraction of Phaseolus vulgaris L", *Plant Physiology*, Vol.68, no.4, 1981, pp.910–913.

Verikios G., *Global gains From Liberalizing Trade in Telecommunications and Financial Services*. Productivity Commission Staff Research Paper, No.1683, 2001.

Whalley, J. "Assessing the Benefits to Developing Countries of Liberalization in Services Trade", *National Bereau of Economic Working Paper*, No.100181, December 2003.

Windrum P. and Tomlinson M., "Knowledge –Intensive Services and

International Competitiveness: A Four Country Comparison", *Technology Analysis & Strategic Management*, Vol.11, No.3, September 1999.

Worz J., *Austria's Competitiveness in Trade in Services*, FIW Research Report No.003, June 2008.

Xing Yuqing., "Foreign Direct Investment and China's Bilateral Intra-Industry Trade with Japan and the US", *Journal of Asian Econonfies*, Vol.18, No. 4, 2007, pp.685-700.

Xu B. and Wang J., "Capital Goods Trade and R&D Spillovers in the OECD", *Canadian Journal of Economics*, Vol.32, No.5, 1999, pp.1258-1274.

Zou D. L., "Empirical Research of Development Based on Input-Output Theory of Producer Services in Zhejiang", *Industrial Technology & Economy*, Vol. 29, No.4, 2010, pp.96-100.

索　引

转型国家　2，3，48，49，50，51，52，　　　　74，75，76，96，97
53，54，55，56，57，70，71，72，73，

后 记

在本书定稿完成之际，抚卷沉思，由衷感谢本书写作和修改过程中很多老师、学者和专家的指导和帮助。

感谢我的博士后导师中国社会科学院冯雷研究员，冯老师在我的博士后出站报告修改过程中，从论文构架设计、专项研究、修改到定稿的整个过程中，都给予了前瞻性的指点，突出了重要的学术价值和理论意义，冯老师提出的许多宝贵的修改意见，使报告理论体系得到了提炼和升华。感谢荆林波研究员在我的学术道路上给予了很多有建设性的建议，提供很多交流合作的机会，为我的科研能力给予了非常宝贵的指导和帮助。感谢洪涛教授、夏先良研究员、申恩威研究员给予的宝贵指导和建议，使本书得到了进一步升华。感谢中国社会科学院这座神圣的学术殿堂，老师们对前沿方向的预见性以及敏锐的洞察力、深厚的学识功底、严谨的治学态度及忘我的敬业精神使我受益匪浅。

感谢天津财经大学李宏教授、刘恩专教授、齐欣教授、齐俊妍教授等给予的宝贵指导。感谢南开大学开放式的教学，刘秉镰教授、佟家栋教授、盛斌教授、安虎森教授和刘维林老师等人的指导，使我深刻领悟到宏观经济学、国际贸易学和新经济地理学之理论精华。

感谢天津工业大学领导和老师给予的大力支持，特别是经济学院领导和老师的诸多支持和帮助，本人才能顺利完成本书撰写。

感谢该领域内的专家和学者，正是基于他们前期的研究成果，本书才得以顺利完成。在本书的写作过程中，参考了大量的资料和文献，借鉴了许多专家学者的研究成果，虽然在参考文献中，尽量全面地标注专家学者们的开创性的工作，然而在近两年的反复修改中，内容遗漏和错误也会出现，敬请各位学者海涵并不吝指正。

本书在获得天津市哲学社会科学研究规划项目的资助基础上，继续拓展该领域研究，申请国家社科基金青年项目"高技术服务业与制造业互动的内生机制研究"和中国博士后科学基金项目"高技术服务业进口技术溢出效应对制造业效率影响研究"立项，获得国家社科基金和中国博士后科学基金资助，在此向全国哲学社会科学规划领导小组、中国博士后科学基金会和天津市哲学社会科学规划领导小组致以诚挚的感谢。

　　最后，感谢全国博士后管理委员会与中国社会科学院设立了"中国社会科学博士后文库"并予以出版，在此向全国博士后管理委员会办公室和中国社会科学院博士后管理委员会致以诚挚的感谢。感谢本书编辑和审稿人给予全面重要的建设性建议，正因为您们孜孜不倦的多次修改，给予宝贵的指导和帮助，本书内容才得到完善和高度升华，在此表示深深感谢。

　　当然，本书还有诸多有待提高之处，希望各位专家和学者提出宝贵建议，您们的宝贵建议将成为我进步的阶梯和基石。

华广敏

2017 年 8 月

专家推荐表

推荐专家姓名	冯雷	行政职务	国际贸易与投资研究室主任
研究专长	国际贸易、国际投资	电　话	
工作单位	中国社会科学院财经战略研究院	邮　编	
推荐成果名称	高技术服务业进口技术溢出效应对制造业效率影响研究		
成果作者姓名	华广敏		

（对书稿的学术创新、理论价值、现实意义、政治理论倾向及是否达到出版水平等方面做出全面评价，并指出其缺点或不足）

　　在服务经济全球化时期，服务贸易对世界经济的发展具有巨大的导向和带动作用。中国在"十三五"时期，将进入工业化后期，经济转型面临"中国制造"由生产型制造业为主向服务型制造业为主转型，对外贸易从货物贸易为主向以服务贸易为重点转型。发挥服务贸易在经济发展中的先导作用，加快由制造经济向服务经济转型，是推动我国经济和产业发展的重要方向。本报告建立高技术服务业进口技术溢出内生提高制造业效率机理，从动态角度分析高技术服务业进口技术溢出效应对制造业效率影响的内生机理，拓展了服务业研究理论体系，丰富了新增长理论的研究范畴；运用SFA方法，测算高技术服务业进口技术溢出影响下各国制造业的技术效率，并计算不同发展水平国家的制造业技术效率，同时，分别从总体与分部门层面实证分析高技术服务业进口技术溢出效应对制造业效率的影响，深化了服务业研究的内容。

　　本报告立论充分，研究方案与技术路线合理、可行，具有较强的创新性，在产业互动方面取得原创性成果，充分达到出版水平。因此，本人推荐该报告出版，并期望能够获准批准，将创新成果进行推广，使其发挥更大效用。

　　当然，随着统计资料的不断完善，后续研究如果能够获得有较长时限的大样本的高技术服务业进口和制造业相关数据，那么将能更深入分析高技术服务业进口对制造业效率影响。

签字：冯雷

2017 年 2 月 16 日

说明：该推荐表由具有正高职称的同行专家填写。一旦推荐书稿入选《博士后文库》，推荐专家姓名及推荐意见将印入著作。

第六批《中国社会科学博士后文库》专家推荐表 2

推荐专家姓名	荆林波	行政职务	中国社会科学评价中心主任
研究专长	贸易经济、服务经济	电　话	
工作单位	中国社会科学院社会科学评价中心	邮　编	
推荐成果名称	高技术服务业进口技术溢出效应对制造业效率影响研究		
成果作者姓名	华广敏		

(对书稿的学术创新、理论价值、现实意义、政治理论倾向及是否达到出版水平等方面做出全面评价，并指出其缺点或不足)

　　经济全球化的加速和高新技术的发展加快了世界范围内产业转移的进程，新一轮的产业转移以技术为先导、以服务为重点，成为决定各国国际竞争力的重要因素。"十三五"时期，中国经济转型面临"中国制造"由生产型制造业为主向服务型制造业为主转型，发展高技术服务业，发挥高技术服务进口技术溢出效应，对于提高下游制造业的技术效率、加快产业升级具有重要意义。

　　本报告在 D-S 框架下，借鉴新增长理论内生提高机理，建立高技术服务业进口技术溢出效应促进制造业效率提高的内生机制。然后，运用随机前沿技术测度各个样本国家高技术服务业进口溢出效应对制造业技术效率的影响，更细致深入地研究各样本国家生产率的变化；同时，本报告深入分析服务业内部细分行业对制造业效率的影响，深化了服务业研究的内容，弥补了产业关联机制研究的不足。此外，高技术服务业领域的研究历史较短，一些方面还存在空白。高技术服务业进口对制造业效率影响研究对于从产业间相互融合、互动及协调出发，利用后发优势提高制造业效率具有重要参考价值，可为有关部门制定政策提供建议，为相关企业提高效率提供对策，进而提高经济社会效益。

　　因此，本报告的选题具有重要的理论价值和创新性，本人推荐该报告出版。将其研究成果应用到实际应用中，对于我国从我国吸收服务业产业间溢出促进制造业升级，培育动态比较优势及提高产业竞争力有着重要参考价值。

　　当然，随着高技术服务业数据统计的完善，本报告内容需要通过收集更全面、详细的数据来作进一步的深入研究。

签字：

2016 年 12 月 22 日

说明：该推荐表由具有正高职称的同行专家填写。一旦推荐书稿入选《博士后文库》，推荐专家姓名及推荐意见将印入著作。

经济管理出版社
《中国社会科学博士后文库》
成果目录

第一批《中国社会科学博士后文库》（2012 年出版）

序号	书　名	作　者
1	《"中国式"分权的一个理论探索》	汤玉刚
2	《独立审计信用监管机制研究》	王　慧
3	《对冲基金监管制度研究》	王　刚
4	《公开与透明：国有大企业信息披露制度研究》	郭媛媛
5	《公司转型：中国公司制度改革的新视角》	安青松
6	《基于社会资本视角的创业研究》	刘兴国
7	《金融效率与中国产业发展问题研究》	余　剑
8	《进入方式、内部贸易与外资企业绩效研究》	王进猛
9	《旅游生态位理论、方法与应用研究》	向延平
10	《农村经济管理研究的新视角》	孟　涛
11	《生产性服务业与中国产业结构演变关系的量化研究》	沈家文
12	《提升企业创新能力及其组织绩效研究》	王　涛
13	《体制转轨视角下的企业家精神及其对经济增长的影响》	董　昀
14	《刑事经济性处分研究》	向　燕
15	《中国行业收入差距问题研究》	武　鹏
16	《中国土地法体系构建与制度创新研究》	吴春岐
17	《转型经济条件下中国自然垄断产业的有效竞争研究》	胡德宝

第二批《中国社会科学博士后文库》（2013 年出版）

序号	书　名	作　者
1	《国有大型企业制度改造的理论与实践》	董仕军
2	《后福特制生产方式下的流通组织理论研究》	宋宪萍

第二批《中国社会科学博士后文库》(2013年出版)

序号	书　名	作　者
3	《基于场景理论的我国城市择居行为及房价空间差异问题研究》	吴　迪
4	《基于能力方法的福利经济学》	汪毅霖
5	《金融发展与企业家创业》	张龙耀
6	《金融危机、影子银行与中国银行业发展研究》	郭春松
7	《经济周期、经济转型与商业银行系统性风险管理》	李关政
8	《境内企业境外上市监管若干问题研究》	刘　轶
9	《生态维度下土地规划管理及其法制考量》	胡耘通
10	《市场预期、利率期限结构与间接货币政策转型》	李宏瑾
11	《直线幕僚体系、异常管理决策与企业动态能力》	杜长征
12	《中国产业转移的区域福利效应研究》	孙浩进
13	《中国低碳经济发展与低碳金融机制研究》	乔海曙
14	《中国地方政府绩效评估系统研究》	朱衍强
15	《中国工业经济运行效益分析与评价》	张航燕
16	《中国经济增长：一个"被破坏性创造"的内生增长模型》	韩忠亮
17	《中国老年收入保障体系研究》	梅　哲
18	《中国农民工的住房问题研究》	董　昕
19	《中美高管薪酬制度比较研究》	胡　玲
20	《转型与整合：跨国物流集团业务升级战略研究》	杜培枫

第三批《中国社会科学博士后文库》(2014年出版)

序号	书　名	作　者
1	《程序正义与人的存在》	朱　丹
2	《高技术服务业外商直接投资对东道国制造业效率影响的研究》	华广敏
3	《国际货币体系多元化与人民币汇率动态研究》	林　楠
4	《基于经常项目失衡的金融危机研究》	匡可可
5	《金融创新及其宏观效应研究》	薛昊旸
6	《金融服务县域经济发展研究》	郭兴平
7	《军事供应链集成》	曾　勇
8	《科技型中小企业金融服务研究》	刘　飞

第三批《中国社会科学博士后文库》(2014 年出版)

序号	书　名	作　者
9	《农村基层医疗卫生机构运行机制研究》	张奎力
10	《农村信贷风险研究》	高雄伟
11	《评级与监管》	武　钰
12	《企业吸收能力与技术创新关系实证研究》	孙　婧
13	《统筹城乡发展背景下的农民工返乡创业研究》	唐　杰
14	《我国购买美国国债策略研究》	王　立
15	《我国行业反垄断和公共行政改革研究》	谢国旺
16	《我国农村剩余劳动力向城镇转移的制度约束研究》	王海全
17	《我国吸引和有效发挥高端人才作用的对策研究》	张　瑾
18	《系统重要性金融机构的识别与监管研究》	钟　震
19	《中国地区经济发展差距与地区生产率差距研究》	李晓萍
20	《中国国有企业对外直接投资的微观效应研究》	常玉春
21	《中国可再生资源决策支持系统中的数据、方法与模型研究》	代春艳
22	《中国劳动力素质提升对产业升级的促进作用分析》	梁泳梅
23	《中国少数民族犯罪及其对策研究》	吴大华
24	《中国西部地区优势产业发展与促进政策》	赵果庆
25	《主权财富基金监管研究》	李　虹
26	《专家对第三人责任论》	周友军

第四批《中国社会科学博士后文库》(2015 年出版)

序号	书　名	作　者
1	《地方政府行为与中国经济波动研究》	李　猛
2	《东亚区域生产网络与全球经济失衡》	刘德伟
3	《互联网金融竞争力研究》	李继尊
4	《开放经济视角下中国环境污染的影响因素分析研究》	谢　锐
5	《矿业权政策性整合法律问题研究》	郗伟明
6	《老年长期照护：制度选择与国际比较》	张盈华
7	《农地征用冲突：形成机理与调适化解机制研究》	孟宏斌
8	《品牌原产地虚假对消费者购买意愿的影响研究》	南剑飞

第四批《中国社会科学博士后文库》（2015 年出版）

序号	书 名	作 者
9	《清朝旗民法律关系研究》	高中华
10	《人口结构与经济增长》	巩勋洲
11	《食用农产品战略供应关系治理研究》	陈 梅
12	《我国低碳发展的激励问题研究》	宋 蕾
13	《我国战略性海洋新兴产业发展政策研究》	仲雯雯
14	《银行集团并表管理与监管问题研究》	毛竹青
15	《中国村镇银行可持续发展研究》	常 戈
16	《中国地方政府规模与结构优化：理论、模型与实证研究》	罗 植
17	《中国服务外包发展战略及政策选择》	霍景东
18	《转变中的美联储》	黄胤英

第五批《中国社会科学博士后文库》（2016 年出版）

序号	书 名	作 者
1	《财务灵活性对上市公司财务政策的影响机制研究》	张玮婷
2	《财政分权、地方政府行为与经济发展》	杨志宏
3	《城市化进程中的劳动力流动与犯罪：实证研究与公共政策》	陈春良
4	《公司债券融资需求、工具选择和机制设计》	李 湛
5	《互补营销研究》	周 沛
6	《基于拍卖与金融契约的地方政府自行发债机制设计研究》	王治国
7	《经济学能够成为硬科学吗？》	汪毅霖
8	《科学知识网络理论与实践》	吕鹏辉
9	《欧盟社会养老保险开放性协调机制研究》	王美桃
10	《司法体制改革进程中的控权机制研究》	武晓慧
11	《我国商业银行资产管理业务的发展趋势与生态环境研究》	姚 良
12	《异质性企业国际化路径选择研究》	李春顶
13	《中国大学技术转移与知识产权制度关系演进的案例研究》	张 寒
14	《中国垄断性行业的政府管制体系研究》	陈 林

第六批《中国社会科学博士后文库》（2017 年出版）

序号	书　名	作　者
1	《城市化进程中土地资源配置的效率与平等》	戴媛媛
2	《高技术服务业进口技术溢出效应对制造业效率影响研究》	华广敏
3	《环境监管中的"数字减排"困局及其成因机理研究》	董　阳
4	《基于竞争情报的战略联盟关系风险管理研究》	张　超
5	《基于劳动力迁移的城市规模增长研究》	王　宁
6	《金融支持战略性新兴产业发展研究》	余　剑
7	《清乾隆时期长江中游米谷流通与市场整合》	赵伟洪
8	《文物保护经费绩效管理研究》	满　莉
9	《我国开放式基金绩效研究》	苏　辛
10	《医疗市场、医疗组织与激励动机研究》	方　燕
11	《中国的影子银行与股票市场：内在关联与作用机理》	李锦成
12	《中国应急预算管理与改革》	陈建华
13	《资本账户开放的金融风险及管理研究》	陈创练
14	《组织超越——企业如何克服组织惰性与实现持续成长》	白景坤

《中国社会科学博士后文库》
征稿通知

为繁荣发展我国哲学社会科学领域博士后事业，打造集中展示哲学社会科学领域博士后优秀研究成果的学术平台，全国博士后管理委员会和中国社会科学院共同设立了《中国社会科学博士后文库》（以下简称《文库》），计划每年在全国范围内择优出版博士后成果。凡入选成果，将由《文库》设立单位予以资助出版，入选者同时将获得全国博士后管理委员会（省部级）颁发的"优秀博士后学术成果"证书。

《文库》现面向全国哲学社会科学领域的博士后科研流动站、工作站及广大博士后，征集代表博士后人员最高学术研究水平的相关学术著作。征稿长期有效，随时投稿，每年集中评选。征稿范围及具体要求参见《文库》征稿函。

联系人：宋　娜　主任

联系电话：01063320176；13911627532

电子邮箱：epostdoctoral@126.com

通讯地址：北京市海淀区北蜂窝 8 号中雅大厦 A 座 11 层经济管理出版社《中国社会科学博士后文库》编辑部

邮编：100038

经济管理出版社